高职高专财经类专业系列教材

管 理 沟 通

Guanli Goutong

朱 彤 罗 炜 \ 主 编

邓 满 汪启航 冉 鑫 \ 副主编

重庆大学出版社

内容提要

《管理沟通》立足于基本的管理沟通基础理论,致力于向包括学生和企业管理人员在内的各类对象提供在不断变化的企业管理环境中进行有效沟通所需要掌握的技能。本书具有生动、翔实、新颖的特点,主要强调管理沟通的策略与技巧。书中涵盖了管理沟通涉及的重要内容,共分为6个项目,包括认识沟通、沟通的方式、沟通的礼仪、沟通技巧、企业内部沟通、企业外部沟通。本书以生动简洁的语言展示了高效管理沟通各个环节的技巧和内容,将复杂的管理沟通讲解得深入浅出。另外,全书选取真实任务案例生动具体,逻辑严谨,具有很强的实用性和前瞻性。本书力求帮助学生快速方便地作出选择,书中的各个项目构成一定的逻辑顺序,其中每一个项目都是一个完整的部分,学生可以根据自己的兴趣和需要进行阅读。

图书在版编目(CIP)数据

管理沟通/朱彤,罗炜主编. —重庆:重庆大学出版社,2015.9(2019.1 重印)
高职高专财经类专业系列教材
ISBN 978-7-5624-9405-8

Ⅰ.①管… Ⅱ.①朱… ②罗… Ⅲ.①管理学—高等职业教育—教材 Ⅳ.①C93

中国版本图书馆 CIP 数据核字(2015)第 191241 号

高职高专财经类专业系列教材
管理沟通

主 编 朱 彤 罗 炜
副主编 邓 满 汪启航 冉 鑫
责任编辑:沈 静 版式设计:沈 静
责任校对:秦巴达 责任印制:张 策

＊

重庆大学出版社出版发行
出版人:易树平
社址:重庆市沙坪坝区大学城西路 21 号
邮编:401331
电话:(023)88617190 88617185(中小学)
传真:(023)88617186 88617166
网址:http://www.cqup.com.cn
邮箱:fxk@cqup.com.cn(营销中心)
全国新华书店经销
重庆市正前方彩色印刷有限公司印刷

＊

开本:720mm×960mm 1/16 印张:16.5 字数:279 千
2015 年 9 月第 1 版 2019 年 1 月第 2 次印刷
印数:3 001—5 000
ISBN 978-7-5624-9405-8 定价:36.00 元

前　言

　　管理沟通能力在每个人的职业生涯中都扮演着极其重要的角色。特别是在当今信息爆炸、瞬息万变的环境下,人们更需要学习沟通技巧,以便在复杂的社会环境中取得成功。在这种背景下,《管理沟通》正式出版了。本书主要介绍了管理沟通中的种种知识理论和技巧,启发学生有意识地改变传统的思维方式,提高学生的沟通素质,从而顺应形势,增强自身的竞争优势。

　　本书的作者皆是高职院校中具有丰富经验的教师,长期从事管理沟通课程的教学工作。在长期的教学工作中,深切感受到学生学习所使用的教材常常难以适应目前高职院校教学改革的需要,很多教材脱离实际,理论知识枯燥乏味,特别是以任务为导向的课程教学方式改革使得教材建设的需要越来越强烈。与同类书籍相比,本书具有实用、易读和简练的特点,不仅可以作为我国高职院校学生学习管理沟通相关课程的教材,也可以作为企业管理人员的参考书。

　　本书的特点是:理论与实践的紧密结合,对管理沟通领域的多方面技能给予同等重视,并在此基础上探讨和讲述管理沟通的新方法和新技巧。在理论方面,学生并不会觉得本书很深奥,甚至遥不可及,即使是非管理人员,在读完本书后也会受益匪浅。在阐述理论方法的同时,不忘与现实生活中的案例相结合,从而确保学生能够及时消化并吸收重要的理论知识。本书的视角既结合了学生的需要，又与众不同，与学生对管理沟通类著作的内心期盼能够产生强烈的共鸣。

本教材由朱彤、罗炜担任主编，参加编写和修订工作的还有邓满、汪启航、冉鑫。其中，项目1和项目2由朱彤编写，项目3由罗炜编写，项目4由邓满编写，项目5由冉鑫编写，项目6由汪启航编写。全书由朱彤统稿。

《管理沟通》中有大量的真实案例，能使学生深刻理解当今企业发展的具体环境，接触许多管理沟通的通用规则和技巧，具有较强的现实指导意义。由于编者自身水平有限，在编写本书的过程中，一些知识的传递未必都能到位，书中出现错误与不妥之处在所难免，恳请读者批评指正。

编　者
2015 年 6 月

目 录

MULU

MULU

MULU

项目 1
认识沟通

单元 1　尝试真实任务

[提示] 学习者将自身置于未来的工作环境,充分依靠自己过去积累的经验和已经拥有的知识,来尝试解决实际问题(任务)。

真实任务

在 2013 年央视3·15晚会上,曝光苹果公司更换手机时不包括后盖,以及维修后不重新计算保修期等,指责苹果歧视中国消费者。对此,苹果公司在之前的一份声明中称,苹果在中国所提供的保修政策和在美国及世界各地大致相同,维修损坏部件时更换除后盖外的整个手机是公司的自主行为,"为了提供快捷有效的服务并确保问题在消费者第一次造访时便得以解决,这种做法较之简单换下单一部件考虑更为周全"。苹果公司称这是自己"更高的标准",高于大部分同行业品牌和中国的相关法律法规。不过,这一声明被有的媒体指责为"无与伦比的傲慢",持续被官方媒体所炮轰。

面对各方媒体的压力,苹果公司 CEO 库克终于低下了其高傲的头颅,向中国消费者发出了上任后的第二封公开道歉信,表示为"对外沟通不足"导致的顾虑或误会致歉。这位自称热爱中国的 CEO 此前在接受中国媒体采访时曾反复强调中国市场对苹果的重要性。可以想象的是,在过去半个月,漫长的流程和烦琐的内部沟通机制让 CEO 的重视演变成了一种企业层面近乎傲慢的姿态,并被中国各大官方媒体口诛笔伐。

苹果公司表示,在过去的两周里收到了许多关于苹果公司在中国维修和保修政策的反馈。苹果公司不仅对这些意见进行了深刻的反思,与相关部门一起仔细研究了"三包"规定,还审视了苹果产品维修政策的沟通方式,并梳理了对苹果公司授权服务提供商的管理规范。苹果公司表示,意识到由于在此过程中对外沟通不足而导致外界认为苹果公司态度傲慢,不在意或不重视消费者的反馈。对于由此给消费者带来的任何顾虑或误会,苹果公司表示诚挚的歉意。

苹果公司表示,正在实施 4 项重大调整:改进 iPhone 4 和 iPhone 4S 维修政策;在 Apple 官方网站上提供简洁清晰的维修和保修政策说明;加大力度监督和培训 Apple 授权服务提供商;确保消费者能够便捷地联系 Apple 以反馈服务的相关问题。

其中,iPhone 4 和 iPhone 4S 维修政策调整为:自 2013 年 4 月起,苹果公司将 iPhone 4 和 iPhone 4S 服务包升级为全部采用新部件的设备更换和自更换之日起重新计算的 1 年保修期。如消费者的 iPhone 4 或 iPhone 4S 已经过 Apple 或 Apple 授权服务提供商使用部分重新装配套件维修,苹果公司会视其为整机更换,并为维修后的 iPhone 提供自维修之日起重新计算的 1 年保修期。苹果公司表示,他们的保修系统已经更新了有关信息,因此,受影响的消费者不需要采取任何额外的行动。

此前,iPhone 4 和 iPhone 4S 的维修政策是:如自购买之日起 15 日内发现问题,苹果公司会为消费者退款或更换一部享有重新计算 1 年保修期的手机;如 15 日之后发现问题,苹果公司会根据具体情况更换相关部件,如摄像头模块或电池;如果通过更换部件也无法快速修好 iPhone,苹果公司会为消费者提供一台部分重新装配的设备,采用全新部件,仅保留消费者现有 iPhone 4 或 iPhone 4S 后盖。

同时,苹果公司保证,对于中国消费者的承诺和热情与其他国家别无二致。苹果公司还强调,一直为 MacBook Air 和其他 Mac 电脑的主板和其他主要部件提供两年保修期。同样,iPad 主要部件一直享有两年保修期,其他部件享有 1 年保修期。

可以说,苹果确实是感受到了危机,继"苹果价格歧视""苹果产品市场投放顺序歧视"等风波后。目前在中国智能手机市场上,联想成为三星最大的竞争对手。2012 年,三星中国智能手机市场份额为 17.7%,联想为 13.2%,苹果为 11%。与此同时,联想还在进一步强化自己的高层管理团队,为成为一家领先的消费电子产品厂商进行人才储备。随后,联想宣布聘请杨致远为"董事会观察员",并聘请 ARM 联合创始人之一图多·布朗(TudorBrown)为非执行董事,而联想也在发展一支由 100 名工程师组成的芯片设计团队,而计划进入芯片领域,可以说,通过联想、华为、中兴、小米等一系列中国智能机产品的成功,苹果感受到真正的危机已经到来。

资料来源:南方日报、苹果官网、财讯网

任　务

苹果公司 CEO 库克所说的沟通是什么？在中国市场上,苹果的沟通管理不力对自身产生了什么影响？苹果的沟通管理问题有哪些？苹果公司应该做好哪些方面的沟通管理以及如何避免公司内外的沟通障碍？

目　标

认识沟通的概念、特征和原则;能够理解管理沟通的作用;能够掌握管理沟通的具体内容;能够理解管理沟通的过程及障碍。

完成情况评价

[**提示**]　在虚拟尝试完成"单元1"中的真实任务后,学习者利用下表进行自我评估(对比"单元1"中的"做学教"目标以及任务要求),之后指导老师进行评估和提出指导意见。

完成任务的过程记录与自我评估	导师评估与指导
A1 为完成这个任务,我们做了(按工作流程列):	A2 你们还需要做:
B1 经过努力后,我们完成了下列部分任务:	B2 你们已经掌握了这些技能:
C1 在完成任务的过程中,我们遇到了下面的困难:	C2 暂停,你们还需要补充下列知识:

单元2　相关理论知识学习

[**提示**]　学习者根据自我评估以及指导老师给出的持续学习指导意见,有差异地选择自己需要学习的相关理论知识。如果在没有学习某部分理论知识前,学习者就能够完成对应的任务,则所需的支撑理论知识已经具备,学习者可以在征询指导老师的意见后越过这部分理论知识学习。

1.1　认识沟通的概念、特征和原则

1.1.1　沟通的概念

沟通是人类社会交往的基本行为过程,人们具体沟通的方式、形式多种

多样。美国学者的一项研究结果表明,对于什么是沟通,每个人都有自己的说法,关于沟通的定义竟然达一两百种之多。应该说,每种定义都从某个角度揭示出了沟通的部分真理。

"决策学派"管理学家西蒙认为,沟通"可视为任何一种程序,组织中的一个成员,将其所决定意见或前提,传送给其他有关成员"。美国学者桑德拉·黑贝尔斯、里查德·威沃尔在其最新的《有效沟通》一书中,则将沟通进一步定义为"沟通是人们分享信息、思想和情感的任何过程。这种过程不仅包含口头语言和书面语言,也包含形体语言、个人的习气和方式、物质环境——赋予信息含义的任何东西。"

一般沟通原则上完全可定义为:任何的一种信息交换的过程。沟通的过程必须由一些要素组成,沟通过程有失败与成功之分。从结果上讲,沟通存在着有效沟通与无效沟通两种。综合各种理解和定义,沟通是指用任何方法或形式,在两个或两个以上的主体之间传递、交换或分享任何种类的信息的任何过程。如果传递、交换、分享成功,则沟通成功,沟通是有效沟通。如果传递、交换、分享失败,则沟通失败,该沟通是无效沟通。在组织内部和外部,沟通存在着正式形式与非正式形式,也存在着不同的沟通层次和内容。沟通的内容、形式、载体和渠道都是多种多样的。以沟通的内容为例,它既可以是某一件事实,可以是某一种情感,也可以是某一项命令,更可以是某一种意见、看法,或是某一个观点或思想,当然还可以是某一种情绪,不一而足。

管理沟通的定义应该是什么呢?经过对管理学发展史上各种管理学派中管理理论与沟通的关系的理论分析,对一般沟通的定义、过程、原理的详细讨论,对具体管理行为过程的实证分析。笔者认为,一个比较成熟和完整的管理沟通应该可定义为:第一,简单的定义——所有为了达到管理目的而进行的沟通就是管理沟通;第二,精确的定义——管理沟通是指管理者与被管理者之间、管理者与管理者之间、被管理者与被管理者之间,即组织成员内部互相之间,或者组织成员与外部公众或社会组织之间发生的,旨在完成组织目标而进行的多种多样的形式、内容与层次的,对组织而言有意义的信息发送、接收与反馈的交流全过程,及各组织对该过程的设计、规划、管理、实施与反省。

1.1.2 管理沟通的特征

为了加深对管理沟通概念的理解,更准确地定义管理沟通,应从沟通的概念中进一步把握以下几个方面的特点:

①管理沟通的对象、主体并不限于管理者与被管理者之间。事实上,管

理沟通主要发生在管理者与被管理者之间,但同样也发生在管理者与管理者、被管理者与被管理者之间。即管理沟通作为组织或企业的信息交流行为,是管理的实质和核心内容,它广泛存在于企业或组织的所有成员当中。

②管理沟通除了存在于组织或企业内部之外,也存在于企业或组织的外部。企业与相关企业、企业与相关供应商、企业与市场、企业与客户、企业与社区大众等之间也存在着大量必要的、为实现企业管理目标而进行的沟通行为。如公共关系管理、客户关系管理、供应链管理,对于信息时代背景下的现代企业来讲,都是十分关键和重要的管理沟通活动。

③管理沟通有多种多样的具体方法和形式。企业的管理工作和职能,大部分依赖于这些沟通方法和形式的成功运用。最常见的有语言沟通、副语言沟通、非语言沟通、道具沟通等。而单是语言沟通就有无数种具体形式。

④管理沟通并非只传达一种内容,而传达多种多样的内容。凡是管理中需要的内容,如市场信息、企业决策、产品设计等,甚至厕所关门了,小王生病了,等等,都是管理沟通所要传达的内容。所以,对管理沟通的分类,也可以按照沟通的具体内容来分。

⑤管理沟通还具有显著的层次性。如粗略区分,笔者就可以把管理沟通划分为个人间沟通、团队沟通、部门内沟通、跨部门沟通、组织沟通,以及组织与所处环境的组织系统沟通、外部沟通;这是一种按照沟通范围大小、人数多少来划分的管理沟通层次。如果换个角度,从企业内部进行沟通的内容的重要性来划分,又可以划分为基本日常管理沟通,例外管理沟通,部门决策沟通,企业决策沟通,企业战略管理沟通及企业文化管理沟通等。

1.1.3　管理沟通的原则

管理沟通作为特殊的沟通性质的管理行为过程,不仅必须遵循一定的沟通原理,以保证管理沟通的顺利进行,而且还应当遵循作为管理性质的沟通行为过程的一些管理原则,以便能充分保证实现其管理的目标和目的。

1)公开性原则

管理沟通的公开性原则,是指在同一企业管理沟通过程中,管理沟通的方式、方法和渠道及其沟通的内容要求必须公开,即应当对参与沟通的个人和团队、部门都全面公开,而不能对某些沟通成员公开,对另一些沟通人员不公开。只有所有的管理沟通成员都十分清楚地知道自己应该参与沟通的详细过程要求,沟通成员间才能遵循规则,产生正确完整的沟通行为。这是对企业中绝大多数的无须保密的企业管理沟通行为而言。

对于企业需要严格保密的管理沟通其实也是如此,即对所有该保密性管理沟通小系统内部沟通成员来说,管理沟通的方式、方法、渠道、内容仍然是公开的。在该保密性沟通系统内,人人都应该清楚:第一,该管理沟通系统只对系统内成员是开放的;第二,在该系统内自己和别人应怎样做出、做出什么样的信息传送与反馈;第三,在该保密管理沟通系统中,自己只有权利掌握自己有权获取和掌握的信息;第四,按照企业的要求,该保密沟通系统内的信息对系统外的成员严格保密。

公开性指的不是企业的所有信息都应该公开,而是指管理沟通的规则、方式、方法、渠道、内容要求必须公开,没有公开的管理沟通规则,正确的沟通行为过程就会失去方向和指引。管理沟通的公开性受损,将导致企业整体或局部的管理沟通系统产生沟通遮蔽或沟通盲点,致使某些应该参与沟通的企业成员或群体无法知道并确认自己应该参与及怎样参与沟通,管理沟通也就无法正确实施。

2)简捷性原则

管理沟通的简捷性原则包括好几层意思。一层意思是指沟通的具体方式、方法设计应当尽量简单明了,以便于所有沟通成员掌握和运用。只要利用简单沟通方式、方法能够沟通良好,并有效达到沟通目标的沟通过程,就不应当采用复杂、烦琐、迂回的沟通方式、方法进行沟通。一两句话就完全能有效地达到沟通效果的沟通,更应该采取口头通知的方式,而不应该闲聊一两个小时来沟通。这一层意思的简捷性,主要指的是具体的沟通方式、方法简捷性。如果不注意具体沟通方式、方法的简捷性,将降低管理沟通的效率。

另一层意思是指管理沟通应当采用最短沟通渠道或路径进行沟通。如能面谈就无须叫人转告,可设立总经理信箱以取代基层员工将信息通过中层管理者向上层层传递。渠道简捷性的目的在于提高信息传递速度,通过减少渠道环节降低信息损耗或变形的可能性。许多管理者违反这条沟通原则——他们在进行管理时,采用的不是最近的沟通渠道,沟通的最终效果虽然达到了,但浪费了更多时间和精力。在沟通信息时效性紧急的情形下,有可能延误时机,给企业造成巨大的损失。

管理沟通的简捷性也包括沟通内容的编码简捷性及解码简捷性,防止将简单的管理信息人为地复杂化,致使沟通双方无法准确地互相理解。总之,管理沟通的简捷性要求体现在管理沟通的各个方面,即体现在管理沟通的整个沟通模式里面。因此,管理沟通的简捷性应该是企业管理沟通总体模式的简捷性。

3）明确性原则

管理沟通的明确性是指管理沟通在公开性的基础上，必须将沟通的各项事宜，如渠道的结构、沟通的时间要求、地点要求、内容要求、频率要求等，进行明确、清晰的告示，要尽量避免含糊不清。其目的在于使全体沟通成员准确理解企业所期望的管理沟通要求，明白他们在沟通中担当的角色，即他们所应当履行的沟通职责和义务，从而最大限度地排除沟通成员对沟通要求的模糊和误解，保证管理沟通能够顺畅高效地进行，顺利达到管理沟通的预期目标。

明确性原则要求企业管理者与被管理者修炼和提高准确分辨、总结、表达、传递管理信息的能力。管理信息的沟通尽量做到言简意赅，深入浅出，便于信息接收者准确把握自己所传递信息的真实内在意义。如领导讲话，切忌夸夸其谈，空洞冗长，言之无物，或者说三道四，讲的内容没有重点，缺乏条理，沟通了半天，下属无法理解其用意，对于企业资源是种浪费。又如，对领导反映情况或对下属下达工作指令，不可反复、啰唆，而应简明扼要，明了清晰。显然，如果管理沟通违反了明确性原则，沟通的效果就不能令人满意。

4）适度性原则

管理沟通的适度性原则，是指管理沟通的渠道设置及沟通频率不能太多，也不能太少，而应当根据企业具体业务与管理的需要，适度适当，以达到管理目的为基准。有些管理者往往容易产生这样两种心理：不放心下属是否在按照自己的要求工作，所以自己经常去现场查看或查问下属的工作进展情形，导致不必要的忧虑和管理资源浪费，这是管理沟通过于频繁的情形；或者过于相信下属会按照自己指令开展工作，因此对下属的工作进展很少过问，造成管理失控，给企业带来损失，这又变成了管理沟通过于稀少的毛病。

从被管理者的角度来讲，也容易存在着相应的沟通毛病：一是沟通频率过高。为了讨取上级领导欣赏与信任，或让领导更多地了解自己的工作业绩，有事没事，有空没空，经常往领导办公室汇报工作情况，既影响了自己工作开展，又给领导的正常工作造成干扰和低效率。二是沟通频率过低。很多下属以为干好自己的本职工作就行了，至于向不向领导汇报工作进展情况，根本不重要，理由是事实上不汇报我的工作也已经圆满做完了，由此造成了应当按照要求及时汇报时他不汇报，使管理层对于具体工作的开展失去必要的信息反馈。沟通过多与过少，渠道设置太多或太少，均会影响企业人员进行管理沟通的效率、效益。太多时形成沟通成本太高，企业资源浪费；太少时又使得必要的管理沟通缺乏渠道和机会，信息交流受到人为限制，管理的质量和强度受到影响,严重时影响企业生存发展的大局。因此,把握适度性原则,对企业经营管理有其现实的重要性。

5)针对性原则

管理沟通的针对性原则是指:所有管理沟通的活动与过程设计,都是为了解决企业管理中的某些具体问题,支持、维护企业正常高效运行而设置,每一项管理沟通活动都有其明确合理的针对性。笔者认为,虽然不同企业的管理与管理沟通具有一定的共性,但每个企业的内外部条件与管理传统等因素却是个别的、独特的。因此,每个具体企业的管理与管理沟通均应该具有自己的个性化特征。这就要求我们在设置企业管理沟通模式时,必须充分考虑到具体企业的实际情况;所设置和采用的管理沟通模式,必须切合该企业的管理实际需要,企业管理沟通模式的设置必须有针对性。以上是指企业大的整体沟通模式而言。

具体到企业管理沟通模式里面的具体沟通渠道、方式、内容等的设计,也必须具有明确的针对性。即必须考虑到企业设计这一沟通渠道、沟通内容的目的是什么,是为了完成企业管理中的哪项工作,达到哪个目的。凡是无助于企业完成管理任务的沟通设计,无论其表面看来多么好,多么有吸引力,都应该毫不犹豫地抛弃。而对于那些明显有益于企业经营管理,少了就会产生不利影响的沟通设计,则应该将其加入和融入企业的总体管理沟通模式中。

6)同步性原则

管理沟通的同步性原则是指:在管理沟通过程中,笔者必须遵循这样的原则:沟通的双方或多方应当全部进入沟通系统和沟通角色,沟通必须是双向的交流过程,而不应当是单向或其中一方信息处于封闭或半封闭状态。也就是说,成功的管理沟通必须是在沟通主体之间互动的,双方处于平等交流地位的沟通。而不是一方强迫另一方接收自己的信息,或人为地拒绝接收对方的信息,即双方均应当对沟通同时具有适当、及时、同步的反应:互相理解,充分把握住了对方所传达信息的意义。

当管理沟通的双方或多方处于相距比较遥远的两个或多个地点,所进行沟通的信息发送与接收存在时间差异的时候,同步性就有可能会因为缺乏现场交流而受到严重威胁。而有时间差异的管理沟通行为是客观存在且必需的。那么,如何把握其沟通的同步性呢? 笔者首先要说明的是,管理沟通的同步性并不纯粹或主要指沟通在时间上的同步性,而是指管理沟通的双方或多方应该适时进入角色,相互进行信息传送与反馈,强调的是其行为过程的互动性和沟通角色的同步性。当然,时间上的同步性也是十分重要的,如果能不断提高管理沟通在时间上的同步性,可有利于管理沟通圆满达到沟通目的。

同步性原则告诫和提醒我们:作为管理者或被管理者,管理沟通必须是一个互动的、双向的、同时行动的过程,哪怕在等级森严的军队中也是如此。在战场上,当指挥官下达了冲锋命令时,士兵必须有反应,而指挥官也必须观察和分析士兵们的反应,以调整自己的指挥策略。哪怕当场士兵们没有说一句话,但士兵服从的举动本身是一种沟通语言,它表明士兵是否同意、支持指挥官的工作指令。而一旦有士兵出现不冲锋的局面,指挥官就必须进行再管理沟通,迅速了解、分析士兵如何反应的动机原因,找出答案后,采取相应的管理措施。这一过程可能发生在两分钟之内,但一个士兵与指挥官之间可能发生多次完整的管理沟通过程。

7)完整性原则

同步性原则强调的是管理沟通的互动性。而管理沟通的完整性原则强调的是管理沟通过程的完整无缺。企业在设置管理沟通模式时,必须注意使每一个管理沟通行为过程均要素齐全,环节齐全,尤其是不能缺少必要的反馈过程。只有管理沟通的过程完美无缺,管理信息的流动才能畅通无阻,管理沟通的职能才能够充分实现。管理沟通过程本身不完整,管理沟通必然受阻。

在企业管理实践中,管理沟通多多少少会出现一些过程不完整的情形:一是没有信息发送者,或信息发送者不明,信息没人发送,自然没有人能接收;二是没有传递的沟通渠道,信息发送者不知道有什么渠道可以向接收者发送信息;三是接收者不明,到底信息应该发给谁,没有明确方向;四是有渠道,有发送者,有接收者,但没有设定具体沟通方式,如本来应该通过电话沟通的,却采用信件沟通,原因是企业没有规定他打个电话就行了;五是其他一些情形。管理沟通过程不完整,如缺乏反馈,就会使原本设想得很好的管理沟通受阻,对企业管理和管理沟通不利。

8)连续性原则

管理沟通的连续性原则是指:大多数管理沟通行为过程,尤其是例行日常管理沟通活动,并非一次沟通就可以一劳永逸地完成沟通工作任务,而是要通过反复多次的沟通,才能较好地履行和完成管理沟通的工作职责。连续性是企业管理工作本身所具有的客观属性,作为管理的信息化表现,管理沟通自然也具有这一客观属性。

连续性原则要求企业在进行管理沟通时注意以下 3 个方面:一是管理沟

通在时间上的连续性;二是管理沟通在方式、方法、渠道等,即沟通模式上的连续性;三是沟通内容上的连续性。时间上的连续性要求企业管理沟通行为要持续地进行。沟通模式上的连续性则要求企业一方面慎重选择适合企业管理沟通的高效简捷模式,另一方面要求企业在要使用和改变企业管理沟通模式时考虑到人们的习惯,尽量使其具备操作上的连续性。内容上的连续性与模式上的连续性均是从提高管理沟通的熟练与效率角度出发考虑问题。

9)效率性原则

正如管理活动本身,管理沟通活动可以衡量而且应当追求其活动效率。管理沟通的效率体现在沟通的各个要素与环节。如编码有编码的效率;发送有发送的效率;渠道有渠道的效率;接收有接收的效率;解码也有解码的效率;就连噪音也有其效率:噪音高,必然影响沟通达到更高效率;噪音低,在客观上有利于提高沟通效率。

以远程正式书面沟通渠道效率为例。远程正式书面沟通在现代至少可以采用以下几种渠道:一是业务信件;二是业务传真;三是电子邮件,等等。在一般正常情况下,电子邮件沟通效率最高,传真次之,信件较差。而在业务信件中,又还可以分成快件与平信,快件一至两天即到,而平信则需要更长时间才能被拆阅。又如编码效率。有人可以在一小时内完成一份业务文件的起草,而另一个人可能需要一两天时间才能完成。有的人具有很强的综合分析与语言组织、表达能力,很复杂的问题在他嘴里,只需要三五分钟就可以向大家说清楚。但有的人可能编码能力太差,他花上再多时间说,也还是没法说清。笔者认为,所有这些管理沟通过程的要素与环节的效率,最后都反映到整个沟通活动上来,构成了企业进行管理沟通活动的总体效率。

10)效益性原则

与管理一样,管理沟通是需要成本的,而且这些成本如文件纸张、人员、会议费用等,都是可以量化计算的。因此,管理沟通的成本是不难理解、把握的。还是同管理一样,管理沟通也是能产生或增减企业产出的。虽然有的管理沟通活动的产出较难量化处理,但仍有相当一部分管理沟通的产出可以量化。如企业采用计算机信息化后,节约下来的管理沟通成本就是其为企业增加的产出。即使有些管理沟通的产出无法精确地量化,但像管理的产出一样,笔者还是能够通过某种方式进行评估的。既然管理沟通有成本有产出,自然也就应该衡量其效益——管理沟通的产出与成本的比例关系。

在实际企业管理中,企业时常会碰到以下一些情形:某些管理与管理沟通活动虽然有益于企业管理,但做起来相当烦琐,需要投入大量的人力、物力;或者现在企业要进行管理沟通,有几种方式模式可选择,有的模式成本很高,效果也很好,有的模式成本较高,效果也较好,有的模式成本低,但效果一般,等等。以上问题迫使企业必须思考和重视管理沟通效益问题。企业在进行管理和管理沟通时,考察沟通效益是完全可能和必要的。在具体的沟通设置与大的企业总体沟通模式设计上,企业都应该根据自身的发展战略和资源组合能力,对不同效益的沟通方式、模式进行选择和组合,确保整个企业的管理与管理沟通效果最好,效益最大化。而要防止盲目地追求管理与管理沟通的大而全或小而全或沟通技术的先进,企业管理沟通模式,关键在于对本企业的适用性。

技能训练

听葫芦画瓢

选一名学员上台参与,将讲师给他的一张图用自己的语言描述给其他学员听。要求:第一次,描述过程中其他学员均不得提问。以哪一组学员代表所描述的图画正确的人数多为获胜。第二次,学员代表站到前面。学员间可以互相询问、讨论,但不能向描述者提问。第三次,可以提问。第四次,可用其他方法展示。

小组研讨:通过听葫芦画瓢沟通训练,你对沟通有什么样的认识?

1.2 管理沟通的作用

管理沟通在现代管理中的重要地位不言而喻,在现代信息经济时代,管理沟通在企业管理实践中发挥着越来越突出的关键性作用。其作用的重要性主要集中体现在以下几个方面:

1)管理沟通贯穿整个管理实践的全过程

只要管理的主体及对象是相互相对独立的个人或群体,那么管理沟通就会发生在管理过程的每一个环节。下达一个工作指令需要良好的管理沟通,反映一项工作意见也需要良好的管理沟通。没有管理沟通的存在,管理的全过程就会支离破碎,无法有效衔接。

2)管理沟通是实施各项管理职能的主要方式、方法、手段和途径

管理的计划职能需要有计划前的信息采集,需要有计划中的信息交流和讨论,也需要有计划后的阐述和分解落实。所有这些活动,其实也正是管理沟通的活动和过程。例如领导,确定企业目标并激励员工去实现目标;还有控制,控制没有信息的传送和反馈就失去了其真实依据和实施途径,等等。总之,只要想实施管理的各项职能,就必须运用管理沟通才能达成目标。

3)管理沟通是企业管理的实质和核心内容

管理作为对于企业内外所有资源的有效配置和综合利用,和作为将孤立的人们组织在一起以制造和生产出某些服务或产品的行为过程,获取资源信息并将信息在不同的个体中间进行及时传递,以充分利用好现有资源是其工作的实质和核心内容,而企业内外信息的及时交流就是企业的管理沟通过程与行为。

4)企业的业务管理、财务管理、人力资源管理离不开管理沟通

企业的3大项主要日常管理工作即业务管理、财务管理、人力资源管理,没有一项不是借助于管理沟通才得以顺利进行。业务管理的核心是在深入了解顾客和市场的基础上,向企业的目标市场和目标顾客群提供适合其综合需要的服务或产品;而了解市场,面向市场,与市场进行互动,就是典型的管理沟通内容与形式之一。人们现在称为顾客关系管理的部分,更是直接体现出了管理沟通在与客户建立良好、稳固与忠诚关系中的重要性。没有企业向外的管理沟通,也就没有可依靠的客户关系。现在流行的供应链管理也是如此。在财务管理中,财务数据的及时获取和整理、分析、汇总、分发、传送,更是企业管理层监督企业运行状态的权威依据。而以上所列举行为均为典型的管理沟通行为。人力资源管理更是直接以一刻也离不开沟通的人为管理对象,只有良好的管理沟通才能打通人们的才智与心灵之门,人力资源才能真正为企业所用,发挥出其企业核心资源的巨大经济效益。

5)各个管理层次需要不同方式与内容的管理沟通

在管理实践中,从管理的各个层次来看,无论低、中、高层管理行为与过程,也对应着不同层次、方式与内容的管理沟通。管理沟通不仅存在于横向的管理活动的全部过程,而且更存在于纵向的管理活动的各个层次。可以说,管理沟通是管理的核心和灵魂。没有沟通,就没有管理;没有沟通,管理只是一种设想和缺乏活力的机械行为。显然,管理沟通必然是维持企业良好管理状态,保证企业正常运行的关键过程与行为。当企业的运行或管理出现了新问题,管理者与被管理者以及管理者与管理者、被管理者与被管理者之间必须通过良好有效的管理沟通,才能找准症结,通过分析、讨论、决策,及时将管理问题解决。

6)管理沟通是企业管理创新的必要基础

管理沟通不仅是企业正常运作的重要条件,也是管理创新的肥沃土壤和必要途径。

7)管理沟通是塑造企业文化的重要工具

管理沟通是创造和提升企业精神和企业文化,完成企业管理根本目标的主要方式和工具。管理的最高境界就是在企业经营管理中创造出一种企业独有的企业精神和企业文化,对企业这一组织赋予人性,使企业管理的外在要求转化为企业员工自己内在的观念和自觉的行为模式,认同企业核心的价值观念和目标及使命,从而形成一股人力资源创造性的合力。企业精神与企业文化的培育和塑造,其实质是一种思想、观点、情感和灵魂的沟通,是管理沟通的最高形式和内容。没有沟通,就没有对企业精神和文化的理解与共识,更不可能认同企业共同的使命。

8)管理沟通是信息经济时代企业管理的重要环节

在现代信息经济时代和经济政治全球化的大背景下,信息大爆炸,电子通信技术飞速发展,地球已经变成了地球村,企业经营管理的历史、地理、政治、经济、文化、社会背景空前广阔和复杂,企业面对更大的市场和竞争,也面临更快的技术进步,信息本身被认为已经取代了资本,成为企业最为核心和不可或缺的资源之一。因此,信息的获取和交流成了事关企业生死存亡的大事,管理沟通因此在企业管理实践中与资本、人力资源共同占据着 3 个最为核心和优先的位置。

技能训练

天黑请闭眼"杀人"游戏

1. 参加游戏的人数共 12 人,选 1 人做法官。法官准备 11 张扑克牌,其中 3 张 A,5 张为普通牌,3 张 K。众人坐定后,法官将洗好的 11 张牌交由大家抽取。抽到普通牌的为良民,抽到 A 的为"杀手",抽到 K 的为警察。不要让别人知道你抽到的是什么牌。

2. 法官开始主持游戏,众人要听从法官的口令,不可作弊。法官说:黑夜来临,请大家闭上眼睛睡觉。此时只有法官是"明眼人"。法官又说:"杀手"睁开眼睛,出来"杀人"。听到此令,只有抽到 A 牌的三个"杀手"睁眼互相认识一下,成为本轮游戏中最先达成同盟的群体。任意一位"杀手"示意法官,"杀掉"在座的任意一位。

3. 法官看清楚后说:"杀手"闭眼,警察睁开眼睛。抽到 K 牌的警察相互认识后,可以怀疑闭眼的任意一位为"杀手",同时,法官向警察示意怀疑对象是否为"杀手"。

4. 完成后,法官说:所有人闭眼。稍后说:天亮了,大家都可以睁开眼睛了。

5. 法官宣布谁"被杀"了,此良民为第一个"被杀"之人。"被杀者"可以留下遗言,说罢,"被杀者"在本轮游戏中将不能够再发言。法官主持众人从被杀者下一个人开始顺时针挨个陈述自己的意见,提出自己的怀疑对象(不能不提,也不能指证自己)。

6. 陈述完毕,会有几人被怀疑为"杀手"。被怀疑者按顺时针为自己辩解。然后由法官主持大家按逆时针的顺序举手表决选出嫌疑最大的若干人,并由这些人作最后的陈述和辩解。如果有一人得票超过半数则直接宣告死亡。如果没有超过半数,则由得票数头两名的人进行辩护。如果有 1 个以上的人得票同时最高,则这几个人进行辩护。例如,10 票,分票为 5,2,2,1,则票数分别为 5,2,2 的 3 个人进行辩护;分票为 3,3,3,1,则票数为 3 的 3 个人进行辩护。再次投票后,"杀掉"票数最多的那个人。"被杀者"如是真正的凶手,不可再讲话,退出本轮游戏。"被杀者"如不是"杀手",可以发表遗言。

7. 在聆听了遗言后,新的夜晚来到了。又是"凶手"出来"杀人",然后警察确认身份,然后又都在新一天醒来,又有一人"被杀"。继续讨论和"杀掉"新的被怀疑对象。如此往复,凶手"杀掉"全部的警察或良民即可获胜。

1.3 管理沟通的内容

沟通的内容五花八门,几乎是无所不包。但作为企业管理中的沟通——管理沟通,其内容有独特性,应符合企业管理的需要。事实上,管理沟通的内容根据其性质、重要性和大小,以及沟通发生在组织中的范围和层次,可以进行细致深入而且有效的细分。实际上,管理沟通的内容不仅可以分类,而且可以分成明显不同的内容层次,而同一层次的内容中又包含了许多有同有异的管理沟通内容。

一般来说,按照管理沟通内容的性质、大小和重要程度,以及其沟通覆盖范围大小,可以将管理沟通的内容分为以下 8 个大类或者层次。

1.3.1　情感沟通

情感内容的管理沟通是在实际管理中花费大量时间去进行的一种极其基础、基本但十分重要的沟通。人类是有自我感觉、情绪、情感、兴趣、爱好、偏好、习惯的动物,是企业管理者手中的智慧型资源。马克思曾将其视为产出效率和效益弹性很大的可变成本,现代人力资源管理科学把它看成是企业综合竞争力和核心竞争力的决定因素,甚至把人摆到了高于信息、知识的第一因素高度。因为信息、知识、技术以及其他任何资源的生产力的发挥,全都要依靠人的有效工作。而人因为有情绪、情感,具有个人局限和偏好,所以在工作中并不总是理智的。因此,了解和疏导、调节人的情感必然是管理和管理沟通的重要工作。

曾经有位著名美国管理学家说过,组织中绝不应该存在恐惧,讲的就是企业管理中的情感、感觉沟通。在企业中,人们因为自身、外界以及企业内部的种种原因,会产生一些负面、破坏性情绪和情感。不良的情绪和感觉会干扰员工的正常积极性和生产能力的发挥。而好的优良的情绪、情感,如信任感、愉快感等正面感觉和情感,有助于发挥企业员工的最大潜能,从而间接地改善和提高其生产效率和效益。美国人拿破仑·希尔的《成功学全书》和著名企业家、管理学家卡耐基的《人性的弱点全书》等著作,就是要求企业中的任何人都首先应该学会进行自我情绪、情感沟通,不断鼓励自己培养正面的积极的态度和情感,消除和化解负面、消极的情绪和感觉,从而使自己始终保持着优良状态,有助于奇迹般地增长工作绩效。

在企业管理沟通中,向同事致以一个友好的微笑,轻轻地拥抱或拍打一下自己亲密同事的肩膀等,都是一种情感沟通。显然,为了创造和维持良好的人际工作环境,更是为了普遍提高企业员工的工作热情和绩效,情感沟通是企业十分基本,日常又重要的基础管理沟通工作。情感沟通表面上似乎与企业管理的职能和目标没有关联,但实践表明,情感管理沟通的威力是如此巨大,员工与管理者要学习的首项管理沟通技能,应该是情感沟通技能。没有这项技能,不会成为合格的员工或管理者。

1.3.2　操作性业务信息沟通

在企业管理沟通中,除了大量存在情感沟通之外,在业务或者说工作层面上,更大量存在着另一种基本、经常、重要的管理沟通,那就是人们对关于自己怎么工作和应该怎么工作及目前工作得如何的,基础、基本业务信息的沟通。笔者把它叫作操作性业务信息沟通。操作性业务信息沟通其实是企业管理中每时每刻发生而且必须发生良好的工作。企业每天日常的运行,要依靠它来正常有效地维持。这类管理沟通,按照其内容指向不同,又可分为工作指令、工作意见和工作建议3大类内容的沟通。

上司必须对下属清晰地发布工作指令,没有清晰的工作指令,下属就会混乱和迷茫,工作分不清先后主次,空耗资源,降低产出。企业各层员工对各自接受的工作指令并非没有意见和想法。尤其是在执行工作指令的过程中,可能出现新问题需要向上反映,或者工作执行情况按照要求,也应该向上反馈,所有这些意见、想法、进展汇报、问题反映,构成了笔者说的第二大类操作性业务信息沟通:工作意见沟通。企业各级员工在执行工作指令时,往往还会有自己独立的业务思考,还能根据自己的实践、观察及思考,对自己和别人的工作,甚至企业的局部、全局工作,形成自己独特,甚至是有创造性的新想法和合理化建议。这就构成了操作性业务信息沟通中的第三大类:工作建议沟通。

在现代企业管理中,知识员工和知识含量在企业生产经营管理过程中不断增加,企业组织结构越来越扁平化,决策授权顺着组织结构向下移动。所有这些变化,都向员工提出了更高工作要求、更大的工作决策和创造能力。因此,企业经营管理的好坏,也越来越多地取决于员工能否创造性地工作,而不像以前,更多的是依赖于上级指示。事实上,工作建议作为一种带有创造性质的工作改进意见的沟通,已经广泛发生在各种企业的管理过程中,并确实对许多企业的经营管理业绩提升,产生了积极和巨大的推动作用。日本松下公司员工一年内提出的合理化建议多达数万条,其中近半数被采纳实施,为企业的管理和综合绩效作出巨大贡献。

1.3.3　责任、权利、利益沟通

企业是一个以生产顾客需要的产品与服务,并从中获取利润的经济组织。企业中的任何一个员工,在任何一个较长时段内,都要有比较明确的权利、责任和利益划分。员工在企业中的责任和权利,构成了企业管理中的劳动分工,岗位职责和授权划分。员工在企业中的利益,主要是经济利益和组织地位,则是企业吸引、激励员工为企业目标奋斗的必要条件和关键因素。

权利、责任和利益一般需要用书面的文字形式固定、确认下来,即一般都要以书面形式进行正式管理沟通。但由于企业员工和员工之间的责、权、利范围划分,在企业内部是动态发展和存在交互作用的,所以并非总那么容易清晰地划分清楚。因此,在企业管理中,不仅正常的、已能确定的责、权、利关系需要沟通,而且当它们发生发展、变化,有些员工对其认识开始模糊和难以把握时,尤其需要及时进行深入的管理沟通。

企业和员工都是为了获取利益而工作的。责任和权利则是为了方便促使员工完成其岗位工作,实现企业目标而匹配设置的。责任不明,或权利不协调,或利益分享结构不清,都会产生影响,最终造成企业员工无法发挥积极性和高效率、高效益地工作。在企业中,当某位员工指出"这是你应该做的事",或者说"作为××××,你没有权利这样做",等等,这是他在和你进行责任和权利沟通。又如,一个员工在向你谈职业发展和他应有的待遇问题时,你们在进行的,也是典型的权利、责任、利益沟通。

在企业中,利益驱动是企业生存发展及员工之所以努力工作的根本动力,没有权利、责任、利益这些根本内容的良好、内在沟通,就不可能有其他管理沟通的成功:操作性业务信息沟通会受阻;决策和制度往往得不到认真理解和执行;员工不认同企业的使命和宗旨,对企业也没有归属感和荣誉感;在对外交往时,也不考虑公司利益和形象,与外界进行的是对企业破坏性的沟通,等等。如因员工得不到公平对待而向法院起诉公司,原因在于权利、责任、利益沟通不当,或失败。这样的沟通事件时有发生。

实际上,企业管理有相当部分时间进行的管理和沟通,其实就是这类沟通:员工对自己的工作安排即岗位职责有想法,认为过于沉重;认为自己工资太少,希望多加点;A 同事跟 B 同事吵架,原因不是工作,而是 B 的行为或态度侵犯了 A 的责、权、利,等等。良好有效的责、权、利的管理沟通是企业一切管理和沟通得以进行的基础之一。

1.3.4 决策性业务信息沟通

应将企业管理过程中,主要发生在一般员工、基层管理者、中层管理者日常业务工作范围内的沟通行为过程,划分为操作性业务信息管理沟通。这类管理沟通是基本的、基础的,每天都在发生,维持着企业业务的日常运行。但对企业和管理者来讲,企业还有另外一些业务信息沟通,也是非常重要的。它们左右企业业务发展方向、速度、规模,影响企业最终产出的效果。那就是企业决策业务信息的沟通。

企业决策性业务信息的沟通在企业中大量、大范围存在,只是它们发生的频次比操作性业务信息沟通少。在现代,决策已经越来越多地由企业基层人士作出。但事关企业一个部门或整个企业或一个集团的比较重大和重大决策,因其需要信息量大,牵涉范围广,决策有深度和难度,要求决策者必须具备必要的决策权力和能力和眼光,仍然只能由企业的中高层管理者个人或集体作出。

但这并不表示中高层决策者不需要基层员工、基层管理者和其他中高层管理者的信息支持和帮助。决策越重大,需要获取信息量越大,对企业业务现在、将来的影响越大,决策者必然需要广泛收集一切能够收集到的相关信息,征求具体操作者、协作者的意见,几经反复,才能保证决策的质量,并获得广大管理者和执行者的支持。

另一方面,对于部门或者企业的决策,具体执行者并不一定总是能理解或理解透。因此,不仅在作出决策时需要大量沟通,而且在决策作出后,也需要解释和分解决策,将其转化为所有相关部门、人员和所有决策执行者都能够深入理解的业务信息,清晰地传达给应该传达的人员和部门。只有在所有决策执行者之间,决策信息被深入传达、领会了,决策的执行才能有真实可靠的保证。

因此,在企业管理沟通中,决策沟通的重要性必须引起企业最高领导者的高度重视,决策不仅需要一锤定音,决策更需要决策前沟通、决策中沟通和决策后沟通等大量沟通,确保决策的产生和执行尽量少产生人为的失误。

1.3.5 制度沟通

企业运行和管理的规章制度是企业管理的常规部分,即例行管理部分(与例外管理区分)。事实上,例行管理是企业健康成长的重要保健因素。没有保健因素,再好、再强壮的人也要生病甚至死亡;没有例行管理,再好、再强大的企业也要衰退甚至破产。

管理学自产生以来100多年,其理论和实践都存在一个大的相同的发展趋势。那就是企业管理工作中,原来似乎不能例行化的东西不断或已经被例行化。尽管例外管理同样是需要和重要的,但例行管理才是企业管理的重要基础。在企业中,例行管理的书面文字化,即业务运行及管理的各项规章制度,共同构成了企业内部运行的一套完整的规则。这套制度,明确而清晰地规定了企业中各个员工的权利、利益和工作职责,也规定了企业中人与人、部门与部门间协作关系,是企业组织架构、人事、财务、业务等方面的权威文字表述,在企业管理中起着职责划分、行为指导、业务规范和安全运行的重要作用。无论在任何时代背景下,其作用都有增无减,不可忽视。

制度当然有好有坏,制度规定和适应的情形变了,制度本身也应该变。因此,制度的制定还应该是一个动态发展的过程,以防制度变成桎梏。制度的本意是将工作指令固定化,即减少管理沟通的成本和次数,减少工作误差。制度其实质,应是企业经营管理的客观经济规律和人类组织行为规律的体现和应用,更是企业管理多年经验的总结。

跟企业决策一样,企业制度在制定前、中、后都需要良好的沟通。制定前沟通保证制度的针对性和可操作性,即现实性;制定中沟通保证制度的全面与完整及与其他制度的配套性,即制度的科学性;制定后沟通保证制度的准确理解,及时执行,效果监测,即制度的实效性。在所有制度沟通中,都必须有反馈,以便对制度制定、执行过程中的偏差进行及时、必要的调整。制度的价值和意义的最终体现,在于制度执行,并产生了预期生产性积极效果。制度沟通的最终目标是企业成员人人知所当知,并为当所为。

1.3.6　企业战略沟通

在现代企业管理理论中,企业战略管理,即确定企业未来的目标和发展方向与发展模式的科学设计,已经成为关注热点。对应于企业战略管理的沟通,就是企业战略管理沟通。从业务角度看,企业战略可以理解成为企业长期的、全局的、整体的、最高的,最重大的业务决策。从企业经营管理的层次上看,企业战略管理是企业的最高管理层次,指导和规范企业决策管理和日常操作管理,支持企业的当今及未来发展,指向目标为企业当今全局性的、重大的业务问题,和企业未来的发展方向与战略问题。其作用时间点可能长达三五年,甚至十年百年。从企业管理的范围上来看,企业战略是覆盖面最广,在时间上连接现在、过去与未来;在空间上,针对整个企业所有部门、所有人,并且其研究范围包括企业内外部的所有一切相关因素,并非只是自己定几条理想、想法那么简单。

一个好的战略是企业综合自己的资源,对外部环境作出的一种准确的、前瞻性的、发展壮大自身的科学反映。其价值不在于写得好看,而在于能真正激励和指引企业向理智、正确和光明的方向发展。没有战略的公司是短视和短命的公司,没有战略管理的企业是没有发展前途的企业。

由于企业战略及战略管理的重要性,现代企业管理已经于 20 世纪 80 年代进入了战略管理阶段;又由于航空航天、电子信息技术的飞跃式发展和经济全球化势不可挡,现代企业管理在 20 世纪 90 年代又进入了知识经济和信息经济背景下,即信息化企业管理的阶段。两者相互作用,形成了现代企业管理的信息化战略管理现状。这种现状是企业适应外部总体市场环境和总体经济环境的重大变化而作出的一种及时反映,因为企业没有战略已经不行了。

战略必须沟通,战略管理必须沟通,而且特别需要强大的沟通。战略管理作为企业管理的大脑,是企业经营管理理性能力的最高综合体现。而其他管理如制度、操作、情感等,是管理的身体、感官、神经和工具,受管理的大脑指挥和制约。虽然作用仅次于战略管理的决策管理,也是企业大脑的一些重要活动,但只有战略管理才能高瞻远瞩,统揽全局,运筹帷幄,决胜千里之外。显然,管理大脑的最高决策不是凭空能来的,大脑的最高决策必须通过神经、感觉及操作系统进行传达和执行。解释、传达、深入企业成员的内心的过程,就是个战略沟通的过程。

　　同理,战略沟通,也可以按其制定、执行过程细分为战略制定前沟通、制定中沟通和制定后执行沟通3部分。战略前沟通主要是指战略制定前的准备,包括总体经济、政治环境信息及预测信息、行业发展状态及趋势预测信息、融资市场信息,以及企业内部产品、设备、资金、技术、人力资源信息等信息收集、分析,有关人员的报告、访谈、会议、建议,内外部各类管理专家的咨询商议,战略制定小组团队的建立等,不一而足。战略制定中的沟通主要是战略小组的会议和报告书写及反复修改工作。制定中一般要有与相关人员和有关专家的沟通参与。战略制定后沟通则主要是对战略文件的发放、解释工作。一般包括文件传阅、会议报告说明、部门研讨学习、细化融入日常工作、新的调整意见反馈等一些战略沟通工作。所有沟通工作都是战略管理本身的工作,战略管理需要良好有效的战略沟通,才能如愿执行。

1.3.7　企业文化沟通

　　企业文化是组织文化的一种,是社会文化在具体企业中的个性化和具体化。企业文化是企业经营管理过程中提倡或形成的独特价值观和行为规范,其内容主要包括:企业成立的宗旨或企业使命、企业精神、企业经营哲学、企业价值观、企业人文氛围、企业规章制度、企业历史传统、企业工作规范等。文化是个大的概念,什么都可以叫作文化,但对于企业来讲,企业的宗旨使命、企业精神、企业经营哲学和人文氛围是其最重要的核心内容。

　　文化显然不是死的物质性的东西,而是活的人文性的东西。因此,文化必须与人发生关系。在企业中,文化对企业经营管理的影响十分多样和广泛。如整个企业赞不赞成创新,重不重视团队和合作等。企业文化的重要性体现在它显性或隐性地存在于员工的思想和内心,并逐渐变成了行为习惯,潜意识地左右人们对于具体事情、人物的观念、看法和感情,进而影响企业的经营管理进程。

　　文化最需要也最适合沟通。企业文化的形成发展,既是沟通的手段、目标和结果,又是沟通的环境和背景。我们所用的任何一种沟通方式和工具,都是文化的一部分。同样,在企业中,我们的沟通工具和方式也是企业文化的重要部分之一。在公司同事面前应该采取什么态度,对新入公司者应该如何对待,都是企业文化问题。在企业文化熏陶之下,员工个体的个性受到了某些同化和改造,其目的也是为了更轻松容易地达成管理沟通,提高资源产出效率、效益。我们的任何沟通离不开我们所处的企业和社会文化背景。值得注意的是,在同一文化背景下,不同的企业往往通过努力可以创造出自己独特的文化,企业文化不同,企业的产出会产生很大差异。

企业的使命和宗旨是指本企业存在的根本目标、理由和原因,即表明企业追求什么。好的宗旨使命会对员工产生极大的感召力量,促使员工为企业美好和远大的目标辛勤工作。宗旨、使命必须借助于沟通获得广大员工的深刻理解,进而达成赞赏和认同。没有沟通,使命只是几句空话,转化不了生产力。

企业精神集中体现了企业所倡导的价值观,即表明企业赞成什么,反对什么。企业精神的形成需要漫长的过程,坚持不懈和卓有成效的沟通在企业精神的形成和传播中发挥重要作用。只有沟通才有理解,只有理解才有认同,只有认同才能赞成,只有赞成才能喜爱,只有喜爱才能实行。如团队精神就是一种企业精神,创新精神和道德诚信又是另外两种企业精神。显然,这些精神的培养和巩固,只有有效地沟通才能完成。

企业文化还包括企业形象系统。企业形象其实是企业文化的外在表现系统,而企业使命、企业精神、企业经营哲学才是企业文化的内容。形象需要塑造和传播,而塑造和传播的各个环节都离不开沟通的发生。企业文化沟通是企业内部管理沟通的最高层次。文化的内涵无所不包,虽然它主要是向内的,但它其实也是向外的,即企业外部沟通的重要内容。

1.3.8 企业外部沟通

企业并非生存在商业真空中,而是生存在与客户、顾客、供应商、经销商、政府、竞争对手、金融机构、社会公众共同组成的社会大环境中。企业的资源必须来自外界,而企业的产出必须输出到外界,才能实现企业配置和转化资源并从中取得利润的经济目标。从更深层的意义上来讲,企业是为满足外部需要而存在的,如果企业生产的产品或服务不能满足外界市场和顾客的需要,企业的生存就会产生危机。因此,最终是顾客和市场决定企业的生死,而不是企业自己。所以,企业必须与外界有良好有效的沟通。

政府是企业游戏规则的制定者和监督者,同时也是某些企业的顾客。与政府部门的沟通相当重要,现代管理学发展出了一门新的学科——企业公共关系学,讲的就是企业对外沟通,其主要沟通目标对象就包括政府。只有及时了解了游戏规则,才能不违反游戏规则,戴着镣铐跳舞;同时,只有经常沟通,与政府达成了良好的理解与关系,企业才能获得政府必要的支持,才能影响规则的制定和修改。在企业与外部的联系中,与政府的沟通最为重要。

市场和客户以及供应商、经销商、竞争对手、金融机构,构成了企业必须与之良好沟通的第二大类群体,笔者把它们统称为商业群体。商业群体直接左右企业的生存、发展和效益,与它们的沟通如何,直接影响到企业的当期经营现状,并持续影响企业长远利益。现在,与顾客的沟通已经构成了一门新管理学科——客户关系管理学,与供应商的沟通合作也构成了一门新管理学科——供应链管理学,与经销商和最终客户的沟通则构成了另几门管理学科——广告学、市场营销学等,与竞争对手的沟通也构成了商业情报学科等,不一而足。沟通缩短了企业与商业群体之间的距离,加深了企业与市场之间的了解,加快了企业对于市场变化的反应速度,提高了企业经营管理效率与效能。

企业并非只是与自己产品的顾客或潜在顾客打交道,互相传达信息,企业还要与社区、顾客的相关群体,即一般公众进行沟通交流。这是因为一方面,其他群体的意见和态度会影响企业的顾客购买企业产品;另一方面,企业在经营管理过程当中,过程与结果会影响到一般公众利益。如生产噪音、水污染、大气污染、垃圾处理等环保问题;又如伐木场的树木资源枯竭问题,等等。企业如果与公众沟通不好、不足,就会危及企业的生存、发展。当今许多企业在公共关系方面愿意下大工夫,如捐赠、打公益广告,都是在进行必要的公众沟通。

企业文化中的企业形象系统问题。事实上,作为企业文化的外化,企业形象系统是相当重要的。它不仅是对企业内部成员的要求,更是一种面向企业外部世界的一种营销和展现,即外部沟通。目前,企业、政府、个人形象设计与推广,已经成为一种新的现代管理学科。越来越多的人认识到,企业作为一种社会存在,是社会总的大系统中的一员和一个部分,部分只有与总体进行沟通,达成协调一致,才能生存,发展,提升。企业并非生存在商业真空中,而是生存在与客户、顾客、供应商、经销商、政府、竞争对手、金融机构、社会公众共同组成的社会大环境中。企业的资源必须来自外界,而企业的产出必须输出到外界,才能实现企业配置和转化资源并从中取得利润的经济目标。从更深层的意义上来讲,企业是为满足外部需要而存在的,如果企业生产的产品或服务不能满足外界市场和顾客的需要,企业的生存就会出现危机。因此,最终是顾客和市场决定企业的生死,而不是企业自己。因此,企业必须与外界有良好有效的沟通。

技能训练

比划动作猜成语

每组 6 人,每组派 4 名队员比划,2 名队员猜,在 2 分钟内看哪个组猜出的成语最多。比划的队员只能用肢体语言提示让队友猜出大屏幕上所出现的内容,不能说话。由一个主持人负责计时。

1. 行尸走肉、天上人间、不吐不快、海阔天空、插翅难逃、天下无双、偷天换日、两小无猜、卧虎藏龙、珠光宝气

2. 花花公子、八仙过海、掌上明珠、愚公移山、高山流水、卧薪尝胆、穿针引线、滔滔不绝、万箭穿心、水木清华

3. 窈窕淑女、破釜沉舟、天涯海角、牛郎织女、学富五车、鹰击长空、亡羊补牢、一路顺风、千军万马

4. 一见钟情、喜闻乐见、负荆请罪、河东狮吼、笑逐颜开、千钧一发、纸上谈兵、风和日丽、大器晚成、庖丁解牛

5. 甜言蜜语、雷霆万钧、浮生若梦、大开眼界、难兄难弟、掩耳盗铃、声色犬马、指鹿为马、龙争虎斗、滥竽充数

6. 南辕北辙、婀娜多姿、张牙舞爪、手舞足蹈、抓耳挠腮、鸡飞狗跳、大获全胜、人才出众、手到擒来、画蛇添足

1.4 管理沟通的过程及障碍

1.4.1 管理沟通过程

沟通的过程是一个完整的双向沟通的过程:发送者要把他想表达的信息、思想和情感,通过语言发送给接收者。当接收者接到信息、思想和情感以后,会提出一些问题给对方一个反馈,这就形成了一个完整的双向沟通的过程。在沟通的过程中,由于多种因素影响,事实上确实非常复杂,经过不断努力,一些专家已经总结出了沟通过程的一般模型,并将沟通过程恰当地分解成为沟通过程 8 大要素。它们分别是:信息 1、编码、通道、译码、信息 2、噪音、反馈、环境,如下图所示。

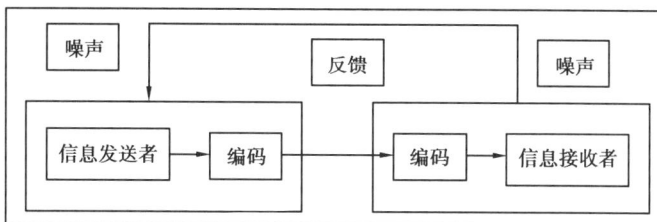

管理沟通过程

1）编码与译码

编码是发送者将其信息与意义符号化,编成一定的文字等语言形式或其他形式的符号。译码则恰恰与之相反,是接收者在接收到信息后,将符号化的信息符号还原为信息与意义,并理解其信息内容与含义的过程。完美的沟通应该是传送者的信息 1 经过编码与译码两个过程后,形成的信息 2 与信息 1 完全吻合。也就是说,编码与译码完全"对称"。对称的前提条件是双方拥有相同或类似的背景、经验,以及相同或类似的代码系统。如果双方对信息符号、信息内容缺乏共同的背景、经验,或双方编、译码的代码系统不一致,则在解读信息与正确理解其内在意义的两个过程当中必定会出现误差,容易造成沟通失误或失败。因此,传送者在编码过程中必须充分考虑到接收者的经验背景,注重内容、符号对于接收者来说的可读性。而接收者在译码过程中也必须考虑到传送者的经验背景,这样才能更准确地把握传送者意欲表达的真正意图,正确全面地理解收到的信息的本来意义。

2）通道

沟通需要有沟通的通道。通道是由发送者选择的、借由传递信息的媒介物,如口头交流时所采用的口头语言表达形式就是其沟通通道。当人们在发电子邮件进行沟通交流时,电子邮件即是其沟通通道。有时人们不用语言表达,而只通过脸或者身体其他部位的一个小动作,就能传达笔者的意见或意思,这时身体语言就是其沟通通道。

不同的信息内容与不同的条件要求不同的通道。公司的战略决策就不宜通过口头形式而应采用书面正式文件作为通道。有时人们同时或先后使用两种或多种沟通通道进行沟通。如,先口头沟通,然后书面跟进。而口头沟通时往往还会运用两种或两种以上的沟通通道,如身体语言副语言和道具等。由于各种沟通通道都有各自的特点和利弊,因此,笔者在选择沟通通道时往往要因时因地因人制宜,根据当时当地的具体情况正确选择恰当的沟通通道,在进行重大或企业战略性沟通时更应考虑周全,采用多层次、多方式组合型的沟通通道组合来进行全面沟通。显然,沟通通道的选择对于沟通的成功十分重要。事实上,在各种沟通通道中,口头沟通通道仍然是最有效、最常用的沟通通道。即使是在通信技术高度发达的今天,口头通道仍然不减其重要性。就连美国总统大选,候选人也总是尽可能多地利用口头通道进行沟通:周游全国,亲自在公众面前演讲甚至答问。

3)反馈

完整无缺的沟通过程必定包括了信息的成功传送与反馈两个大的过程。没有反馈的沟通过程容易出现沟通失误或失败。反馈是指接收者把收到并理解了的信息返送给发送者,以便发送者对接收者是否正确理解了信息进行核实。为了检验信息沟通的效果,即接收者是否正确、完美、及时地接收并理解了所需要传达的信息,反馈是必不可少和至关重要的。在没有得到反馈以前,信息发送者无法确认信息是否已经得到有效的编码、传递和译码与理解。如果反馈显示,接收者接受并理解了信息的内容,这种反馈称之为正反馈,反之则称为负反馈。

值得注意的是,反馈并非总是能自觉发生的,反馈也不总是一次性可以完成的,反馈也不一定是有意的。如果发送者没有要求反馈,或接收者认为信息已经完全理解,没有必要反馈;或接收者由于各种原因不愿意进行反馈,反馈往往就不会发生。因此,如果发送者想要沟通成功万无一失,要求接收者及时进行反馈是必要和重要的。在另一方面,信息的传递也好,信息的反馈也好,有时并不是一次就能成功。有时发送者发现传达的信息没有被理解,他们就会被迫进行第二次甚至更多次的传送。同样,如果接收者发现发送者收到自己的反馈后,再发送回来的信息表明自己的理解有误,则在调整了理解之后,有必要进行第二次或第三次反馈,直到确认自己对信息的理解正确无误为止。因此,沟通的成功需要必要次数的反馈成功。与信息的传递一样,反馈的发生有时是无意的,如不自觉地流露出的表情等方式,会给发送者返回许多启示。因此,作为一个沟通主体,无论是发送者,还是接收者,都应该尽量控制自己的行为,使沟通中的信息传递和反馈行为处于自我意识的控制状态之下,以确保信息传递和反馈无错误或无多余信息。

4)背景

沟通事实上总是在一定的背景中发生的,任何形式的沟通,都会受到各种环境因素的有力影响。有研究表明,配偶在场与否,对人们的沟通影响较大。在企业中也是如此,在上级办公室与在公众场所,采用的沟通方式是存在重大区别的。从某种意义上讲,沟通既是由沟通主体双方把握的,也是由背景环境共同控制的。一般认为,对沟通过程发生影响的背景因素有以下几方面:

（1）心理背景

心理背景是指沟通双方的情绪和态度。它包含两个方面的内涵。一是沟通主体自己的心情、情绪。当沟通主体处于兴奋、激动状态与处于悲伤、焦虑状态下,他的沟通意愿、沟通行为是不同的。前者往往积极响应,后者往往不愿沟通,思维处于抑制、混乱状态,编码、译码过程受到干扰。二是沟通主体对于对方的感受和态度。如沟通主体双方是否存在敌意,关系是否友善亲密等,都会影响沟通的进程与效果。沟通过程常常由于偏见与好恶而出现误差,导致沟通双方无法准确理解对方信息的含义。

（2）物理背景

物理背景会对人们的沟通造成巨大影响,这已为人们的日常生活经验所证明。如在一个五星级酒店里,人们会不自觉改变或调整自己的沟通行为。物理背景是指沟通发生的场所。不同的物理背景往往造成不同的沟通气氛,特定的物理环境更是能造就特定的沟通氛围。

（3）社会背景

社会背景指沟通主体双方的社会角色关系,与对沟通间接发生影响的其他个体或人群关系。对不同的社会角色,当然应该有不同的沟通方法与模式。如上级可以拍你的肩头,但倒过来则要慎重。这是因为,对应于每一种社会角色关系,人们都有一种特定的沟通方式预期,只有沟通方式符合这种预期时,人们才能接纳这种沟通。这种角色沟通预期有时也造成沟通障碍,如下级往往对上级投其所好,报喜不报忧,给沟通带来负面效应。另外,事实上,某些并不在场的人或人群也会影响人们的沟通。人们都有这样的经验体会,上司在场与否,竞争对手在场与否,自己与人沟通的措辞、举止会有区别。同时,其他与此沟通间接有关的人群的观点、态度、势力,如对方的父亲是省长,或对方跟你的上司关系密切,等等,也会对人们的具体沟通产生有力影响。

（4）文化背景

文化背景在现代信息经济时代,多文化沟通、多元化的集团企业、企业集团、跨国公司的跨地区、跨国家的团队沟通、集团化、全球化管理中,尤其引人注目。随着企业经营规模的扩张,越来越多的公司由许多不同文化背景的人组织起来一些工作,文化冲突问题增多,文化背景的重要性不言而喻。文化背景是指沟通主体长期的文化积淀,即沟通主体较稳定的价值取向、思维模式、心理结构的总和。由于文化已经转化为人们精神的核心部分而为人们自动保持,是人们思考、行动的内在依据,所以人们最初较少注意到文化对沟通的巨大影响。实际上,沟通需要文化背景,同时,文化背景更是潜在而深入地影响每一个人的沟通过程与沟通行为。当不同文化在沟通中发生激烈碰撞或发生交融时,人们能深刻地感受到文化的威力。中国三资企业的管理者,对此大多深有体会。如东西方国家的文化差异造成他们在一起共事时产生不少沟通障碍与问题。

5)噪音

噪音是影响沟通的一切消极、负面因素。通常可以把沟通噪音定义为妨碍信息沟通的任何因素。它存在于沟通过程的各个环节,并有可能造成信息损耗或失真。典型的噪音包括:发送噪音、传输噪音、接收噪音、系统噪音、环境噪音和背景噪音及数量噪音7大噪音。

(1)发送噪音

发送噪音是指发生在沟通过程当中的信息发送环节的噪音。因为信息发送又主要是信息编码的过程,因此,发送噪音也可以叫作编码噪音。如编码错误,或编码能力不佳,逻辑混乱,词不达意,或编码太艰深晦涩等。一旦出现这类错误或不足,沟通的信息发送就会产生噪音,使沟通无法较好地达到目标。这一方面是由于信息发送者不具备相应的编码和发送能力,而导致在沟通过程中产生的噪音。另一方面,跟信息接收者一样,信息发送者在信息编码的过程中,也会受到个人兴趣、情绪、思想、愿望等的影响和制约。当信息发送者在编码过程中,加入了错误或过量的个人因素,或根据个人喜好对信息进行了过滤,即对应该全部编码的信息进行了知觉性选择,就会影响到所编码信息的完整性、准确性和及时性,从而产生另一种大的编码噪音。

(2)传输噪音

传输噪音是指发生在信息传递过程当中的噪音。人们所要传送的信息经过编码,就要选择适当的沟通通道或渠道来将编好码的信息传输给目标沟通主体。而在传递渠道中,又有可能出现噪音。如:用电话沟通时,电话线路不好,对方无法听清你说得很清楚的话;用电子邮件进行沟通时,电子邮件设置出现问题,对方无法按时收到你的电子邮件;你用书面正式文件进行沟通,但经过多次复印后,该文件部分字迹已不清晰,致使对方无法准确理解;一封重要会议纪要在送到总经理办公室的过程中丢失了,即信息全部遗失;请人传话时,传话者对信息进行了修改或表述不清,等等问题,都是在沟通的信息传递通道或渠道中存在的妨碍沟通的因素,都应该属于传输噪音即沟通渠道噪音。

（3）接收噪音

接收噪音是指沟通过程中信息接收者在接收信息的过程中发生的噪音。因为接收信息的过程主要是对接收到的信息进行解码的过程，因此，也可以把接收噪音理解成为解码噪音。事实上，接收者往往容易产生以下几种影响准确沟通的错误，即噪音：一是受自己个人心理结构、心理需求、意向系统、文化教育水平、理解能力、心理期望、社会角色地位、人生阅历等因素的影响，自觉不自觉地对所接收到的同样信息作出令人惊讶的不同理解和反应。人们一般把这种反应叫作选择性知觉现象，即信息接收者根据自己个人的主观愿望、需要和理解，会对本来完整传递过来的并成功解码的信息进行过滤，倾向于只接收那些自己愿意或期望接收到的部分信息，而对其余部分信息缺乏兴趣或敏感性。应该说，信息过滤是很难百分之百避免的，而且在一定极限范围内不会对沟通产生根本性的错误影响，但一旦突破了这种过滤极限，信息就会被有意扭曲或增删，沟通就无法成功顺利进行。二是接收者个人解码能力或者说接收不足的问题。人们经常用"对牛弹琴"来形容一个沟通对象无法理解自己所要传达的东西。在沟通的信息编码、传递和信息代码系统均完好的前提下，依然会有些接收者由于个人智力、经验、思想等方面的局限而无法对人们所准确传递的信息达成理解。这有点像一个班级里的差生，对同一个老师讲的同一节课，对于同一个老师讲解的同一个原理，在别人均能理解的同时，他却不能把握和理解，这就产生了接收噪音。

（4）系统噪音

完整的沟通过程实际上构成了一个相当完整和复杂的沟通系统，在系统的各个部分、各个环节，如发送、传递、接收、背景等，都有可能产生和存在噪音。为了便于研究，这些噪音可以细分为各种不同的噪音。因此，笔者认为没必要单列一种沟通全系统的噪音，因其无助于笔者加深对沟通噪音的研究。笔者所说的系统噪音，指的是沟通系统中的重要部分——沟通的信息代码系统差异或缺陷所引发的沟通噪音。沟通的双方在进行沟通时，必须借助于一种双方都能理解和熟悉的信息符号代码系统，发送者进行编码和接受者进行解码所用的信息符号代码系统必须一致，双方的沟通才能实现。系统噪音一种是系统平行噪音，即双方所用的沟通信息符号系统完全不同，双方对对方所传达的信息均无法解码，自然也就无法互相沟通理解。如哑巴和不懂哑巴手语的陌生人沟通，就会不知所云。又如一个英语盲要看英语文件，当然只能是望文兴叹了。系统噪音的另一种是系统差异噪音，即双方所用符号代码系统有同有异，不完全相同，就会造成一方对另一方的信息一知半解，不能准确领会。由于每个人的情况千差万别，信息符号代码系统又是一种文化性的概念和工具，符号代码系统只有通过人们的学习、理解才能存在于人们头脑中,并被运用于对信息的理解。因此,人们个体的差异往往会导致人们内在的信息符号代码系统不能完全一致,也就在客观上留有产生系统差异噪音的可能性。

(5)环境噪音

环境噪音指的是在沟通过程中,影响沟通效果的一切客观外在环境干扰因素。如当人们用语言进行沟通时,周围马达轰鸣,或人声嘈杂;又如当人们用道具如旗语进行沟通时,天气大雾或夜色太黑而导致笔者无法看清;又如人们在夜总会或酒吧开具有重大意义和严肃认真的内容的公司董事会等,都会对沟通的预期效果产生不利影响,使沟通的过程产生噪音。笔者说的环境噪音中的环境被严格限定在物理环境,以与社会性的文化性的背景噪音区别开来。

(6)背景噪音

背景噪音主要是指在沟通过程中,由于沟通背景因素而产生的沟通噪音,而沟通背景又主要是指沟通过程的心理背景、社会背景和文化背景,而不把物理背景包括在内。显然,沟通双方的情绪状态、沟通态度有偏差时,就会导致信息传递受损或不畅,也就是产生沟通噪音。社会背景是指沟通双方的社会角色关系。不同的社会角色,对应于不同的沟通期望和沟通模式。人们之间为了达成良好的沟通,在沟通时必须选择切合自己与对方的沟通方法与模式,一旦选择失误或出现偏差,沟通的社会背景噪音就会产生。文化背景是人们生活在一定的社会文化传统与现实中所形成的价值观、思维模式和心理结构等的总称。在美国,文化强调和重视个人价值,而在东方的中国、日本等国家,文化强调和推崇的是集体价值,东西方文化背景不同,也会给他们之间的沟通造成或大或小的干扰和难度,跨国企业和多元文化企业中的文化背景沟通噪音因而大量产生。当不同文化背景的沟通主体在一起共事时,沟通不良还会产生人际冲突和文化冲突,这已经引起许多沟通专家的高度重视。

(7)数量噪音

数量噪音是指在沟通过程中所传递的信息量过大或者严重不足,由此引起的使对方无法及时全部接收,或分清信息主次,或因信息量太大而无法及时达成充分理解,或因信息量太小,而使沟通成为小题大做、浪费时间和物资,沟通的信息缺乏必要的有意义的内容。在企业管理实践中,数量噪音是客观存在的。我国所说的文山会海就是典型的数量噪音。在企业中,有的领导有点芝麻大的小事喜欢开个大会,有的员工有点鸡毛蒜皮的事就喜欢找领导汇报两三个小时,借此推脱自己本应担当的工作和责任,等等,都是信息数量噪音。信息数量噪音产生原因在于沟通者对沟通的必要性、意义、信息量和沟通频率缺乏认识和把握。

1.4.2   管理沟通障碍

所谓沟通障碍,是指信息在传递和交换过程中,由于信息意图受到干扰或误解,而导致沟通失真的现象。在人们沟通信息的过程中,常常会受到各种因素的影响和干扰,使沟通受到阻碍。管理沟通中的障碍主要来自两个方面,即个人沟通障碍和组织沟通障碍。

1)管理沟通障碍

(1)自我认知的障碍

人的认知活动是人对外界信息进行积极加工的过程。每个人的认知程度水平都是有限的,相对的,很多人都带有偏见,这些偏见开始时是组织内某个或某几个人的说法或者是抱怨,久而久之就形成了一种偏见,造成认知的障碍。例如,人家说同样一个职位,用男职员比用女职员好,这句话是一个偏见。因为社会学家证明的结果,女人和男人的智慧是差不多的,只有对某些危险的事情,女人的体力差一点,持重的事情女人的精神负担不了,但是不能因此就否定女人的工作能力。因此,认知的偏误就形成了沟通的个人障碍。

(2)沟通双方的个性障碍

这主要指由于人们不同的个性倾向和个性心理特征造成的沟通障碍。气质、性格、能力、兴趣等不同,会造成人们对同一信息的不同理解,为沟通带来困难。个性的缺陷,也会对沟通产生不良影响。一个虚伪、卑劣、欺骗成性的人传递的信息,往往难以为人所接收。

(3)语言障碍

语言是人类最重要的交际工具,当然也是最重要的组织内部沟通工具。它同思维有密切的关系,是人类形成和表达思想的手段,也是人类社会最基本的信息载体,人们借助语言保存和传递人类文明的成果,语言是人区别于其他动物的本质特征之一。共同的语言又常是民族的特征,语言就本身的机制来说,是社会约定俗成的音义结合的符号系统。语言没有阶级性,一视同仁地为社会各个成员服务,但社会各阶级阶层或社会群体会影响到语言,造成语言在使用上的不同特点或差异。正是特点的不同,差异的存在,造成语言障碍,从而形成沟通的障碍。

(4)沟通双方地位的差异

地位的差异造成心理的沟通障碍,特别是组织中上下级之间非常明显。根据行政沟通的方向性,分为向下、向上和平行 3 个方向。一般来说,向上沟通在实际中有不少障碍,心理研究表明,下级在向上级汇报工作或主动沟通中,常常带有担心说错、怕承担责任、焦虑等心理,致使沟通常常不是在宽松流畅的氛围中进行,形成沟通障碍。而在向下沟通的过程中,主动沟通的是上级,虽然会受到欢迎拥护,但毕竟有时会居高临下,造成下属的压迫感和紧张,也会形成沟通障碍。平行的沟通虽然地位的差距不大,但并不会有地位完全相等的两个人,位置职务的重要与否、职称的高低、资历深浅、组织中成员的认可度等,都会多多少少形成地位的优越感、重要感或压迫感、低下感,从而引发心理障碍,造成沟通的不畅。

（5）距离的障碍

在不能与他人面对面沟通的情况下,距离也是一种障碍。当你讲电话时,你无法观察对方的表情。如果你在一个可容纳100人的室内做演示文稿,你大概很难和最后一排的人直接做一对一的沟通。克服这项沟通障碍的重点同样是先要认同因距离造成的沟通困难,进而加强你所能控制的沟通过程。例如,讲电话的时候,比平常交谈更集中注意力来倾听;写报告的时候尽可能条理分明,即便读者跳着看,也能了解最重要的信息;阅读的时候,能说出至少告诉你自己信息的内容是什么。

（6）时间限制

时间压力,无论是你或对方的时间限制,和沟通中断一样,都是常见的人际沟通障碍。人际沟通并不是某个时间片段中的独立事件。它与未来的事件必然有关联。每个人都很忙,至少应该很忙,你与某个人交谈的时候,很可能无法把下个钟头、明天或下个星期应该做的事完全抛诸脑后,对方也是如此。时间限制与沟通中断不同的是:有时候我们可以忽略或忘记事件压力所形成的障碍。善于磋商谈判的人都知道,有时候让对方对时钟,会使谈判进行得顺利一点,因为时间的压力可能迫使对方作出让步与妥协。如果你是发出信息的一方,你应该经常注意对方是否焦虑不安,是否有时间上的压力。因为毕竟这不只是他的问题而已。你可以说:"我注意到你在看表,如果我们专心地讨论这个问题,大概再要10分钟就可以解决了。"另外,我们也可以在沟通开始之前定好时间的限制以免时间压力影响了沟通的成效。

（7）跨文化障碍

中国传统文化比较内隐、含蓄,暗码信息多,有较多的非语言编码,人的思想很少外露,人们在交往中,圈内圈外有别。彼此信任程度与人际关系的密切度成正比,关系越亲密就越值得信任。而西方文化较外显,明码信息量大,有较多的语言编码,人际间反应外露,圈内圈外灵活,人际关系不亲密。

（8）组织结构的障碍

有些组织庞大,层次重叠,信息传递的中间环节太多,从而造成信息的损耗和失真。也有一些组织结构不健全,沟通渠道堵塞,也会导致信息无法传递。

处于不同层次组织的成员,对沟通的积极性也不相同,也会造成沟通的障碍。

（9）环境干扰

环境干扰是导致人际沟通受阻的重要原因之一。嘈杂的环境会使信息接收者难以全面、准确地接收信息发送者所发出的信息。诸如交谈时相互之间的距离、所处的场合、上司的情绪、电话等传送媒介的质量等会对信息的传递产生影响。环境的干扰往往造成信息在传递途中的损失和遗漏,甚至歪曲变形,从而造成错误的或不完整的信息传递。当然,还有其他一些影响信息有效沟通的因素,如成见、聆听的习惯、气氛等都会影响人际沟通。

2）沟通障碍克服的方法

（1）主动倾听是有效沟通的基础和前提

倾听是成功沟通的关键,它的功能不仅仅在于你听到别人所说的话,真正的倾听意味着全神贯注地听别人说话,并尽量理解它,要使积极倾听有效,你必须对说话者真正感兴趣。借助于倾听,你可以深入理解同事们所做的事情,他们的感受,以及他们为什么要这样做,为什么会有这样的感受。你也可以更好地理解组织成员的希望、他们害怕的事情,以及所面临的困难。倾听为你打开一个新的视野,它是学习的关键。一旦别人认为你是一个很好的倾听者,他们会说他们能接近你,跟你讲他们的有关事情,认为你尊重他们以及他们所说的话。主动倾听的最大好处在于听者会报答你,倾听你讲话,并且在你讲话时作出回应。你听得越多,收获也就越大,学的也会越多。

（2）简化语言是有效沟通的主要手段

简化语言的重中之重就是讲话要有重点。一个人的注意力集中的时间只有10分钟,在这10分钟里,如果没有抓住沟通对象的注意力,对方就会什么都听不下去了。所以,到对方那里去沟通,要一开始就简化语言。另外,即使很复杂的问题,也可以用简单的比喻讲出来。在这方面,我国古代先贤之一孟子是典范,他讲话就很喜欢用比喻的方法。所谓善用比喻,就是举例子给人家听,例子因为生动、真实可信,非常容易让人家触动,使听众一听就明白了。

（3）多利用反馈

多利用反馈是有效管理沟通的检验和保证。所谓反馈,是指一种信息,通过这些信息组织及其员工可以将自身实际的表现与给定的标准或预期进行比较分析。反馈要求你客观地描述和分析自己的感受,向他人提供足够的信息以便帮助他们分析并调整自己的行为。反馈也有助于设定目标,改进工作。多数人急切地想了解他们的实际表现,比如一个学生可以从作业中得到反馈信息。从作业或考试的成绩、老师的批语,或是与老师面对面的交谈中,都可以了解到自己学习的表现、与同学的比较以及与老师的期望之间的差距的信息。通过这些反馈,你得到相关的针对目前表现和未来努力方向的信息,这些信息教导你如何扬长避短,提高成绩。假如这些反馈是建设性的,这是指真实、公正的反馈,而不是具有个人攻击性的反馈,那么这些信息对于改进工作,帮助我们个人成长和工作完成就具有重要意义。

(4)注意恰当地使用肢体语言

在倾听他人的发言时,还应当注意通过非语言信号来表示你对对方的话的关注。比如,赞许性的点头,恰当的面部表情与积极的目光相配合,不要看表,不要翻阅文件,不要拿着笔乱画乱写。如果对方认为你对他的话很关注,他就乐意向你提供更多的信息。否则,对方有可能把自己知道的信息不向你传达。研究表明,在面对面的沟通当中,一半以上的信息不是通过词汇来传达的,而是通过肢体语言来传达的。要使沟通富有成效,就必须注意自己的肢体语言与自己所说的话的一致性。

(5)注意保持理性,避免情绪化行为

在接收信息的时候,接收者的情绪会影响到他们对信息的理解。情绪能使我们无法进行客观的理性的思维活动,而代之以情绪化的判断。与他人进行沟通时,应尽量保持理性和克制。如果情绪出现失控,则应当暂停进一步沟通,直至恢复平静。

(6)减少沟通的层级

人与人之间最常用的沟通方法是交谈。交谈的优点是:快速传递和快速反馈。在这种方式下,信息可以在最短的时间内被传递,并得到对方回复。但是,当信息经过多人传递时,口头沟通的缺点就显示出来了。在此过程中,卷入的人越多,信息失真的可能性就越大。每个人都以自己的方式理解信息,当信息到达终点时,其内容常常与开始的时候大相径庭。

(7)双向沟通,及时反馈

有效的沟通应该是自上而下与自下而上相结合的沟通。通畅的沟通渠道是顺利实现有效沟通的保证,包括鼓励和允许他人提出自己的问题、疑问。反馈是沟通的重要环节之一,没有反馈的沟通是单向沟通,只有通过信息反馈实现双向沟通,才能了解信息是否准确、完整地被接收者理解,并不折不扣地贯彻执行,才能发现沟通中存在的问题并及时解决。信息反馈是沟通过程中一个重要的环节。没有信息的反馈,则不能构成一个完整的沟通过程,不能实现信息的有效沟通。我们在进行沟通后要注意接收者的理解和反应,通过提问"询问"调查即跟踪反馈,掌握信息被接收和被理解的程度,并在此基础上对组织的政策作出修正、完善甚至根本性的改变。组织成员则要通过信息的反馈来了解组织管理者对沟通信息的反应,并以此对组织及其管理者作出评价。

（8）选择最佳的信息沟通渠道

在渠道的选择上，主导沟通者占据主导地位，要根据实际情况选择能予以最恰当表现的沟通渠道，并在语言的运用上根据沟通对象不同作出相应的调整，但应尽量使用表述精确"直接"明晰的语句并竭力避免语句冗长和艰涩的专业术语的运用。另外，着眼于沟通的有效性，沟通过程中应鼓励采用多渠道的信息沟通，但不应该彼此冲突从而引起误解。

（9）主动倾听

所谓主动倾听，就是指不仅限于被动地接收对方所传递过来的信息与事实，了解其言辞中字面的意义，而且要保持对其弦外之音的敏感，注意其表情、手势、眼神等非言语性沟通所显示出的感情，深入并清楚地发掘其真实内心意图。同时，要主动作出反馈与提问，搞清真正问题之所在。这意味着要想方设法检验自己所理解的是否是对方的本意。

（10）正确运用语言文字

在沟通中能否正确运用语言文字，与沟通效果关系颇大。要做到正确运用语言文字，需要从以下几个方面加以注意：

①要真挚动人，具有感染力。

②要使用精确的语言文字，措词恰当，意思明确，通俗易懂。

③酌情使用图表。

④尽量使用短句。

⑤语言文字要规范化，不要用偏词怪句，避免华而不实之词。

⑥恰当安排沟通时间。

人们对信息的反应和过滤是受时间因素影响的。管理者对某一信息的忽视，其原因可能是时间太紧或有其他更重要信息的缘故。因此，有效沟通要注意安排恰当的时间。对管理者来说，可以采取两种方式：一种是规定某一时间接收或发送特定信息；另一种是规定在繁忙工作以外的时间的接收或传达信息，这可以确保注意力不致分散。

（11）选择正确的沟通方式

有效的沟通依赖于沟通方式的选择。管理沟通的主要方式可以分为3类，即口头沟通、书面沟通和其他沟通方式。口头沟通适用于企业内部信息的传递与日常交流，包括发布指示、面谈、会议、请示汇报等；书面沟通较为正式、清晰、准确，属于正式的沟通方式；其他沟通方式包括文艺汇演、企业联欢等，此类沟通方式有利于提高员工对企业的认同感，增加企业的凝聚力。

秀才买柴

有一个秀才去买柴,他对卖柴的人说:"荷薪者过来!"卖柴的人听不懂"荷薪者"3个字,但是听得懂"过来"两个字,于是把柴挑到秀才前面。

秀才问他:"其价如何?"卖柴的人听不太懂这句话,但是听得懂"价"这个字,于是就告诉秀才价钱。

秀才接着说:"外实而内虚,烟多而焰少,请损之。"(翻译:你的木柴外表是干的,里头却是湿的,燃烧起来,会浓烟多而火焰小,请减些价钱吧。)卖柴的终于听不懂了,只得悻悻地走了。

探讨交流:请大家分析一下秀才与卖柴人沟通过程中有哪些因素造成了沟通方面的障碍? 他们之间应如何克服沟通障碍?

单元 3 　实战训练

[提示] 学习者将"单元1"中的真实任务与真实案例进行对比,比较真实案例中管理者(或企业)怎样解决相似的问题(任务),尤其是自己在初次尝试中遇到困难的方面。另外,学习者还将感受相关理论知识是怎样体现在真实案例中的。

美国沃尔玛公司总裁山姆·沃尔顿曾经说过:"如果你必须将沃尔玛管理体制浓缩成一种思想,那可能就是沟通。因为它是我们成功的真正关键之一。"沟通就是为了达成共识,而实现沟通的前提就是让所有员工一起面对现实。沃尔玛决心要做的,就是通过信息共享、责任分担实现良好的沟通交流。

WAL★MART | Walmart ✳

沃尔玛公司总部设在美国阿肯色州本顿维尔市,公司的行政管理人员每周花费大部分时间飞往各地的商店,通报公司所有业务情况,让所有员工共同掌握沃尔玛公司的业务指标。在任何一个沃尔玛商店里,都定时公布该店的利润、进货、销售和减价的情况,并且不只是向经理及其助理们公布,也向每个员工、计时工和兼职雇员公布,鼓励他们争取更好的成绩。

沃尔玛公司的股东大会是全美最大的股东大会,每次大会公司都尽可能让更多的商店经理和员工参加,让他们看到公司全貌,做到心中有数。山姆·沃尔顿在每次股东大会结束后,都和妻子邀请所有出席会议的员工约2 500人到自己的家里举办野餐会,在野餐会上与众多员工聊天,大家一起畅所欲言,讨论公司的现在和未来。为保持整个组织信息渠道的通畅,他们还与各工作团队成员全面注重收集员工的想法和意见,通常还带领所有人参加"沃尔玛公司联欢会"等。

山姆·沃尔顿认为让员工们了解公司业务进展情况,与员工共享信息,是让员工最大限度地干好其本职工作的重要途径,是与员工沟通和联络感情的核心。而沃尔玛也正是借用共享信息和分担责任,适应了员工的沟通与交流需求,达到了自己的目的:使员工产生责任感和参与感,意识到自己的工作在公司的重要性,感觉自己得到了公司的尊重和信任,积极主动地努力争取更好的成绩。

沟通的管理意义是显而易见的。如同激励员工的每一个因素都必须与沟通结合起来一样,企业发展的整个过程也必须依靠沟通。可以说,没有沟通,企业管理者的领导就难以发挥积极作用,没有顺畅的沟通,企业就谈不上机敏的应变。

资料来源:沃尔玛官网、中国人力资源开发网

跟学内容

1. 沃尔玛公司的沟通内容应该如何设置?试根据其经营目标确定其沟通内容体系。

2. 根据调研资料分析沃尔玛公司沟通过程的关键要素及其所面对的沟通障碍。

跟学指导

1. 沃尔玛公司的发展目标和战略诉求决定了其公司的使命及工作任务,因而确定了公司对沟通内容上的要求。特别应该考虑到企业文化和环境的动态变化对沟通内容产生的要求。

2. 沃尔玛公司沟通过程中关键因素的分析应基于其沟通的主题内容,并在此基础上明确沟通的难点和重点。

单元4 继续完成真实任务

[提示]　学习者再次尝试完成"单元1"中的真实任务,并利用下表再次进行自我评估(对比"单元1"中的"做学教"目标以及任务要求),之后指导老师进行持续评估并提出持续的指导意见。之后,学习者将自己所属团队完成的任务进行公开、互动的展示和讲解(角色情景扮演),其他团队同步进行交叉评价。

完成任务的过程记录与自我评估	导师评估与指导
A1 继续这个任务,我们做了(按工作流程列):	A2 你们还需要做:
B1 我们会做下面这些:	B2 你们已经掌握了这些技能:
C1 通过完成任务,我们得到的经验与教训:	C2 未来可以继续学习
D1 任务完成状况的自我评价(在对应等级上画圈)	D2 任务完成状况的导师评价(在对应等级上画圈)
1　2　3　4　5　6　7	1　2　3　4　5　6　7

说明:1 失败;2 未完成;3 基本未完成;4 勉强完成;5 完成;6 顺利完成;7 成功完成。

单元5 强化与拓展

可选的教学做单元。学习者根据指导老师给出的后续学习指导意见,有差异地选择适合自己的强化练习项目或拓展项目。通常练习项目是在完成真实任务还存在困难的学习者中展开,拓展项目是在完成真实任务后还有余力的学习者中展开。

强化练习

推荐书籍:《管理沟通》(英文版第 4 版),(美)詹姆斯·S. 奥罗克(James S. O'Rourke IV)著,中国人民大学出版社 2010 年出版。

仔细查看江苏卫视互动网站非诚勿扰官网当期嘉宾资料。

观摩江苏卫视《非诚勿扰》当期节目,仔细思考分析各个嘉宾的沟通表现。比较节目中男女嘉宾的沟通过程中存在有哪些障碍;成功男嘉宾做了哪些沟通,其中哪些沟通起到了关键性作用;失败的男嘉宾沟通不足的地方在哪里;男女嘉宾采取了哪些沟通方式以及取得了什么效果。

资料来源:江苏卫视互动网站非诚勿扰官网

拓展训练

解手链

这个游戏能让同学们迅速消除隔阂,体会到团队活动当中沟通的重要性,提高团队的合作精神。这是一个需要我们在团队合作中有效沟通和发挥创造力的游戏。

1.游戏时间为 10 ～ 15 分钟,通常每个小组人数不超过 20 人。

2.同学们首先要紧密地围成一个向心圈。

3.同学们要用自己的左手抓住另外一个人的右手,再举起自己的右手握住对面同学的手,一旦抓住后就不许松开。

4.同学们要在不松开手的情况下,想办法把这张乱网解开。

5.乱网一定可以解开,解开后会有两种结果:一种是只有一个大圈,另外一种是两个套着的小圈。

6.在游戏过程中如果实在解不开,可允许相邻两只手断开一次,但断开后游戏重新开始时必须马上封闭。

7.思考体会通过解手链游戏让我们学到了哪些沟通知识。

穿西服

通过这个游戏,让同学们理解沟通的作用,更加熟悉沟通的过程,了解沟通中存在的障碍,理解沟通产生的作用。这是一个能增进人际有效沟通的游戏。

1.游戏时间 10 分钟,人数每组 2 人,需要西服作为道具。

2.挑选两名同学,A 和 B,其中 A 扮演老师,B 扮演学生,A 的任务就是在最短的时间内教会 B 怎么穿西服(假设 B 既不知道西服是什么,又不知道应该怎么穿)。

3.B 要充分扮演出当学员的学习能力比较弱的时候,老师的低效率。例如,A 让他抓住领口,他可以抓住口袋,让他把左胳膊伸进左袖子里面,他可以伸进右袖子里面,以极尽夸张娱乐之能事。

4.有必要的话,可以让全班同学辅助 A 来帮助 B 穿衣服,但注意只能给口头的指示,任何人不能给 B 以行动上的支持。

5.A 可以采取卓有成效的工作指导:A 解释应该怎么做,A 演示应该怎么做,由 B 解释一下应该怎么做,请 B 自己做一遍。

6.在游戏过程中如果实在解不开,可允许相邻两只手断开一次,但断开后游戏重新开始时必须马上封闭。

7.思考体会通过穿衣服游戏让我们学到了哪些沟通知识。

预备下一次任务

阅读项目 2 沟通的方式的 1 单元(True Task):尝试真实任务,以 5～8 人为工作团队在下次课堂教学之前完成规定的任务。

项目 2
沟通的方式

单元 1　尝试真实任务

[提示] 学习者将自身置于未来工作环境,充分依靠自己过去积累的经验和已经拥有的知识,来尝试解决实际问题(任务)。

真实任务

　　星巴克成立于 1971 年,成立后专营极品咖啡豆。1987 年,星巴克的前高管霍华德·舒尔茨融资 380 万美元收购了星巴克,与他旗下的"每日"咖啡合并。1990 年,星巴克门店超过了 100 家。1991 年在美国上市。现在,星巴克已经在全球 50 多个国家开设了 1.7 万家星巴克的门店。按照星巴克的要求,无论在哪里,每一家门店都要和其他 1.7 万家门店一样,提供统一口味的咖啡,热情的微笑,并拥有共同的价值观。

　　在不断的发展过程中,星巴克面对不断扩张的门店进行有效管控和支持,始终保持品质和服务的一致性。星巴克是怎样做到这一点的? 要使上海星巴克碧云店,甚至任何一家地级市

管理沟通

的星巴克门店与西雅图派克市场店的咖啡品质和服务保持一致,依靠的是强大的组织能力,构建基于星巴克的价值观和管理制度,使产品品质、服务标准进入每个星巴克人的心里。

星巴克一直强调其企业是基于关系的,以各分店店长为核心,展开其由伙伴、区经理、区域经理、公司营运部门、开放论坛、帮助热线为主构成的360度店长关系网络,以了解星巴克的价值观、文化、制度、产品品质、服务标准是如何从美国西雅图的总部延伸到全世界的门店,最终通过吧员传递给顾客的。这个路径同样可以用在俄罗斯、南美或者西亚某一家门店。

伙伴。星巴克所有员工互称伙伴,门店的伙伴包括咖啡师(Barista)、值班经理(Shift Supervisor)、店副理(Assistant Manager)。其中,店长、值班经理和店副理又组成门店的管理组。管理组每周开会2次,对运营中的问题进行沟通。店长80%的工作时间负责和伙伴们沟通,以组织门店运营。

区经理。区经理管理6~8家门店,每天的工作就是不断巡店和稽核,了解门店的经营状况,对物料使用、财务进行稽核。店长20%的时间是和区经理沟通。对门店遇到的问题,区经理会和店长分析原因,制订行动计划,追踪改善的成果。比如,如果牛奶使用过多,则意味着门店可能产生浪费;如果使用量低于平均水平,则可能店员偷工减料。区经理必须对门店出现的诸如此类的问题提出改正意见。如果门店出现紧急事态,店长首先求助的对象也是区经理。区经理从资深店长提拔而来,是店长的导师。

区域经理。星巴克一位区域经理管理10位左右区经理,管理门店多达80~100家,区域经理的上级主管就是中国区营运总监,区域经理大概一年时间能把所有门店巡视一遍。

公司营运部门。财务、稽核、人力资源等部门都会巡店,主要对具体业务进行沟通和了解,营运部门也会召集店长会议。

开放论坛。星巴克总部的高管来中国,或者星巴克中国的高管到内地城市,巡店之外的工作之一就是组织开放论坛(Open Forum),类似于中国企业的"座谈会"。开放论坛可以是邀请制,也可以由员工申请,店长往往是被邀请的重点。

帮助热线。热线是店长和公司支持系统沟通的重要途径。店长反映管理问题,不一定通过区经理逐层向上汇报。比如,最近有顾客向王成雪抱怨说星巴克出售的水果块过硬,口感很差,上海星巴克当天就对该产品作出了下架处理。

在管理链条之外,店长们还必须和外部的顾客及外包供应商产生联系。分店店长每个月要完成至少 3 个白班、3 个晚班的吧台工作,因此有足够的时间去倾听顾客的声音。店长也会经常和熟客聊天,倾听他们的意见。包括物流、设备维修等业务,星巴克选择了服务外包,蛋糕甜品的供应也使用本地供应商,门店和供应商之间互动密切,但结算则由支持部门负责。

星巴克还崇尚仆人式沟通和互动,将沟通文化当作是星巴克门店的润滑剂。在星巴克的管理链条上,店长处于整个零售系统管理链条的中间。并且,由于区经理和区域经理并没有独立的管理团队,也没有经理助理,中间环节被大大压缩了,避免了官僚主义。同时,除了新开辟市场的店长外,绝大部分店长都从店副理提升,区经理从资深店长提升,区域经理又从优秀的区经理提升,管理阶层之间有共同经历,能够积极地沟通。另一方面,星巴克提倡仆人式的领导,要求管理者对伙伴态度和蔼可亲,能够支持和体验他们的工作,和伙伴保持畅通的沟通。如果管理者不是实践"仆人式领导"而是"命令式领导",其他的伙伴可以向区经理或者区域经理反馈。星巴克上海曾经有一位非常强势的店长,因为店面位置好,业绩突出,忽视了和员工的沟通,更强调通过命令方式管理门店,其结果是被伙伴投诉给上级经理。幸运的是,这位店长仍然获得了改正机会,正在努力学习沟通和管理技巧。

除了管理者,星巴克也在不断提升员工的沟通能力。星巴克对新进员工的沟通培训,除了公司文化之外,提倡的是人际关系训练,这被称为星巴克的"星星技巧(Star Skill)",主要强调 3 种思维方式:第一,维持并增进伙伴的自尊心;第二,要会聆听、赞赏并表示了解;第三,要会寻求别人的协助。星巴克为员工提供一种感谢卡,在收到帮助和支持时,员工可以通过发送小纸片来表达。在星巴克中国的办公室,我们看到很多员工把这些卡片贴在办公桌上,既是一种鼓励,也是一种骄傲。看似小巧的沟通工具,为羞于表达的中国员工提供了沟通的媒介。

热情服务是星巴克的价值观之一,有些门店营业到深夜 12 点,而星巴克年轻的店员们却精神饱满。实际上,星巴克规定,高峰时段 2 小时后前台必须到办公室休息,或者做一些整理工作。这能保证顾客看到的总是热情而精力充沛的星巴克员工。"我们的伙伴年纪都不大,你不可能让他每时每刻都对客人微笑。"上海金桥碧云店店长徐丽娟说。她的办法是,如果员工真的不开心,比如遇到失恋之类的事情,值班经理应该临时调整岗位,让他换岗去做桌面清理之类的工作,避免和顾客直接接触。星巴克的店长通常会花大量的时间辅导和培养员工如何与客人沟通,如何在客人进店 20 秒内有眼神的交流,如何通过小卡片向同事表达谢意等。另外,每一位新员工会有资深员工作为师父,培养他(她)在 3 个月内成为一名合格咖啡师。

资料来源:腾讯网财经新闻巅峰对话、星巴克官方网站

任 务

　　星巴克在日常管理沟通中采用了哪些沟通形式? 星巴克所采用的是哪种沟通渠道? 这种沟通渠道的优缺点是什么? 请你在调研星巴克实际情况的基础上,试着对星巴克现有的沟通方式和沟通渠道进行改进,使其更能有效地提高星巴克的沟通管理效果。

目 标

　　熟悉正式沟通的常见形式,熟悉正式沟通的基本渠道,掌握各种组织结构适用的沟通渠道,掌握口头沟通、书面沟通、会议沟通和其他新型沟通方式的特点及技巧。

完成情况评价

　　[提示]　在虚拟尝试完成"单元 1"中的真实任务后,学习者利用下表进行自我评估(对比"单元 1"中的"做学教"目标以及任务要求),之后指导老师进行评估和提出指导意见。

完成任务的过程记录与自我评估	导师评估与指导
A1 为完成这个任务,我们做了(按工作流程列):	A2 你们还需要做:
B1 经过努力后,我们完成了下列部分任务:	B2 你们已经掌握了这些技能:
C1 在完成任务过程中,我们遇到了下面的障碍:	C2 暂停,你们还需要补充下列知识:

单元 2 相关理论知识学习

[提示] 学习者根据自我评估以及指导老师给出的持续学习指导意见,有差异地选择自己需要学习的相关理论知识。如果在没有学习某部分理论知识前,学习者就能够完成对应的任务,则所需的支撑理论知识已经具备,学习者可以在征询指导老师意见后,越过这部分理论知识学习。

2.1 正式沟通与非正式沟通

2.1.1 正式沟通的形式

正式沟通是指在组织系统内,根据组织内规章制度规定的沟通方式所进行的信息传递与交流。例如,组织与组织之间的公函来往,组织内部的文件传达、召开会议,上下级之间的定期的情报交换等。另外,团体组织的参观访问、技术交流、市场调查等也在此列。这是遵循组织结构的设置路径。正式沟通的优点是:沟通效果好,比较严肃,约束力强,易于保密,可以使信息沟通保持权威性。重要的信息与文件传达,组织的决策,一般都采取这种形式。缺点是:由于依靠组织系统层层传递,因此很刻板,沟通速度慢。根据沟通的方向,正式沟通又可以分为自上而下、自下而上和水平的沟通方式。

向上沟通渠道主要是指团体成员和基层管理人员通过一定的渠道与管理决策层所进行的信息交流。它有两种表达形式:一是层层传递,即依据一定的组织原则和组织程序逐级向上反映。二是越级反映。这指的是减少中间层次,让决策者和团体成员直接对话。向上沟通的优点是:员工可以直接把自己的意见向领导反映,获得一定程度的心理满足;管理者也可以利用这种方式了解企业的经营状况,与下属形成良好的关系,提高管理水平。向下沟通的缺点是:在沟通过程中,下属因级别不同造成心理距离,形成一些心理障碍;害怕"穿小鞋",受打击报复,不愿反映意见。同时,向上沟通常常效率不佳。有时,由于特殊的心理因素,经过层层过滤,导致信息曲解,出现适得其反的结局。就比较而言,向下沟通比较容易,居高临下,甚至可以利用广播、电视等通信设施。向上沟通则困难一些,它要求基层领导深入实际,及时反映情况,作细致的工作。一般来说,传统的管理方式偏重于向下沟通,管理风格趋于专制;而现代管理方式则是向下沟通与向上沟通并用,强调信息反馈,增加员工参与管理的机会。

向下沟通渠道。管理者通过向下沟通的方式传送各种指令及政策给组织的下层,其中的信息一般包括:①有关工作的指示。②工作内容的描述。③员工应该遵循的政策、程序、规章等。④有关员工绩效的反馈。⑤希望员工自愿参加的各种活动。向下沟通渠道的优点是:它可以使下级主管部门和团体成员及时了解组织的目标和领导意图,增加员工对所在团体的向心力与归属感,也可以协调组织内部各个层次的活动,加强组织原则和纪律性,使组织机器正常的运转下去。向下沟通渠道的缺点是:如果这种渠道使用过多,会在下属中造成高高在上、独裁专横的印象,使下属产生心理抵触情绪,影响团体的士气。此外,由于来自最高决策层的信息需要经过层层传递,容易被耽误、搁置,有可能出现事后信息曲解、失真的情况。

水平沟通渠道。水平沟通渠道指的是在组织系统中层次相当的个人及团体之间所进行的信息传递和交流。在企业管理中,水平沟通又可具体地划分为4种类型:一是企业决策阶层与工会系统之间的信息沟通;二是高层管理人员之间的信息沟通;三是企业内各部门之间的信息沟通与中层管理人员之间的信息沟通;四是一般员工在工作和思想上的信息沟通。横向沟通可以采取正式沟通的形式,也可采取非正式沟通的形式。通常是以后一种方式居多,尤其是在正式的或事先拟订的信息沟通计划难以实现时,非正式沟通往往是一种极为有效的补救方式。

横向沟通具有很多优点:第一,它可以使办事程序、手续简化,节省时间,提高工作效率。第二,它可以使企业各个部门之间相互了解,有助于培养整体观念和合作精神,克服本位主义倾向。第三,它可以增加职工之间的互谅互让,培养员工之间的友谊,满足职工的社会需要,使职工提高工作兴趣,改善工作态度。其缺点是:横向沟通头绪过多,信息量大,易于造成混乱。此外,横向沟通尤其是个体之间的沟通也可能成为职工发牢骚、传播小道消息的一条途径,造成涣散团体士气的消极因素。

横向沟通与斜向沟通沟通渠道。横向沟通是指组织中同一层次不同部门之间的信息交流。它能够加强组织内部同级单位之间的了解与协调,是力求减少各部门之间矛盾与冲突的一种重要措施。斜向沟通是指在正式组织中不同级别又无隶属关系的组织、部门与个人之间的信息交流。在直线部门与参谋部门之间,如果有参谋人员拥有职能职权的,常有这种沟通发生,主要是业务性的。了解下级部门的业务情况,以便能运用指导与领导的沟通形式。

2.1.2　正式沟通的渠道

正式沟通有各种具体的沟通形态,从其构建的形态和作用来看,基本上可划分为10种沟通类型,即:链型沟通渠道、跨链型沟通渠道、多链型沟通渠道、轮型沟通渠道、多轮型沟通渠道、梯型沟通渠道、网络型沟通渠道、全开放型沟通渠道、孤立型沟通渠道、混合型沟通渠道。

（1）链型沟通渠道

这是在一个沟通群体内,信息只能从一个人到另一个人,将信息进行逐级传递,居于两端的人只有向下或向上沟通,居于中间的人也只可以向上和向下分别进行沟通。它的沟通渠道类似于一条双向流水线。链式沟通的信息只能逐级传递,不能越过中间的一个沟通人而直接与不相邻的人沟通。在这种模式中,信息经过层层传递、筛选,容易失真,各个信息传递者接收的信息差异很大。信息传送速度与链条长短,各链节间距及各链节间传送效率成正比,链条越长,各链节间距离越远,各链节间传送效率越低,则链型沟通的速度与质量均处于低下水平。反之,则处于较高水平。

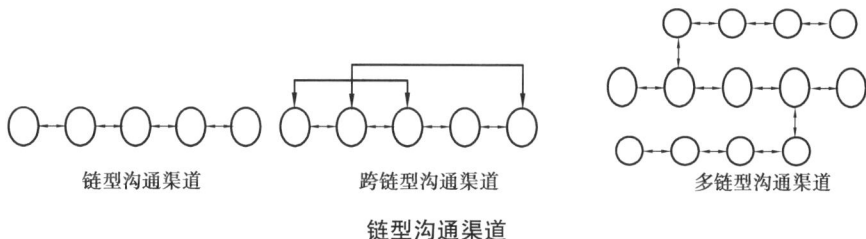

链型沟通渠道　　　　跨链型沟通渠道　　　　多链型沟通渠道

链型沟通渠道

（2）跨链型沟通渠道

跨链型沟通渠道模式是指在同一根沟通链条上,相隔一个或两个链节以上的两个或多个链节之间存在的沟通渠道模式。在理论上,它是对链型沟通模式过于严格限制信息传送渠道而产生的不足所进行的一种渠道补充校正。它使得管理信息沟通在必要时能够越过一些传送路途,缩短了传送线与传送时间,加快了管理沟通的速度,减少了信息损耗与变形可能性。其缺点是:如果设置或运用不当,就会产生适得其反的沟通效果,不仅破坏或干扰原有正常与必要的管理沟通秩序,而且还有可能造成渠道滥用,传播一些虚假信息,制造信息噪音与信息混乱,扭曲沟通行为,增加管理沟通成本。

（3）多链型沟通渠道

多链式沟通渠道模式是指在一个大的链式沟通渠道模式中,存在着许多较小的链式沟通渠道模式,即链中有链,链下有链。但一个小的链式沟通渠道模式中,只有一端与外界相通,是组成更大的链式沟通渠道模式中的一个链子,许多这样的链子组成了一个较大的链条,构成一个较大的链式沟通渠道模式。在每一个链式沟通渠道模式里,信息仍然必须严格经过层层传递。各不同沟通链间,仍然缺乏较多的必要直接联系,各下属主要还是接受上级命令,各下属要反馈信息时,也只能通过他在该企业中唯一的上级。在多链式沟通渠道模式中,一个沟通中心有可能连接着多个沟通链条,即小的链式沟通渠道模式。

(4)轮型沟通渠道

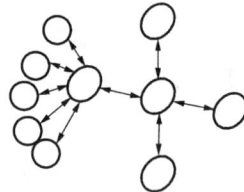

轮型沟通渠道也叫作辐射型沟通渠道,它指的是在一个沟通群体内,存在一个沟通中心,沟通中心和其他每个人之间都有双向的沟通渠道,但非沟通中心的每个人之间没有直接沟通渠道,必须通过将信息传递给沟通中心,再由沟通中心将信息传递给沟通目标人,才能进行互相沟通。在这种模式中,信息沟通的渠道较少,信息高度集中,信息中心或者管理者的作用相当重要。信息收集、传送的速度较快,但对信息中心的信息接收、传送、处理能力要求较高。轮型沟通由于沟通的信息中心与各沟通人之间没有中间链节,因此具有较高的沟通效率。但在一般沟通人之间缺乏直接联系,导致他们之间管理沟通较难进行。

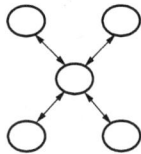

轮型沟通渠道　　　　　　多轮型沟通渠道

轮型沟通渠道

(5)多轮型沟通渠道

多轮沟通渠道模式是指在一个大的轮式沟通渠道模式中,存在许多较小的轮式沟通渠道模式,即轮中有轮,一个轮型沟通渠道的沟通信息中心又生出了多个信息中心,层层轮型发散与收集管理信息。但在每一个小的轮式沟通渠道模式里却都只存在一个沟通信息中心,由这些小的信息中心共同面对另一个较大的信息中心。同样,各个小信息中心之间互相没有直接沟通渠道,要沟通只能通过较大的沟通中心传递信息。多轮型沟通渠道是对单一轮型沟通渠道的扩张与改进,各上级信息中心对下级信息中心层层严格控制是其显著特点,这样的模式也有利有弊。有利的是便于进行管理控制,效率也较高;不利的是各轮之间缺乏整合能力,难以形成企业合力。

（6）梯型沟通渠道

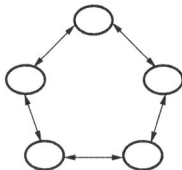

梯式沟通渠道模式是指在存在两条或两条以上主要链式沟通渠道的企业内,两条链式沟通渠道各自相对应层次的各个沟通链节点上,存在着互相沟通联系,但两条链式渠道不同层次上的链节点则没有渠道进行相互沟通。信息的传递在3个渠道方向上同时进行。即上行、下行和平行沟通同时存在,可同时进行。这其实也是适应企业规模不断扩大,部门增多,各部门间有必要加强相互配合与联系这一实际的需要,对单一链式沟通渠道模式的一种改进。

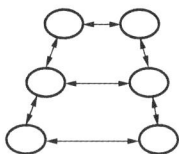

梯型沟通渠道　　　　　　　　　　　**网络型沟通渠道**

（7）网络型沟通渠道

网络沟通渠道模式指的是在一个沟通群体内,每个成员都与其他多个有关成员之间存在有直接沟通渠道,而与另一些成员之间则通过第三者沟通,存在间接的沟通渠道,成员间必要的直接沟通增加了,其中任何一个成员都有权利和有渠道获得其他成员提供的必要信息。在这种模式中,往往不太强调某一个人是信息中心,而是强调每个人都应该成为信息中心,每个人可以根据自己工作的需要,构成一个适合自己,支持自己工作的小型信息沟通网络系统。人人在享受别人信息服务的同时,也服务于群体中的其他人,是其他人的小信息沟通网络系统的一个组成部分。

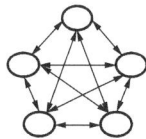

（8）全开放型沟通渠道

与完全孤立式沟通渠道模式相反,在有的沟通群体内,组织成员之间互相之间全部都有正式开放的沟通渠道可以传递信息,信息流动快而且数量惊人。这也是一种极端但仍然存在的管理沟通模式,根据它的特点,把它叫作全开放型沟通渠道。全开放型管理沟通渠道模式的确存在着一些人数不多的企业或部门,他们之间众多的沟通渠道就像许多蜘蛛交错织成的网,遍布整个沟通群体。全开放式沟

全开放型沟通渠道

通模式的优点是信息高度流动与透明。缺点是信息量较大,流动较频繁,沟通成本较高。

（9）孤立型沟通渠道

事实上,在一个沟通群体或系统中,沟通并不总是根据需要在发生,有时在特定的条件下,人们倾向于不沟通或拒绝沟通,人人都将信息只留给自己,

极力防止其他人从自己处获得信息。这是一种极端且并非不存在的沟通模式,因此把它叫作孤立式沟通模式。在这种模式中,沟通群体中的成员就像一盘散沙,互相之间没有沟通渠道进行最起码的沟通,大量的信息不能在群体间进行传递。但它在特定的需要完全保密的条件下,成员间不仅不需要沟通,而且需要防止沟通,如某些企业核心机密的分散保密,在这种情形下,也不失为一种高效严密的沟通渠道模式。

(10)混合型沟通渠道

在一个沟通群体或系统中,存在两种或两种以上不同的沟通渠道模式,就叫作混合型沟通渠道模式。

5 种沟通形态的比较

沟通形态 评价标准	链式	轮式	Y 式	环式	全通道式
集中性	适中	高	较高	低	很低
速度	适中	1. 快(简单任务) 2. 慢(复杂任务)	快	慢	快
正确性	高	1. 高(简单任务) 2. 低(复杂任务)	较高	低	适中
领导能力	适中	很高	高	低	很低
全体成员满足	适中	低	较低	高	很高
示例	命令链锁	主管对 4 个部署	领导任务 繁重	工作任务 小组	非正式沟通 (秘密消息)

上述 5 种沟通形态和网络,都有其优缺点。作为管理者,在工作实践中进行有效的人际沟通,就要发挥其优点,避免其缺点,使组织的管理工作水平逐步提高(见上表)。

2.1.3　非正式沟通

1)非正式沟通的内涵

非正式沟通是指以一定的社会关系为基础,与组织内部明确的规章制度无关的沟通方式。它的沟通对象、时间和内容等各方面都是未经计划与难以辨别的。要掌握非正式沟通的常识与技巧,必须明确非正式组织。所谓非正式组织,主要指存在于正式群体之中或与正式群体交叉相容的非正式小群体。它是指那种相对于正式组织而言的,不是由组织正式组建,而是自然或自发形成的,由于情趣一致或爱好相仿,利益接近或观点相同,以及彼此需要等原因把人们联结在一起,并且依靠心理、情感的力量来维持的组织。

因此,企业中无论设立多么精明的沟通系统,总是还有非正式沟通渠道来弥补其缺点。传闻与小道消息是非正式沟通的两个主要形式。所谓"传闻"或"小道消息"是不按组织结构中正式的沟通系统传达消息,而让消息在组织结构中任意流动。其具有 3 个特点:

①传闻或小道消息属于非正式消息。这种消息总有不确切的成分,但也有许多符合事实的成分,传播的渠道是非正式的,它可以作为正式渠道的补充。

②传闻或小道消息依靠的是密集传播线,这种传闻或小道消息,有自上而下的、自下而上的,也有平等和斜向的,多属于口头传播。因此,这种传播没有永久的成员,易于形成,也易于消散。

③传递速度快,呈现出多变性与动态性。

非正式沟通和正式沟通不同,因为它的沟通对象、时间及内容等各方面,都是未经计划和难以辨别的。如上所述,非正式组织是由于组织成员的感情和动机上的需要形成的。其沟通途径是通过组织内的各种社会关系,这种社会关系超越了部门、单位和层次。在相当程度内,非正式沟通的发展也是配合决策对于信息的需要的。这种途径较正式途径具有较大弹性,它可以是横向流向,或是斜角流向,一般也比较迅速。在许多情况下,来自非正式沟通的信息,反而获得接收者的重视。由于传递这种信息一般以口头方式,不留证据、不负责任,许多不愿通过正式沟通传递的信息,却可能在非正式沟通中透露。

同正式沟通相比,非正式沟通的优点是:沟通形式灵活,直接明了,速度快,省略许多烦琐的程序,容易及时了解到正式沟通难以提供的信息,真实地反映员工的思想、态度和动机。非正式沟通能够发挥作用的基础,建立团体中良好的人际关系,能够对管理决策起重要作用。非正式沟通的缺点主要表现在:非正式沟通难以控制,传递的信息不确切,容易失真、被曲解。并且,它可能促进小集团、小圈子的建立,影响员工关系的稳定和团体的凝聚力。如果能够对企业内部非正式的沟通渠道加以合理利用和引导,就可以帮助企业管理者获得许多无法从正式渠道取得的信息,在达成理解的同时解决潜在的问题,从而最大限度地提升企业内部的凝聚力,发挥整体效应。

2)非正式沟通的形式

（1）单串型

是指信息在非正式渠道中依次传递，即一个人转告另一个人，后者也再只转告一个人。

（2）饶舌型

是信息由一个人告诉其他所有的人，这个发出信息的人是非正式组织渠道的关键人物。

（3）集合型

在沟通渠道中有几个中心人物（A，B，C，D），由他们转告其他若干人，即A将信息传递给特定的B，C，D，再由他们传递出去。

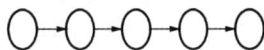

集束型

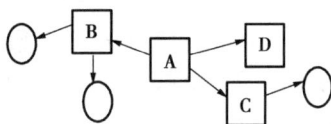

偶然型

（4）随机型

是指信息由一个人传递给某些人，这些人再随机地传递给另一些人，即想告诉什么人就告诉什么人，并无一定的中心人物或选择性。

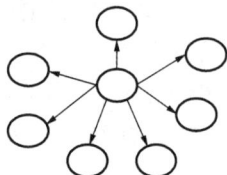

流言型

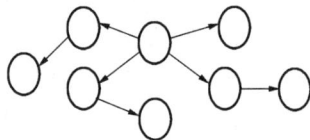

单线型

2.1.4　各种组织结构的沟通渠道

管理沟通并不是可以孤立存在的。其沟通渠道的设置必须与企业的组织结构、管理模式相匹配、相适合，才能有利于企业整体目标的完成。实际上，一个企业有什么样的组织结构或管理模式，一般相应地，就会设置或不自觉地形成有对应特色的管理沟通渠道模式。

1)直线型组织结构的管理沟通渠道

直线型企业组织结构是指企业由最高管理者至最低执行者之间的行政

指挥系统架构,类似于一条直线,一个下级只对一个上级负责,一个下级也只由一个上级进行管理的组织与管理结构。直线型组织结构与管理结构意味着:企业所采取的管理沟通渠道模式是纯粹的单一或多个的链型管理沟通模式。在这个管理沟通结构中,层级制度严格,一个企业员工只能与其一个上、下级进行上行、下行沟通,处于沟通链条两端的最高管理者与最低执行者只能进行单一的下行与上行管理沟通。

直线型企业组织结构对应的管理沟通的结构模式的基本形态是链型管理沟通渠道模式。其优点是:一个下级只受一个上级领导管理,上下级关系简明清晰,层级制度严格明确,保密程度好,决策与执行工作有较高效率;管理沟通的信息来源与基本流向固定,管理沟通的渠道也简单固定,管理沟通的速度和准确性在客观上有一定保证。其缺点是:管理无专业分工,各级管理者必须是全能管理者,各级管理者负担重,但企业较大时,难以有效领导与管理。管理沟通的信息来源与基本流向被管理者死死控制,并且管理沟通的速度和质量严重依赖于直线中间的各个点,信息容易被截取或增删,造成管理沟通不顺畅或失误。

直线型组织结构与链型管理沟通渠道模式在一定的条件下,均有其存在的合理性及优势。在人数不多的小企业或信息需要严格分层极保密的组织,如小型军队中,直线型组织结构与链型沟通渠道模式可以简化管理与沟通过程,有助于产生较高的组织工作效率与效益。

2)职能型组织结构的管理沟通渠道

在职能型组织管理结构下,一个下级可能需要面对两个或多个专业分工不同的上级,从他们那分别接受不同专业范围内的不同工作指令,但所有这些工作指令都是由这一个下级独立完成。与此相对应的管理沟通模式,在大多数情况下,以链型与轮型交织在一起的链轮混合型沟通渠道居多。

链轮混合型沟通渠道是混合型沟通渠道的一种。它是指在一个大的沟通渠道模式中,分别包含了一两个或多个链型与轮型沟通渠道小模式的沟通渠道模式。例如,由最高管理者往下时是轮型沟通渠道,一个管理沟通中心连接着多个管理沟通节点;而在最高管理者与最低管理者之间有时又是利用链型管理沟通渠道模式在逐层传递信息;具体到了最低管理者管理其下属时,其管理沟通模式又变成了一个人面对许多人沟通的轮型沟通渠道,等等。

职能型组织管理结构,有时也会对应着梯型、多梯型或类似梯型的管理沟通渠道模式。如企业设立一总经理,下设分管业务与财务的两名副总经理,两名副总各自再分管3~5个大的部门,而副总与副总之间,部门与部门之间,又存在着平行的管理沟通。一旦企业中同一层级中规定必须存在着平行方向的管理沟通,以协调相关部门的运作,则完全可以认为,该企业管理沟通模式中,存在着梯型或类似梯型的管理沟通。

职能型组织管理结构主要的好处体现在有利于沟通信息的专业化和精细化,有利于各职能管理沟通的准确性和深度,但管理沟通渠道出现了交错,一旦不同渠道来的管理信息出现差异或冲突,管理沟通就会出现混乱,或产生大量不必要的人为的噪音。

3）直线—职能型组织结构的管理沟通渠道

直线—职能型组织管理结构则结合了直线型与职能型组织管理结构的优点,企业的组织结构,管理结构以直线型为主要骨干,但各职能部门共同参与企业各个业务部门的管理,从而形成了既保证企业能直线高效率地指挥,又吸收职能专业部门的具体参谋建议与监督制约,在专业化和综合性、全面性两方面寻求较好的平衡的一种组织管理结构模式。

在直线—职能型组织管理结构中,一个部门或者员工在业务上直属于其业务主管管理,但财务、人事、总务等部门也对他形成一定的管理或制约。因此,从管理沟通的角度看,直线—职能型组织管理结构所对应的管理沟通模式也是混合型的管理沟通渠道模式,其基本沟通渠道模式仍然是链型与轮型沟通渠道。在企业的某些局部,也形成了半网络型沟通渠道,在企业的中层与基层之间,大量存在的则是轮型沟通渠道,整个企业总体上则可以看成是由一个中心发散到多个点,又由这些点发散到多个更小的点,在最高管理者与最低执行者之间又还存在着一种从顶到底的链型沟通渠道模式,因此,可将其称为多轮型为主的混合型管理沟通模式。

直线—职能型组织管理结构与以多轮型为主的混合型管理沟通渠道模式的优点,是既保证了企业经营活动能集中统一领导管理,又使各直线部门有职能部门作为参谋与助手,提高决策的科学性,使最高管理者与各级执行者能够同时接收到来自于业务部门与专业化职能部门的管理信息,管理沟通的内容更为细致准确,管理沟通的渠道也仍然比较简化清晰。而它们的缺点是:各部门立场和角度不一,均存在片面性,难以快速形成完整统一的决策建议,业务部门与职能部门之间互相制约,有时影响管理的灵活性及效率;管理沟通的渠道明显增多,而且出现了交叉或斜向沟通,管理信息的流量加大,人们需要花更多的时间和精力去收发信息和处理信息,管理沟通成本有所增加。

4）事业部制组织结构的管理沟通渠道

事业部制组织结构、管理结构是企业规模膨胀后,管理为了适应庞大组织而产生的,按照产品或地域的自然分类,而划分为几块甚至几十大块,互相之间相对独立的事业部或下属公司群的,这种主要适用于大型、多产品、多生产线或经营线、跨地区的企业管理的组织结构与管理结构。

　　事业部制下的管理沟通渠道设计也以上行和下行沟通为主,在组织结构的客观架构内,缺乏不同事业部间的平行沟通。各职能管理部门与各事业部之间虽然也存在着交叉性质的管理沟通,初步形成了一个个小的管理沟通网路,但企业在整体上,仍以链型,轮型沟通渠道为主。管理沟通的资讯渠道和资讯量变得比较大,跨级沟通的渠道在组织架构中仍然没有。由于企业增大,沟通路径变长,增大了企业顺畅管理沟通的成本与难度。

　　事业部制组织管理结构对应的管理沟通渠道模式也是以多轮型沟通模式为主干的混合型管理沟通渠道模式。即由一个总裁连接起几个区域性或产品性的大事业部总经理,再由各总经理连接起其下属的若干个经理,以此类推。而在企业总裁和各事业部总经理之间,还存在着各企业职能管理部门对各事业部的多个轮型沟通渠道连接。在各事业部的具体生产、财务、营销等小部门内,可能存在的又是链型沟通渠道,或是轮型沟通渠道。在事业部制组织管理结构中,如果没有人为的设置,梯型管理沟通渠道一般不常见。

5)矩阵型组织结构的管理沟通渠道

　　矩阵组织结构也适用于规模比较大或相当大的公司。它的突出优点是:可以加强各部门间协作,提高中低层管理的灵活性和责任感,使各部门能协调地执行任务;还可以集中专门知识、技能、经验,制订专业计划去解决问题,收到集思广益、知识共用的效果;也可以使高层管理者集中精力制定决策、目标、计划,并有足够的时间进行执行情况的监督。突出的缺点是:矩阵组织管理结构中的一些专案小组或管理委员会,会因任务完成而自然解散,因而容易使成员产生临时观点,影响工作认真性;研制新产品等新专案设计完成后,接管和正式投产的管理工作比较困难;因相关交叉部门太多,有时也影响工作效率与产出。

　　矩阵型组织管理结构,根据大企业实际管理工作的需要,在大量简单的上行和下行沟通渠道的基础上,设置了大量的平行与交叉沟通渠道,并且尽量保持了部门与部门之间沟通渠道的直接与简单明了,管理沟通的资讯既能保证其专业化水平,又能保证部门间合作的沟通比较顺畅,在许多情形下,不失为一种较好的次优的管理沟通渠道模式。但缺点也很明显:由于沟通渠道纵横交错,造成同一个公司、部门接受多个上级公司、领导管理,管理沟通容易因信息量大或资讯差异而产生沟通迷雾。

6)网络型组织结构的管理沟通渠道

网络型组织管理结构对应于网络型管理沟通渠道模式。即从某种意义上来讲,企业中的每一个人都是一个管理沟通的资讯中心,而每一个同时又通过某种直接或间接的渠道为其他人形成的资讯中心服务。资讯中心与资讯中心之间没有过大的权利大小、层级高低之分,资讯交流高度透明,民主与平等,但网络型沟通又并非全资讯沟通。网络型管理沟通渠道模式的设置出发点是:每一个资讯中心所连接的资讯点即其他资讯中心所互相传递的资讯,对于资讯接收者都是有用的,即真正具备管理性质的资讯。这就避免了企业全沟通所造成的不必要的沟通设置和沟通成本。

网络型管理沟通的资讯数量和质量,以及资讯传递速度,均得到了较好的支援和关注,原则上,网络的设置还应该考虑到最短路径及最简单方式。网络型管理沟通渠道,更多地要借助于强大的非人格化资讯交流中心,如电话网、电脑资料库或内联网与外联网等一些资讯中心来进行,以避免资讯中心人格化给管理沟通带来的不理智的人格化特征,可以更好地保护所传递管理资讯的客观性和准确性。笔者认为,网络型管理沟通模式在当今资讯时代背景下,是许多企业实施管理的较好管理沟通渠道模式,与其他管理沟通渠道模式相比确实具有较突出的优越性。

技能训练

商店打烊

情景:某商人刚关上店里的灯,一男子来到店堂并索要钱款,店主打开收银机,收银机内的东西被倒了出来,而那个男子逃走了,一位警察很快接到报案。

问题:下列问题有"是""否"和"不确定"3种答案,回答并分析自己从中学到了哪些沟通知识。

1. 店主将店堂内的灯关掉后,一男子到达。( )
2. 抢劫者是一男子。( )
3. 来的那个男子没有索要钱款。( )
4. 打开收银机的那个男子是店主。( )
5. 店主倒出收银机中的东西后逃离。( )
6. 故事中提到了收银机,但没说里面具体有多少钱。( )
7. 抢劫者向店主索要钱款。( )
8. 索要钱款的男子倒出收银机中的东西后,急忙离开。( )

9. 抢劫者打开了收银机。(　　　　)

10. 店堂灯关掉后,一个男子来了。(　　　　)

11. 抢劫者没有把钱随身带走。(　　　　)

12. 故事涉及3个人物:店主、一个索要钱款的男子和一个警察。(　　　　)

2.2　非语言沟通

所谓非语言沟通,就是指不通过口头语言和书面语言,而是通过其他的非语言沟通技巧,如声调、眼神、手势、空间距离等进行沟通。因为非语言沟通大多通过身体语言体现出来,所以通常也叫身体语言沟通。人们有时候有意识地运用非语言沟通技巧,而有时候它又是下意识的行为。据学者统计,高达93%的沟通是非语言的,其中55%是通过面部表情、形体姿态和手势传递的,38%通过音调。另外,在信息传递的全部效果中,有7%是词语,38%是声音,而身体语言沟通所起的效果最明显,达55%,因而我们可以断言,与有声语言相比,身体语言的真实性和可靠性要强得多。特别是在情感的表达、态度的显示、气质的表现等方面,身体语言更能显示出它所独有的特性和作用。《三国演义》中脍炙人口的故事"空城计",正是诸葛亮妙用无声语言克敌制胜的技巧,真可谓"眉来眼去传情意,举手投足皆语言"。巧妙地运用语言和非语言两种信息,不仅可以使人们听到绘声绘色的讲述,还可以通过丰富多彩的表情、姿态、动作,获得形象的感受。同时,准确、优美的身体语言还可以体现管理者高尚的文化修养,增加对沟通对象的吸引力。

2.2.1　辅助语言

辅助语言(Paralanguage)是由伴随着口头语言的有声暗示组成的,是语言的表达方式。每天我们和不同的人谈话——从顾客、客户、供货商到经理、总经理等。我们发现,令我们喜欢的,是他的声音;令我们讨厌的,可能还是他的声音。不同的声音,不同的口气、声调和节奏,对我们的思想和评价产生不同的效果。每个人的声音都与众不同,一个研究者发现,当人们戴上蒙眼布去听20位演讲者演讲时,听者能区分出演讲者的民族背景、教育水平、性别以及误差不超过5岁的年龄。

因此,我们有必要了解辅助语言所起的作用。辅助语言包括速率(说话的速度)、音调(声调的高低)、音量(响度)和质量(悦耳或令人不愉快的声音)这些声音特点,当这些因素中的任何一个或全部被加到词语中时,它们能修正其含义。一位名叫阿尔伯特·默哈拉宾的非语言沟通研究者估计,沟通中39%的含义受声音暗示的影响,即不是词语本身,而是对它们的表达方式。在英语以外的语言中,这个百分比甚至更高。

1)速率

速率是指我们说话时的速度。人们说话的速率(速度)能对接收信息的方式产生影响。研究人员研究了人们从每分钟120～261个字的说话速率。他们发现,当说话者使用较快的速率时,他(或她)被视为更有能力。当然,人们并不总是要急急忙忙地或是很快地说话。实际上,除非确实紧急,否则我们应该尽量以通常速度说话,即每分钟在100～150个字。当人们作演讲/介绍时,他们尤其应该放慢其说话的速度以便听众有时间来消化所谈论的内容(特别是当介绍一些技术性很强的东西时)。如果说得太快,人们跟不上,说话的清晰度也可能受到影响,不能很好地控制其说话速率的人只会给别人留下缺乏耐心或是缺乏适当的风度的印象。人们趋于信任那些说话速率适中(有时速率甚至还会放慢)、音量中等的人士。

实际上,速率能够成为非常有用的工具,即为说话人增添魅力和分量。例如,当说话人感到听众能很好地理解他时,他可以说得快一点,以使他的话听上去更为活泼、有感召力。但如果发现听众听得有些吃力,他就应把速度慢下来,以取得理想的效果。毫无疑问,听众会很欣赏他的这种做法。有时当说话人谈到一个严肃的问题时,他甚至可以暂停片刻,这将给观众一个机会来思考这一问题。如果我们能这样去说话,那么对于我们来讲,速率已不再是什么问题,而是一个供我们支配的有效的工具。

2)音调

音调(Pitch)是指声音的高低。音调决定一种声音听起来是否悦耳。一般来说,当听到高声说话时,不管其内容是如何重要,人们会感到不舒服。这是因为高声调的说话往往使听话人感到紧张。此外,它听上去更像是训斥,而不像是谈话。当然,声调也不是越低越好。较低的音调难以听到,用低音说话的人似乎是胆气不足,所以可能被认为没把握或害羞。研究发现,如果说话者使用较高和有变化的音调,则被视为更有能力。

音调高低的熟练运用,对听众会产生一种戏剧性的效果。因此,你应该对此经常练习,如有需要,可以在有声音修正方面专门训练的人员的帮助下改变音调。

3）音量

音量（Volume）是指我们说话时声音的响度。在演讲时，人们大多喜欢洪亮的声音，但我们很少演讲。在我们平时进行沟通时，我们用的是常规声音或者是低声，这使你显得不那么盛气凌人。

音量可以为你的语言增添色彩，同时它也能告诉别人你是什么样的人。例如，当一位生产经理在谈到一个新产品的质量控制时提高了他的声音，这表明他对该产品的关心，同时也说明了该产品的重要性。而柔和的声音在任何时候都能起到稳定人心的作用。当一位顾客抱怨其新买的干衣机有问题而接待他的销售员是用温和的态度说话时，给所有在场人员留下的印象是：这位销售员有很好的职业精神。

4）声音补白

声音补白（Vocal Filler）是在搜寻要用的词时，用于填充句子或做掩饰的声音。像"嗯""啊""呀"以及"你知道"这样的短语，都是表明暂时停顿以及正在搜寻正确词语的非语言方式。我们都使用声音补白，只是在不停地使用或当它们分散听者的注意力时，就会产生问题。

5）质量

声音的总体质量（Quality）是由所有其他声音特点构成的，即速度、节奏和发音等。声音质量是非常重要的，因为研究人员发现，声音有吸引力的人被视为更有权力、能力和更为诚实。然而，声音不成熟的人可能被视为能力差和权力低，但更诚实和热情。

许多人对自己说话听起来如何没有一个非常明确的概念。大多数人都对录像中自己的声音比外表更不满意。声音能通过艰苦的努力和专业人员的帮助来改变。

2.2.2　身体动作语言

身体动作语言包括具有传递信息功能的人们的躯体、四肢动作、姿势以及身体之间、身体和物体之间的触摸等。掌握不同的身体动作语言表达的含义是顺利地沟通的重要保证。如果不对各种身体动作语言做更细致的分析，我们就不能理解或解释身体动作语言这种沟通形式的复杂现象。

1) 手的动作

手势是身体动作中最重要、最明显的部分。演员、政治家和演说家通常会通过训练使自己有意识地利用一些手势来加强语气。在一般的人际沟通过程中，许多手势都是无意识地运用的。比如，当说话者激动时，手臂不由自主地快速摆动，强调正说着的话。从手势的含义和作用来看，可分为指示手势、摹状手势和抒情手势3种。

指示手势，是用来指示具体对象，指示出视觉可及范围内的事物和方向，便于通过视觉形象感受到具体事物。在商业活动中，由于商品种类繁多，在营业员向顾客介绍商品时，为了准确地说明是哪一种商品和商品的各项功能，营业员要通过指示手势来详细介绍产品的性能、特点，使顾客对产品的功能、操作一目了然。

摹状手势主要是用模拟的方式，给对方一种形象可感的印象。摹状手势具有具体性和象征性。具体性的手势要比划事物的大小、形状、方向。象征性的手势是根据说话内容，作出相应的动作，以启迪听众的思维，触发对方心理上的联想。例如，表示"我们要节约每一个铜板"时，用拇指和食指围成一个圆圈，代表"铜板"。在介绍不在眼前的产品时，可以通过具体性的手势比划出产品的形状和大小加深对方的感性认识。

抒情手势是用来表达说话者喜、怒、哀、乐的强烈情感，使之形象化，典型化。我们常见到在诗歌朗诵会上，朗诵者在朗诵结束时，为了具体表现丰富的感情，加强对听众的感染力，会作出两臂前伸，然后慢慢举过头顶的抒情手势，达到语言所不能达到的效果。

事实上，手势并没有固定的模式。个人的习惯不同，讲话的具体情况不同，沟通双方的情绪不同，手势动作也就不同。采用哪种手势，都要因人、因物、因情、因事而异。总的来说，不同的手势有不同的含义。

手指。当我们把拇指和食指做成一个圆形时，它的意思是"好"；而拇指与食指、中指相撮，则是一种"谈钱"的手势；当我们分开食指和中指做成V字形、并将手掌朝向他人时，它则意味着"胜利"（这个手势原来是被英国前首相温斯顿·丘吉尔先生所用的，但它很快传遍了全球）。把食指垂直放在嘴边意味着"嘘"（别出声）。食指伸出，其余手指紧握，呈指点状，这种手势表示教训、镇压，带有很大威胁性。双手相握或不断玩弄手指，会使对方感到你缺乏信心或拘谨。十指尖相触，撑起呈塔尖式，表示自信或耐心，若再伴之以身体后仰，则显得高傲。十指交叉表示控制沮丧心情的外露，有时这种手势表示敌对和紧张情绪。双手合十表示诚意。以手捋发表示对某事感到棘手，或以此掩饰内心的不安。握拳表示愤怒或激动。

　　大拇指显示。大拇指显示是一种积极的动作语言,用来表示当事者的"超人能力"。大拇指朝上,表示对他人的赞赏。若在谈话中将大拇指指向他人,立即成为嘲弄和藐视的信号。双手插在上衣或裤子口袋里,伸出两根大拇指,是显示"高傲"态度的手势;将双臂交叉在胸前,两根大拇指翘向上方,这是另一种大拇指显示,既显示防卫和敌对情绪(双臂交叉),又显示十足的优越感(双拇指上翘),这种人极难接近。

　　手掌。判别一个人是否诚实的有效途径之一就是观察他讲话时手掌的活动。人们一般认为,敞开手掌象征着坦率、真挚和诚恳。小孩子撒谎时,手掌藏在背后。成人撒谎,往往将双手插在兜内,或是双臂交叉,不露手掌。常见的掌语有两种:掌心向上和掌心向下。前者表示诚实、谦逊和屈从,不带任何威胁性;后者则是压制、指示的表示,带有强制性,容易使人们产生抵触情绪。比如,当会议进行得很激烈时,有人为了使大家情绪稳定下来,作出两手掌心向下按的动作,意思是说"镇静下来,不要为这一点小事争执了"。

　　搓手。冬天搓手掌,是防冷御寒。平时搓手掌,正如成语"摩拳擦掌"所形容的跃跃欲试的心态,是人们表示对某一事情结局的一种急切期待的心情。运动员起跑前搓搓手掌,期待胜利。在商务谈判中这种手势可以告诉对手或对手告诉你在期待着什么。

　　背手。手握手的背手,代表一种至高无上、自信甚至狂妄的态度。在一个人极度紧张、不安时,常常背手,以缓和这种紧张情绪。学生背书时,双手往后一背,的确能缓和紧张情绪。如果伴以俯视、踱步,则表示沉思。若是一手握另一手的腕、肘、臂的背手,则成为一种表示沮丧不安并竭力自行控制的动作语言,暗示了当事者心绪不宁的被动状态。而且,握的部位越高,沮丧的程度也越高。

　　双手搂头。将双手交叉,十指合拢,搂在脑后,这是那些有权威、有优越感或对某事抱有信心的人经常使用的一种典型的高傲动作,也是一种暗示所有权的手势,表明当事者对某地某物的所有权。若是单手或双手抱头并俯视,表示沉思、沮丧或懊恼。如若双手(或单手)支撑着脑袋,或是双手握拳支撑在太阳穴部位,双眼凝视,这是惯有的一种有助于思考的手势。

　　手臂。双臂交叉于胸前,这种姿态暗示一种戒备、敌意和防御的态度。双臂展开表示热情和友好,双手插裤袋表示冷淡或孤傲自居,招手表示友好。

　　亮出腕部。男性挽袖亮出腕部,是一种力量的夸张,显示积极的态度。"耍手腕""铁腕人物"等词语印证了腕部的力量。女性的腕部肌肤光滑,女性露腕亮掌,具有吸引异性的意图。

2）头部动作

头部动作也是运用较多的身体语言，而且头部动作所表示的含义也十分细腻，需根据头部动作的程度，结合具体的条件来对头部动作信息进行判断。

点头。点头这一动作可以表示多种含义，有表示赞成、肯定的意思，有表示理解的意思，有表示承认的意思，还有表示事先约定好的特定暗号等。在某些场合，点头还表示礼貌、问候，是一种优雅的社交动作语言。

摇头。摇头一般表示拒绝、否定的意思。在一些特定背景条件下，轻微地摇头还有沉思的含义和不可以、不行的暗示。

歪头。在倾听的时候，歪头表示认真；在听到悲伤的消息时，看着对方，歪着头表示同情别人的遭遇。

3）肩的动作

耸肩膀这一动作外国人使用较普遍。由于受到惊吓，一个人会紧张得耸肩膀，这是一种生理上的动作。另外，耸肩膀还有"随你便""无可奈何""放弃""不理解"等含义。

4）脚

脚的动作虽然不易观察，但却更直观地揭示对方的心理。挑衅时双腿挺直，厌烦或忧郁时双腿无力，兴奋时手舞足蹈。抖脚表明轻松、愉快。跺脚表明兴奋，但在愤怒时也会跺脚。脚步轻快表明心情舒畅。脚步沉重说明疲乏，心中有压力等。双脚呈僵硬的姿势表示紧张、焦虑。脚和脚尖点地表示轻松或无拘束。

双腿交叉时，一般情况下是为了舒服，有些情况则不同。例如，在谈情说爱的场合，若女的坐在一旁，双臂交叉，双腿相搭，就证明她内心不愉快。还有一些人常用一只手或双手掰住一条腿，形成一种"4"字形的腿夹，这暗示当事人顽固不化的态度。又如一些女性，喜欢将一只脚别在另一只腿的部位，这是一种加固防御性的体态，表示她害羞、忸怩或胆怯。

同一身体动作会向有着不同文化背景的人传递不同的信息。例如，对世界上很多国家来说，把拇指和食指做成圆形意味着"好"，但对巴西人来说，这种手势表示肛门；希腊人则认为这是一种性信号；日本人则把它看做是日元的标志。在阿拉伯文化中，左手是脏的（用于洗下身），因此任何人如果用左手与他人握手将被视为对他人的一种侮辱。又如，在世界上大多数国家中，人们点头表示赞同，而摇头则传递拒绝或不赞成的信息。然而，在像斯里兰卡、尼泊尔、印度等一些国家中，情况刚好相反。由于这一缘故，对特定文化背景下的一些动作的正确理解是十分必要的，否则误解会因此而生，其后果有时会很严重。

2.2.3　身体触摸

身体触摸是指通过沟通双方身体器官互相接触或抚摸某一物体而传递信息的这一类身体语言。身体触摸更具有影响力和感染效果,是身体语言中更直接表示信息的重要形式。

1)身体与身体接触

握手是一种最典型的身体触摸。握手的力量、姿势和时间长短均能传递不同的信息。

支配性与谦恭性握手。这种方式握手时,手心向下,传递给对方支配性的态度。地位显赫的人,习惯于这种握手方式;掌心向上与人握手,传递一种顺从性的态度,愿意接受对方支配,谦虚恭敬。若两个人都想处于支配地位,握手则是一场象征性的竞争,其结果,双方的手掌都处于垂直状态。同事之间、朋友之间、社会地位相等的人之间往往会出现这种形式的握手。

直臂式握手。以这种方式握手时,猛地伸出一条僵硬挺直的胳膊,掌心向下。事实证明,这种形式的握手是最粗鲁、最放肆、最令人讨厌的握手形式之一。所以在日常生活中,应避免这种握手的方式。当然,在特定的场合也许能达到意想不到的效果,如老朋友见面。

"死鱼"式握手。以这种方式握手时,我们常常接到一只软弱无力的手,对方几乎将他的手掌全部交给你,任你摆握,像一条死鱼,这种握手,使人感到无情无义,受到冷落,结果十分消极,还不如不握。

两手扣手式握手。采用这种方式时,右手握住对方的右手,再用左手握住对方的手背,双手夹握。西方亦称"政治家的握手"。接受者感到热情真挚,诚实可靠。但初次见面者慎用,以免起到反效果。

攥指节式握手。用拇指和食指紧紧攥住对方的四指关节处,像老虎钳一样夹住对方的手。不言而喻,这种握手方式必然让人厌恶。

捏指尖式握手。这种方式女性常用。不是亲切地握住对方的整个手掌,而是轻轻地捏住对方的几个指尖。给人十分冷淡的感觉,其用意大约是要保持与对方的距离间隔。

拽臂式握手。这种方式将对方的手拉过来与自己相握,因此常被称为"拽臂式"握手。胆怯的人多用这种方式,但同样给人不舒服的感觉。

双握式握手。用这种方式握手的人是想向对方传递真挚友好的情感:右手与对方握手,左手伸出加握对方的腕、肘、上臂、肩等部位。从腕开始,部位越往上,越显得诚挚友好,肩部最为强烈。身体之间触摸的其他形式还有拍肩膀、拍胸脯等。领导对下属拍肩膀表示关心、鼓励和信任,是关系融洽的一种体现。而熟人、老朋友见面拍拍胸脯则表示一种亲切、热情和关心。另外,在承诺某一件事时拍胸脯,则表示自信、有把握。

2)身体与物体间的接触

身体与物体间的接触,即在摆弄、佩戴、选用某种物体时传递的某种信息,实际上也是通过人的姿势表示信息。下面是常见的一些行为:手中玩笔,表示漫不经心,对所谈的问题无兴趣或显示出不在乎的态度。摘下眼镜,轻轻揉眼或擦镜片,反映对方精神疲劳,或对争论不休的问题感到厌倦,或是喘口气准备再战。如果是摘下眼镜,又很快或有意强调地把眼镜抛在桌子上,表示他难以抑制不满情绪。慢慢打开记录本,表示关注对方讲话,快速打开记录本说明发现了重要问题。如果轻轻拿起桌上的帽子,表示要结束这轮谈判或暗示要告辞。不停地吸烟,表明在某个问题上伤脑筋;深吸一口烟之后,可能是准备反击。将烟向上吐,则表示自信、傲慢;向下吐,则表示情绪低沉、犹豫、沮丧等。

交替重复放松和认真的两种态度,比如一会儿放松地背靠座椅,一会儿表情严肃地探出身去,会让人无从理解你的身体语言,从而难以寻找攻击你的焦点。老练的政治家或外交家因某一棘手问题遭到公众、记者围攻时,常利用这一技巧。

2.2.4　身体姿势

一个人的身体姿势能够表达出是否有信心,是否精力充沛。通常人们想象中精力充沛的姿态是:收腹、肩膀平而挺直、胸肌发达、下巴上提、面带微笑、眼睛里充满着必胜的信心。

走路的姿势最能体现是否有信心。走路时,身体应当保持正直,不要过分摇摆,也不要左顾右盼,两眼平视前方,两腿有节奏地交替向前,步履轻捷不要拖拉,两臂在身体两侧自然摆动。正确的走路姿势要做到轻、灵、巧。男士要稳定、矫健,女士要轻盈、优雅。如果你的工作要求你经常出入别人的办公室,你要养成随手带些材料或者夹个文件夹的习惯,这不仅不让你的手空着,而且你所表现出来的讲求效率的形象,会得到同事和领导的赞许。

站立的姿态体现了个人的道德修养、文化水平以及与他人交往是否有诚意。站立时,身躯要正直,头、颈、腿与地面垂直。眼平视前方,挺胸收腹,整个姿态显得庄重平稳,切忌东倒西歪,耸肩驼背。站立交谈时,双手随说话内容做一些手势,但不要动作过大,以免显得粗鲁。在正式场合,站立时不要将空手插入裤袋里或交叉在胸前,更要避免一些下意识的小动作。如摆弄手中的笔、打火机、玩弄衣带、发辫等,这样不仅显得拘谨,给人一种缺乏自信、缺乏经验的感觉,而且也有失仪表的庄重。良好的站姿应该给人以挺、直、高的感觉,像松树一样舒展、挺拔、俊秀。

在坐姿方面,要做到尽可能舒服地坐着,但不能降低自己的身份,影响正常的交流。如果笔直地坐在一张直靠背椅上,你的坐姿会显得僵硬。最好的方式是将身体的某一部位靠在靠背上,使身体稍微有些倾斜。当你听对面或旁边的人谈话时,可以摆出一种轻松的而不是紧张的坐姿。你在听别人讲话时,可以通过微笑、点头或者轻轻移动位置,以便清楚地注意到对方的言词方式,来表明你的兴趣与欣赏。当轮到你说话时,你可以先通过手势来吸引对方的注意力,强调你谈话内容的重要性,然后,身体前倾,变化语调,配合适当的手势来强调你想强调的论点。面试时,应试者如果弓着背坐着,两臂僵硬地紧夹着上身,两腿和两只脚紧靠在一起,就等于对面试者说"我很紧张"。同样,如果应试者懒散地、两脚张开地坐着,表明他过分自信或随便,也会令人不舒服。

一个优秀管理者有信心的身体语言标准是:讲话时姿态要端正,稳重而又自然,让人看着顺眼、舒服;避免紧张、慌乱,要给人以认真而又轻松的感觉。站着讲话时,身体要站正站直,但又不要僵硬,要略向前倾;头抬起,目光平视。坐着讲话时,两腿自然平放,必要时才跷二郎腿,切不可抖腿摆脚,以免给人不稳重的感觉。在大会讲话时,不能只顾自己,不能高傲、目中无人,更不能怕见听众,讲话声音低,语调平直,显得拘谨、胆小。另外,在公共场所,无所顾忌打哈欠、伸懒腰等不文明行为会大大影响管理者的形象,阻碍正常的交流和沟通。下面是一些具体的身体姿态所表达的含义:

一般性的交叉跷腿的坐姿,(俗称"二郎腿"),常伴以消极的手势,表示紧张、缄默和防御态度。

高跷腿坐姿,这是在上述姿态的基础上,将上压腿上移,使小腿下半节放在另一条腿的上膝部,它暗示一种争辩、竞争的态度,如果再用双手扳住上压的这条腿,则表示这个人固执己见。

谈话时,如果对方将头侧向一边,尤其是倾向讲话人的一边,或者身体前倾面向讲话者,眼睛盯住对方,则说明他对所讲的事很感兴趣。

如果对方把头垂下,则是一种消极信号,表示他对所讲的事没有兴趣。

两腿分开,相距肩宽,双手背后,挺胸,抬头,目光平视对方,面带微笑,则说明对交谈内容有兴趣、有信心。

双腿合拢,上身微前俯,头微低,目视对方,则表示谦恭有礼,愿意听取对方的意见。

形态端庄,彬彬有礼,宾主分明,则反映一种修养、稳重和信心。

2.2.5　面部表情

　　面部表情语言,就是通过面部器官(包括眼、嘴、舌、鼻、脸等)的动作、姿态所要表示的信息。美国学者巴克经过研究发现,光是人的脸,就能够做出大约25万种不同的表情。在交际过程中,交际双方最易被观察的"区域"莫过于面部。人的基本情感及各种复杂的内心世界都能够从面部真实地表现出来。我们在日常生活中时时都在使用面部表情这一身体语言。与人说话,求人办事,请人帮忙,无不需要注意对方的"晴雨表"——脸色。可见面部表情对于有效沟通的重要性。

1)眼睛

　　孟子曰:"胸中正,则眸子燎焉;胸中不正,则眸子眊焉。"一个人的眼神可以表现他的喜、怒、哀、乐,反映他的心灵中蕴含的一切内容。有经验的说话者都很注意恰当而巧妙地运用自己的眼神,借以充分发挥口才的作用。如果一名管理者说话不善于用眼神传达意图,总是呈现出一双无表情的眼睛,就会给听众一种呆滞麻木的感觉,无法引起听者的注意,影响语言的表达。

　　①注视。行为科学家认为,只有当你同他人眼对眼时,也就是说,只有在相互注视到对方的眼睛时,彼此的沟通才能建立。在沟通中保持目光接触非常重要,甚至有的民族对目光接触的重视远远超过对语言沟通的信赖。在阿拉伯国家,阿拉伯人告诫其同胞:"永远不要和那些不敢和您正视的人做生意。"在美国,如果你应聘时忘记看着主考官的眼睛的话,就别想找到一份好工作。加拿大人、澳大利亚人以及其他很多西方人认为:"沟通时目光的直接接触所传递的,是一种诚实、真诚和坦率的信息"。一般来讲,管理者说话时,目光要朝向对方,适度地注视对方的脸和眼,不要仰视天上,不要俯视地面,也不要不停地眨眼或者用眼角斜视对方。既不要一动不动地直视,也不要眼球乱转。前者会使人感到滑稽可笑,后者会使人莫名其妙。

　　注视的时间。注视的方式和时间对双方交流的影响十分重要。有时,我们和有些人谈话感到舒服,有些人则令我们不自在,甚至看起来不值得信任。这主要与对方注视我们的时间长短有关。当然,这也要区分不同性别之间的交流和同性之间进行交流的情况。当一个人不诚实或企图撒谎时,他的目光与你的目光相接往往不足全部谈话时间的1/3。如果某个人的目光与你的目光相接超过2/3,那就可以说明两个问题。第一,认为你很吸引他,这时他的瞳孔是放大的。第二,对你怀有敌意,向你表示无声的挑战,这时他的瞳孔会缩小。事实证明,若甲喜欢乙时,甲会一直看着乙,这时乙意识到甲喜欢他,因此乙也可能会喜欢甲。换言之,若想同别人建立良好的关系,在整个谈话时间里,你和对方的目光相接累计应达到50% ~70% 的时间,只有这样,才能得到对方的信赖和喜欢。相反,如果你在交谈时眼睛不看着对方,那你自然很难得到对方的信赖和喜欢。异性之间进行交流时,无论是男性还是女性都不可长时间地注视对方,即使必要的注视也不能太咄咄逼人或太放肆,眼光必须是诚恳的、善意的。

注视的部位。注视的部位也同样重要。注视因场合的不同而有很大的区别。第一,公务注视。这是洽谈业务、磋商交易和贸易谈判时所用的注视部位。眼睛应看着对方额头上的三角地区("△"以双眼为底线,上角顶到前额)。注视这个部位,显得严肃认真、有诚意。在交谈中,如果目光总是落在这个三角部位,你就把握住了谈话的主动权和控制权。这是商人和外交人员经常使用的注视部位。第二,社交注视。这是人们在社交场所使用的注视部位。这些社交场所包括鸡尾酒会、茶话会、舞会和各种类型的友谊聚会。眼睛要看着对方脸上的倒三角地区("V",以两眼为上线,嘴为下顶角),即在双眼和嘴之间,注视这个部位,会造成一种社交气氛。第三,亲密注视。这是男女之间,尤其是恋人之间使用的注视部位。眼睛看着对方双眼和胸部之间的部位,恋人这样注视很合适,对陌生人来说,这种注视就过格了。第四,瞥视。轻轻一瞥用来表达兴趣或敌意;若加上轻轻地扬起眉毛或笑容,就是表示兴趣;若加上皱眉或压低嘴角,就表示着疑虑、敌意或批评的态度。

注视的方式。眨眼是人的一种注视方式。眨眼一般每分钟5 ~8 次,若眨眼时间超过一秒钟就成了闭眼。在一秒钟之内连眨几次眼,是神情活跃,对某物感兴趣的表示(有时也可以理解为由于怯懦羞涩、不敢正眼直视而不停眨眼)。时间超过一秒钟的闭眼则表示厌恶、不感兴趣,或表示自己比对方优越,有蔑视或藐视的意思。这种把别人扫出视野之外的做法很容易使人厌恶,这种人是很难与之沟通的。

②盯视。在人们的日常生活交往中,长时间盯视显示出它的特殊功能和意义。

爱憎功能。亲昵的盯视可以打破僵局,使谈话双方的目光长时间相接。若在公共汽车上对异性死死盯视,则可能伤害他(或她),引起对方的不快。

威吓功能。用视线长时间盯视对方还有一种威吓功能。警察对罪犯、父母对违反规矩的孩子,常常怒目而视,形成无声的压力。

补偿功能。两个人面对面交谈,一般的规矩是说者看着对方的次数要少于听者,这样便于说者将更多的注意力集中到要表达的思想内容上。一段时间后,如果说者的视线转向听者,这就是暗示对方可以讲话。

显示地位功能。如果地位高的人与地位低的人谈话,那么,地位高的人投于对方的视线,往往多于对方投来的视线。

③扫视与侧视。扫视常用来表示好奇的态度,侧视表示轻蔑的态度。在交际中过多使用扫视,会让对方觉得你心不在焉,对讨论的问题没兴趣;过多使用侧视会给对方造成敌意。

④闭眼。长时间的闭眼会给对方以孤傲自居的感觉。如果闭眼的同时,还伴有双臂交叉、仰头等动作,就会给对方以故意拉长脸、目中无人的感觉。

2)眉毛

眉毛的运动可以传递问候、惊讶、恐惧等信息。一般来说,西方人比东方人更会运用眉毛来传递信息。据报道,西方人能用眉毛来传递 28 种不同的信息。当然,其中一些眉毛的运动被认为是东西方所共有的,像紧锁眉头表示焦虑、眉毛扬起表示惊讶等。

俗话说,"眉目传情"。眉和目总是在一起来传递信息。眉毛的运动可以帮助眼神的传递。如果你眯起双眼,眉毛稍稍向下,那就可能表示你已陷入沉思当中;当你眉毛扬起时,看上去可能是一种怀疑的表情,也可能是心情兴奋。

3)鼻

虽然鼻子很少表现,而且大多用来表现厌恶、戏谑之情,但用得适当也能使话语生辉。比如愤怒时,鼻孔张大、鼻翼翕动,感情会表达得更为强烈。在管理活动中,当你内心对某事不满时,应理智地处理它,或委婉地说出来,千万不能向对方皱鼻子。

4)嘴

嘴的表情是通过口型变化来体现的。鄙视时嘴巴一撇,惊愕时张口结舌,忍耐时紧咬下唇,微笑时嘴角上翘,气急时嘴唇发抖等。

5)脸

如果你认真地对待某事,你会微蹙额头;如果你脸部肌肉放松,表明你遇到令人高兴的事情。

6)微笑

在非语言沟通中,微笑是一种很常见但却很有效的沟通方式。微笑对他人有着一种心理学上所说的"移情"的效用。正如俗话所说:"笑有传染性。"微笑的作用是巨大的,也是多方面的。微笑对每一个人来说又是均等的。我们每个人都具有这一颗"灵丹妙药",把它运用到日常工作中去,就会给我们带来意想不到的成功。正是因为如此，不少企业，特别是服务业，通常会对其员工进行微笑培训，让他们学会微笑。

善于交际的人在人际交往中的第一个行动就是面带微笑。一个友好、真诚的微笑会传递给别人许多信息。微笑能够使沟通在一个轻松的氛围中展开，可以消除由于陌生、紧张带来的障碍。同时，微笑也显示出你的自信心，希望能够通过良好的沟通达到预定的目标。真心和诚实的微笑就像一个"魔力开关"，能立即沟通与他人的友好感情。

作为一名管理者，要非常清楚地知道微笑对你处理客户、上下级关系的重要性。如果你想让微笑成为友好感情的使者，那么必须从内心深处发出这种微笑。为了赢得客户的好感和融洽上下级关系，就要让他们在潜意识里了解你内心的感情，而不是你的简单表情。真诚的微笑能够在对方心中产生轻松、愉快、可信的感觉。而仅仅停留在表面的微笑，只会给别人以做作的印象，甚至会弄巧成拙。

微笑的培养可以先从面对镜子开始。面对镜子，回忆一些你确实喜欢的、令人愉快的事，然后得体地让这种感受呈现在你的脸上，心里想着今天你会碰到许多快乐的事情，你说服了你所拜访的每一个人，并与你所遇到的每一个人进行了成功的交往。凭这些想象酝酿出良好的感觉，然后把它们表现出来。

镜子中的微笑练习会帮助你形成善意的、真诚的微笑。因为这使你能正确地调整情绪，做出真诚的微笑动作，而不是虚假的微笑。那种假装微笑的人，虽然做出了微笑的动作，但由于不是出于内心的真实感情，给人的印象只能是虚伪的，甚至让人看到了皮笑肉不笑的效果，因此仍然得不到真诚的感情交流。所以，在镜子前面培养微笑，要注重表情，更要注重内心活动的酝酿，直到能够辨认出一种真诚的微笑，才算达到培养微笑的目的。

技能训练

请同学们进行"三米六齿"微笑训练！

2.2.6 空间距离

空间在这里是指两位沟通者之间的空间距离。通过控制双方的空间距离进行沟通,称为空间沟通。而空间距离又包括位置、距离和朝向 3 个方面。

1)位置

位置在沟通中所表示的最主要的信息就是身份。你去拜访一位客户,在他的办公室会谈,他让你坐在他的办公桌的前面,表示他是主人,他拥有控制权,你是客人,你要照他的安排去做。在开会时,积极坐在最显眼位置的人,表明他希望向其他人(包括领导)显示自己的存在和重要性。宴请的位置也很讲究主宾之分,东道主坐在正中,面对上菜方向,他的右侧的第一个位置给最重要的客人,他的左侧的第一个位置留给第二重要的客人,其他客人、陪同人员以东道主为中心,按职务、辈分依次落座。由此可见,位置对于沟通双方的心理影响是非常明显的。

2)距离

爱德华·霍尔是《无声的语言》和《隐蔽的一面》这两本有关非语言沟通的经典著作的作者,为空间和距离的研究创造了"空间关系学"这个术语。通过观察和访谈,霍尔发现,北美人在与他人沟通时利用 4 个层次的距离:亲密距离、人际距离、社会距离和公共距离。

①亲密距离。在亲密距离范围内,人们相距不超过 18 英寸,可以有意识地频繁地相互接触。适用对象为父母、夫妻或亲密朋友等。母亲和婴儿在一起时,她或者抱着他、抚摸他、亲吻他,或者把他放在腿上。亲密距离存在于我们感到可以随意触摸对方或交流重要信息的任何时候。

当无权进入亲密距离的人进入这个范围时,我们会感到不安。如果在拥挤的公共汽车、地铁或电梯上,人们挤在一起,他们处在我们的亲密距离内,我们通过忽视对方的存在或不与对方进行目光接触来应付这种情况。用这种方式,我们即使不能在身体上也要能在心理上保护自己的亲密距离。

②人际距离。在人际距离范围内,人们相互距离在 18 英寸 ~4 英尺,这是我们在进行非正式的个人交谈时最经常保持的距离。这个距离允许人们与朋友或熟人随意谈话。如果把距离移到 4 英尺之外,就有交谈会被外人无意听到的感觉,进行交谈将会很困难。

③社会距离。当对别人不很熟悉时,最有可能保持一种社会距离,即

4～12英尺的距离。它适用于面试、社交性聚会和访谈等非个人事件,而不适用于分享个人的东西。

每当我们利用社会距离时,相互影响都变得更为正规。你曾经注意过重要人物的办公桌的大小吗?它大到足以使来访者保持恰当的社会距离。在一个有许多工作人员的大办公室里,办公桌是按社会距离分开摆放的,这种距离使每个人都有可能把精力集中在自己的工作上,以及可以在使用电话时不干扰同一办公室的同事。有时,人们前移或后移,从社会距离移动到人际距离。例如,两个同事的办公桌可能相距10英尺,当他们要私下讨论某件事时,他们移动到人际距离之内。

④公共距离。公共距离,即一种超过12英尺的距离,通常被用在公共演讲中。在这种情况下,人们说话声音更大,手势更夸张。这种距离上的沟通更正式,同时人们互相影响的机会极少。

研究不同距离的意义在于:距离的不同表达了不同的意思。例如,如果你将"人际距离"改为"亲密距离",你很可能会使对方感到不自在甚至误解,因为你没有传递任何距离变化的信息。但如果你将"亲密距离"改为"人际距离",对方会立刻感到你在疏远(或是拒绝)他/她。你可能从未这样想过,但是,你选择何种距离以及您在此之后所做的任何变化都会传递某种信息。

3)朝向

朝向即交际主体调整自己相对于对方的角度。朝向可以分为4类:

①面对面的朝向,即交际双方面部、肩膀相对,这种朝向通常表示着一种不愿让正在进行的交际活动被打断的愿望,同时也显示了双方要么亲密,要么严肃甚至敌对的关系。人们在讨论问题、协商、会谈、谈生意或争吵时往往都自觉不自觉地选择这种朝向。

②背对背的朝向,它与面对面的朝向完全相反,所表示的否定的含义是不言而喻的。

③肩并肩的朝向,即两个肩部成一直线,朝向一致。较亲密的人在随意的场合下喜欢采取这种方式。

④V形朝向,即两人以一定的角度相对。肩并肩的朝向和V形朝向,一方面既可以表示双方维持交际的兴趣,另一方面又显示出这种兴趣比面对面的朝向略为减弱了。

4)影响空间距离的因素

人们谈话时应保持什么样的距离,办公室应该多大以及该如何装修,会议室应安放什么样的会议桌——圆形的、椭圆形的或是其他形状的等,所有这些及其他方面均与空间有关,而空间的构成则完全根据个人的地位及彼此间的关系不同来决定。管理者必须知道,在不同场合中什么样的空间行为是合适的,什么样的空间行为是不合适的,因为这些行为举止在形象管理中是十分重要的。

①地位的影响。空间的利用通常表现出地位上的差异,我们只要看一看办公室的大小就能发现了。譬如在美国以及一些亚洲国家,办公室越大,显示出主人在企业中所处的地位越高。一些办公室经常安放着大(甚至是非常大的)办公桌。这些大办公桌不仅使办公室看上去更气派,更重要的是:它们形成了"缓冲带"——与来访者保持距离。从某种意义上讲,这些大办公桌是一个"减访桌"——减少来访者与主人间的沟通。而一般员工则是共用办公室。

当两人之间地位差距拉大时,他们之间的沟通距离也会随之增加。虚的地位差距和实的空间距离往往给员工们在心理上留下印痕,保持与领导的距离。这就是为什么很多员工尽量不和其经理接触的原因所在。

现在许多企业已经意识到距离因素扩大了地位所产生的影响,并尽力去缩小它。管理层开始主动解决这个问题,努力缩小与员工的心理距离。例如,当一位下属来到总经理办公室时,这位总经理可以从其办公桌后面走过来,并且和那位下属坐在同一个沙发上。经理也可以直接到一线工人那里,和他们一起讨论某一问题的解决办法。有时候,还会和他们的员工共进午餐,或是参加他们的生日聚会。实践证明,这样的行动不仅有效地改善了管理层和下属的关系,而且还有益于增进员工们的自豪感和士气。这就是为什么越来越多的企业正朝着这一方向努力的原因所在。

②个性的因素。与性格内向的人相比,性格外向的人在与他人接触时能保持较近的沟通距离;与缺乏自信心的人相比,自信心强的人在与别人接触时,沟通距离也较近。

③人与人之间的亲密程度。通常,人们总希望与自己熟悉的同伴或好朋友保持较近的距离,而尽量远离陌生人。因此,空间距离也成为亲密程度的一种标志。当与他人初次见面时,我们会保持社交甚至公共距离。只有在比较熟悉后,我们才被允许进入他们的私人空间。当然,即使是成为亲密的朋友,如果在正式场合,也不能再保持亲密距离,而应该保持社交或私人距离。

技能训练

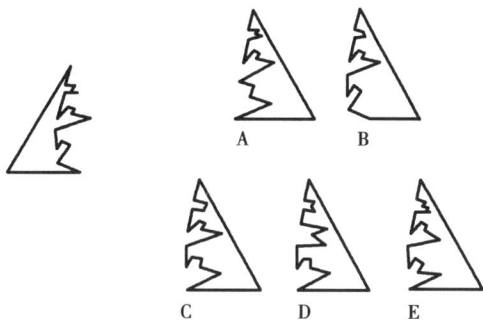

右图 A，B，C，D，E 中，哪一幅可以和左图拼出一个完整的三角形来？

2.3　口头沟通

　　沟通是一种实践的艺术。具体的沟通实践中，不同的环境，适合采用不同的沟通方式，在不同的沟通方式都遵从沟通的基本技巧，但因为各自有不同特点，所以有自己的沟通要求。实践中，因为不同情景要求采用不同的沟通方式，常用的沟通方式包括面对面的口头沟通、电话沟通、书面沟通、网络沟通、演讲、谈判等。口头沟通是最常用的沟通方式，其次是电话沟通，以及书面沟通、网络沟通等。

2.3.1　口头沟通的特点与规律要求

1)特点

　　口头沟通具有全面、直接、互动、立即反馈的特点。这就要求沟通者在口头沟通中尤其要遵守沟通规律，以达成沟通效果。

　　①全面。沟通者在口头沟通中传递了包含文字语言、声音语言、肢体语言的全面信息，而这些全面信息又被沟通对方接收到。

　　②直接。沟通双方不需要借助其他信息渠道，双方通过自己的视觉器官、听觉器官和心灵直接接收感知到对方发出的信息。

③互动。双方在沟通中进行信息发送、接收、发送的传递过程,即双方是互动的。

④立即。双方的信息发送、接收、发送过程是立即开展的。

2)规律

口头沟通的过程是:先远观,后近看,再言听,然后是沟通者把听到的文字信息与声音信息,看到的肢体语言信息进行综合感知,形成对沟通者、沟通信息的综合评判,再互动反馈。也就是沟通者先从较远处观察沟通对方的形象仪态,后在近处细细地察看沟通对方的行为礼仪与表情,再听沟通对方的招呼与开场白,接收综合信息以感知沟通对方是否热情、可亲,形成第一印象,构建亲和力。然后是在口头表达的过程中,通过伴随传递的声音语言、肢体语言信息继续加强亲和力。通过观察、询问、聆听来察知沟通对方心理需求,针对心理需求进行有效表述,在恰当时机进行有效促成,同时化解异议,如此达成有效沟通。只有积极心态才能确保有效的肢体语言与声音语言。

3)要求

口头沟通的特点与规律,对我们进行口头沟通提出要求。尤其对于以客户服务为主要产品、以人际沟通为主要产品内容的酒店服务工作中,服务员的口头沟通有更高要求。

①符合沟通程式:亲和力→察知心理需求→有效表述→促成→异议化解。

②重视与正确把握肢体语言与声音语言,从形象仪态、表情礼仪、开场白开始,以及在互动沟通中,有效把握肢体语言、声音语言。

③调整到积极心态。

④文字语言信息要有效、清晰、简洁。

2.3.2 口头沟通中的肢体语言

口头沟通始于肢体语言沟通,"先远观,后近看"就是沟通者先从较远处观察沟通对方的形象与仪态、后在近处细细地察看沟通对方的表情与行为礼仪。口头沟通中肢体语言信息包括形象与仪态、表情与行为礼仪、眼神、手势、小动作等。

肢体语言的沟通渠道

肢体语言表述	行为含义
手势	柔和的手势表示友好、协商,强硬的手势则意味着要求绝对服从。

续表

肢体语言表述	行为含义
脸部表情	微笑表示友善礼貌,皱眉表示怀疑和不满意。
眼神	盯着看意味着不礼貌,但也可能表示兴趣,寻求支持。
姿态	双臂环抱表示防御,开会时独坐一隅意味着傲慢或不感兴趣。
声音	演说时抑扬顿挫表明热情,突然停顿是为了制造悬念,吸引注意力。

肢体语言信息是潜意识的外在表现,最接近真实内心。肢体语言信息在沟通中具有重要作用,据研究者估计,沟通中55%的含义受肢体语言的影响,即不是文字语言信息的本身,而是沟通时肢体动作的影响。肢体语言信息传递的正确性决定了口头沟通的有效性。所以,要充分重视肢体语言信息的传递,在口头沟通中正确把握肢体语言。

①形象。员工的形象仪表应该是整洁、美观、大方、朴实的,而不是相反。

②仪态。仪态反映了一个人的精气神,概括是"站如松,行如风,坐如钟"。

③表情。真诚的微笑是最美好的语言,为此保持内心的愉悦。

④接待礼仪:招呼、握手、递接名片、倒茶、让座是一个连贯的过程,其中,须以热情、笑脸为基础。

⑤目光。要保持与人眼光交流,热情、友好、亲切、坦诚,在注视时间与空间上适当。

⑥手势。明确、干练,自如和谐,千万注意别错误运用。

⑦其他。根据实际情况,本着"尊重人,方便人"的原则,正确把握。

2.3.3 口头沟通中的声音语言

声音语言是指有声而无固定意义的声音符号系统,包括语速、音调、音量、节奏、声音补白、质量等不同种类。据研究者估计,沟通中38%的含义受声音的影响,即不是文字语言信息的本身、而是沟通表达方式中的声音语言的影响。商务活动中在口头沟通时声音语言有较高要求,要求声音热情、悦耳、有节奏、发音清晰。

①语速。要适中,呼吸一下新鲜空气,慢慢说。

②音调。指声音的高中低音,悦耳的是柔和的中音、微向上升。

③音量。声音大小、响亮程度,适中为宜。

④节奏。抑扬顿挫,声大小结合,保持均衡、规律。

⑤声音补白。"嗯""啊""呀""你知道"等短语,要连贯、流畅。
⑥发音。发音准确,音节清晰,吐字清楚。

技能训练

荒岛逃生

游戏背景:私人飞机坠落在荒岛上,只有6人存活。这时逃生工具只有一个只能容纳一人的橡皮气球吊篮,没有水和食物。

角色分配:

1. 孕妇:怀胎8月。
2. 发明家:正在研究新能源(可再生、无污染)汽车。
3. 医学家:长年研究艾滋病的治疗方案,已取得突破性进展。
4. 宇航员:即将远征火星,寻找适合人类居住的新星球。
5. 生态学家:负责热带雨林抢救的工作组。
6. 流浪汉:

游戏方法:针对由谁乘坐气球先行离岛的问题,各自陈诉理由。先复述前一人的理由再申述自己的理由。最后,由大家根据复述别人逃生理由的完整与陈述自身理由充分的人,自行决定可先行离岛的人。

2.3.4 口头沟通中的文字语言

口头沟通时所表达的词语文字承载了沟通的内容信息。在口头沟通中,是否了解客户心理需求,是否针对心理需求有效地组织词语文字进行表述,文字表述是否逻辑有条理,决定了口头沟通的有效性。据研究者估计,沟通有效性7%取决于文字语言信息。在口头沟通中,在文字语言把握方面,服务员需注意以下几点:

①有效。词语文字要针对需求展开,强调效用,强调语言表述的有效性。

②清晰有条理。词语表述要有条理、符合逻辑,让听者明晰。

③简洁。语言表述时强调效用与逻辑,同时为听者考虑,尽可能简明扼要,禁忌啰唆、滔滔不绝。

④恰当与敏捷。员工在服务过程中要敏捷地用词造句,出口成章,随机应变并能敏捷地听懂词句,听出条理,而且还能听出弦外之音。不灵活,反应慢,说话巴巴结结,听得丢三落四,不利于交际。

2.4 书面沟通

在工作与生活中还有一种比较正式的、以纸质载体留存信息的沟通方式,那就是书面沟通。主要的书面沟通形式有:文章、信件、便笺等。

2.4.1 书面沟通的特点与规律要求

1)特点

①保存信息。文字信息存于纸质载体,可留存信息。
②信息单一。只有文字信息。
③互动慢。不是即时反馈,反馈速度慢。
④正式。作为正规信息资料,内容严谨、有条理,内容组织格式清晰。

2)规律

作为一种正式的、用于信息留存的沟通方式,沟通者以书面信息进行沟通时,同样经历亲和力(对文章的第一印象)、问题与目的是否明确,是否有效表述,有否提出有效建议的心理感知,尤其对于材料的视觉观感,内容的逻辑性与有效性,段落格式的规范性,抬头与落款的礼貌用语等方面,比其他沟通方式更加敏感与高要求。

总结书面沟通的规律:
①遵从沟通程序:亲和力→察知心理需求→有效表述→促成。
②亲和力非常重要,缺乏亲和力意味着书面文章丧失被认真阅读的机会。
③文字语言信息相对缺乏吸引力,但书面文章表面的视觉观感(如纸质、字体、干净、清楚)、段落格式的规范性、礼貌用语、内容组织的逻辑性与有效性、组合运用图表与数字材料信息,引发亲和力。
④视觉观感、礼貌用语取决于心态。

3)要求

不管是学生还是员工,不管是普通员工还是管理者,不管是服务员还是销售员,书面沟通都是生活与工作中不可或缺的沟通方式,不仅可以帮助达成有效沟通,同时体现了自己的综合素养。
①书面沟通须符合沟通程式:亲和力→察知心理需求→有效表述→促成。

②要非常重视构建书面沟通的亲和力,从书面文章的视觉观感、礼貌用语、段落格式的规范性、内容的逻辑性与有效性、图表与数字插入运用等方面,培养文章的亲和力。

③书面沟通时心态须调整到积极状态。

2.4.2 文章写作

文章是相对于信件、便笺等较简短与非正式应用文的一种正式的、公开的、比较系统完整的专业性应用文,包括报告、论文、说明书等文体,这是一类非常正式的书面沟通方式。沟通者在文章写作中,永远要从文章阅读者的心理角度考虑,所以仍要遵从沟通程式"亲和力→明确需求→有效表述→促成",同时鉴于其正式公开性与专业性,文章写作须遵循如下要求:

1)首要培养文章的亲和力

①书面文章的视觉观感要好,如表面干净、字迹端正、载体适当,第一眼感觉好。

②段落格式需要规范,段落、段落符号、段落标题、首字位置按照规范,没有段落、没有段落符号、没有段落标题的文章,通篇文字挤在一起,没有人愿意看。

③在文章中多插入图表与数字材料,增加文章的可看性,可信度。

④文章忌讳长篇大论。

⑤写作时心态须调整到积极状态,认真写作。

⑥在文章开头或结尾处等适当地方运用恰当的礼貌用语,比如"从……角度对问题作一些粗浅的探讨,还期望专家斧正""本文受到了……的帮助,对此深表谢意"。

2)首先明确文章需求即明确必要性与效用意义

①明确背景情况。

②说明问题情况与严重后果,要深入而具体、有明确的负效果与正效果对比,以产生强大震撼力。

③写清楚文章目的即问题解决的效用意义。

3)有效分析与方法论述

①问题产生的原因分析。

②解决问题的方法陈述。

③内容强调逻辑性与有效性,紧紧围绕问题解决这一目标来陈述观点,

运用 FAB 原则。

④进行可行性论证即以实际的正反案例来证明方法的正确性。

⑤运用数字模型或公式来进一步证明方法的正确性。

4）有效促成

根据实际情况提供建设性建议或方案,提请决策者或沟通对方作出抉择。

2.4.3　信件书写

信件是特定沟通者之间以纸质载体传递文字信息的、不公开的、私密性的书面沟通方式,相比较文章而言专业性不高、具有私密性,所以文体相对比较随意,但收信者的心理要求还是一样的,即要求符合"亲和力→明确需求→有效表述→促成"的沟通程式。信件书写应遵循以下的要求:

1）信件写得清楚、有礼貌,这将形成亲和力

①信件字迹端正、清楚,让收信者看得明白,看着愉悦,而不是心生厌烦。

②信件中要有礼貌与尊敬,如尊称、礼貌用语、中肯而不冒犯的文字、祝福性的结束语、敬语、具体的姓名。

2）明确目的需求

①清楚告诉读信者写信的目的:事情的情况、产生的后果、希望。写信前先问问自己:"我写这封信是为什么?"

②了解对方心理,根据目的与对方的心理来组织词语、语气、态度等。

3）内容有效并确保准确理解

①围绕目的组织文字,须遵循 FAB 原则,观点简洁、有效用。

②尽可能通俗、简练,尽量不用专业术语,让人容易理解、准确理解。

4）建议与要求

最后须提出建议与要求,希望对方反馈。

5）信件内容遵从"SCRAP 法则"

①事件的情形(Situation)。首先告诉读信者信的主要内容是什么,比如:"上周交货时间晚了。"

②产生的后果(Consequences)。接着阐明这一事件带来的后果,如:"这

种事件已经发生过很多次了,它多次导致我们未能按时完成工作。"

③解决的方式(Resolution)。然后建议一个可行的办法,如"我们了解到是因为……那么如果……是不是可以避免再次发生这样的事情?"

④具体的办法(Action)。指出自己会采取什么办法、期望对方做什么样的行为(改进),如:"你们可以确保送货车早些出发,以便……"

⑤用词的礼貌(Politeness)。不管是否反感,用词上一定要表现得彬彬有礼,不用冒犯的文字,并尽可能以祝福性的话语来结束,否则就不会有积极回应。如"请尽力……好吗?""祝……""谨上"等。

2.4.4 简函便笺书写

便笺、简函是一种简短的书面文件,在我们工作与生活中有着重要的作用。便笺可以作为一种简短信件留给别人,内容是核实在谈话或会议中涉及哪些具体事项,达成了哪些协议,可以对他人发布一些指示与建议。简函是发给部门或个人的简短的、公开的函件,内容可以是背景情况说明、要求或指示建议。

技能训练

书面沟通分析

亲爱的先生/女士:

　　我已经间接获悉您在寻找一家公司为贵公司所有部门安装新计算机。我确信作为一家完全让人放心的公司,我公司定能被指派。我们在贵公司业务方面经验有限,曾经为您服务过的人说我们能胜任此项工作。我是个非常热情的人,对于与您相会的可能性,除非另行通知,我在周一、周二和周五下午不能拜访您处,这是因为……

刘云端先生,您好:

　　这是来自微软的信,继我们上周的电话谈话后,我很高兴再邮给您一本我公司的最新宣传册。

　　您曾表示过贵公司对安装新型计算软件感兴趣,我相信我们的服务符合您的要求,会让您满意的。

　　期待您的回音,并期望很快能和您见面

　　此致

　　敬礼

　　　　比尔·盖茨

2012 年 10 月 1 日

判断两封信的优劣,并说明原因,要求进行小组讨论,形成理由,代表陈述。

2.5 会议沟通

在我们的工作过程中,会议可以说是一项最经常的工作。一项调查表明:大多数商务人士有 1/3 的时间是用于开会,有 1/3 的时间是用于旅途奔波。有感于繁重不堪的会议邀请,万科的总裁王石曾经说过一句很形象的话,他说:"我如果不是在开会,就是在去往下一个会议的路上。"虽然大家都很了解会议所带来的资源、人力、物力的巨大耗费,但也不得不承认,会议是一种很有效的沟通手段,因为面对面的交流可以传递更多的信息,尤其是很多需要各部门协作的工作,就更是需要会议的纽带来协助运作。

2.5.1 有效会议沟通的特征

会议已经成为企业管理沟通的一个重要的方式,高层领导大多数时间都花费在会议上,会议效率的高低直接影响企业管理的效果,但会议的效果总是不尽如人意。友泰咨询 UTC 研究认为,70% 的会议是无效会议,会议中70% 的时间是无效时间。正确的会议目的应该是:交流信息、解决问题和作出决策,而失败会议的目的被歪曲为:开会只是例行公事;开会成为领导或是部门负责人展示权威的手段;开会成为领导的脱口秀。会议的低效直接导致管理低效,成功而高效的会议需要具备如下特征:

1)充分的会前准备

会议是需要精心准备的,即使对于非常紧急召开的临时会议,也是如此。
①准备会议备忘录,并提前发放给与会者,好让他们提前准备,如果讨论的内容是报告或是建议书,则应该附在备忘录的后边,一并提交给与会者。备忘录的内容至少应该包括:会议的议题,讨论的要点,要形成的结果,参会人员(如果他们相互之间不熟悉,应该附上简历),会议时间以及会议预计召开多长时间等。
②会议硬件工具的准备,包括:白板或大白纸、笔、投影设备(如果需要),录音设备(如果可以),扩音设备(如果需要)等。
③会议室的准备:如果可以选择,会议室的空间应该比参会人数所需空间稍小一点,这样拥挤的空间容易让人产生兴奋感,从而促进踊跃发言。对于 5~30 人的会议,座位的摆设应以圆形或半圆形为主。
④参会人员的选择:参会人员应该是此次会议的相关者,此次会议结果

可能的落实者,同时视情况邀请会议议题相关的专家。

2)具体且明确的目标

会议要讨论什么以及要达到什么结果已经明确地在备忘录中作了描述,会议组织者只需要让每一位与会者清楚地记着会议的目标,以及在讨论过程中,时刻围绕目标进行讨论。许多会议失败就是因为没有明确的会议目标,或者在讨论中跑到了别的主题。这就要求会议组织者时刻将跑题的人员拉回到会议讨论的主题上,也要求与会者清晰地记住会议的目标。如果开会跑题的问题比较严重,则在会议一开始,就将会议目标写在白板的醒目位置,并郑重提醒与会者牢记会议目标。此外,会议目标应该是尽可能具体地表述,而非模棱两可地陈述。如果必要,可以在会前向与会者详细的解释会议目标的内容。如果与会人员不明白目标的准确指向,就自然会发生跑题的现象。

3)合理的会议角色选择

会议角色选择。会议通常需要 3 种角色:主席(会议组织者)、记录员、参与者。会议主席是会议的组织者,通常他应该和会议的召开者分开。因为我国企业会议的召开者通常是该次会议参与者中的最高职位的管理者,如果他充当会议主席,则一方面会导致其本身参与会议的精力的分散,另一方面会压制其他参会人员的发言,因为作为主席的领导总会出现在他们面前。会议主席的最主要的职责就是保证会议按照预定的方向和进程进行,为了做到这一点,主席应该注意 3 个方面的问题:

①不断通过各种明示或暗示告诉与会人员会议的目标或导论的主题。当有人偏离会议主题,应及时予以制止。对于那些喋喋不休的人员,应该礼貌但坚决地打断他的谈话,然后将更多说话的机会让给内向的人员。

②保证与会人员在发言时不会受到其他参会人员的攻击。当与会者相互攻击时,应加以制止,并再次声明会议的目标是解决问题,而非争论。大家坐在一起是为了寻求双赢方案,而不是被动接受非赢即输的结果。

③保持中立。主席是本次会议的主持人,他的选取应该由与本次讨论没有利益关系的人员担任,通常从其他部门或外部聘请人员。即使如此,主席在会前要向大会宣布自己的中立立场,同时在会议过程中始终牢记自己的中立身份,不参与任何意见到具体的讨论中,也不表现出对某些人的偏好,树立与会者对其的信任。

记录员可以采用专门的人员担任,如秘书等,也可以由与会者中的一员担任(但是当其发言时,应由另一人帮其记录)。记录员的唯一职责就是清晰准确地记录与会者的发言,且保证记录能让每一位在场的与会人员看清并

理解。作好记录员并非一件容易的事情,因此掌握一些技巧的必要的:

①抓住发言者的关键意思记录。写字的速度永远赶不上说话的速度,因此记录员必须能够抓住主要意思记录,没有必要也不可能一字不差地记录所有的发言。如果不确信是否正确理解发言人的意思,可以和发言者进行确认。但是所写到白板上的字一定要清晰和容易辨认。

②借助各种符号。在关键字上可以标注下划线、星号或划圈。使用不同颜色的笔也是一个非常有效的方法,它可以帮助解决记录中内容分类的问题。

③牢记自己的职责——记录。记录员不参与任何的讨论,如果参与也是当自己不作记录,而由另外的人接过自己的笔代为记录的时候,避免产生不信任。如果发言者对所记录的内容有异议时,要按照其所提的意见进行当场的修改。

与会者的责任就是充分客观,而且不偏离主题地讨论会议的议题。为了鼓励发言,应该先由职位低的与会人员先发言,然后由低向高,逐个发言。如果会议非常希望知道下属的意见,可以采用隔离发言的方式:先让职位最低者进入会场,进行发言;然后他们退场,再由职位高的与会者进入会场发言,以此类推。这样,与会者发言时就不会因为顾忌领导在场而不能畅所欲言了。认真聆听是与会者在会议上最为主要的任务,许多争论的起源是由于与会者没有听懂对方的谈话就带着先入为主的偏见展开攻击,从而使问题恶化。认真聆听时可以随时提问,以确保自己理解的信息是发言者的准确意思。同时可以适度重复,以表明自己的理解。此外,在会议过程中,与会者要时刻关注白板上的记录,从而了解讨论的主题、各人的意见以及讨论的进程等,这样才能使自己的发言做到不重复,不跑题。与会者同时负有监督主席和记录员的责任,一旦发现他们没有能保持中立,应该立刻制止或提醒。一个合格的与会者是应该带着客观的意见和积极寻求双赢方案的心态参加会议的,那种本位主义、抵触情绪等都将为会议的进程设置障碍。

4)科学的会议时间安排

会议应该选在与会人员有充分时间和精力的时段,而那些使与会人员没有心思参会或在会上讨论的时间显然不是理想的会议时间,如快要吃饭前、周末或是周一等(这些时间是目前大多数企业开会的主要时间)。吃饭前,与会人员饥肠辘辘,渴望早点吃饭,或是满脑子想的是吃什么;周末,与会人员会思考如何度过周末、如何参加早已约好的聚会或约会;周一,与会人员还没有从周末活动的兴奋中清新过来,或是周末的事务还没有处理完毕。因此上述3个时间都不是理想的开会时间,其他的时间都可以考虑作为会议时间。尤其是周四,被认为是最佳的讨论问题的时间。心理学家曾经做过试验,发现周四讨论问题更容易达成一致。同时,会议应该严格遵守时间限制,比如说一个半小时结束,就应该控制在一个半小时之内,否则会让与会者产生会议没有终点的心理,因此讨论问题也会由于失去了时间的压力而变得不积极,而以后会议中,他们也会对会议时间置若罔闻,很难遵守了。

5) 及时地总结与反馈

会议结束时,由会议主席总结会议成果,尤其要在会上明确,会议达成的结果分别由哪些部门或个人负责落实解决。会议结束后,由记录员整理会议记录,并将会议记录发给与会者。会议的最高管理者,或是此次会议的发起者负责跟踪会议结果的落实情况。

2.5.2 会议沟通的 5 种类型

会议有很多种类型。有些会议准备很充分,有些却显得缺乏准备。然而,假如我们对个人和组织的效率感兴趣的话,所有的会议都要进行好好地准备。

1) 正式的大型会议

在这里,典型的例子是董事会重大会议、高管层会议、咨询顾问会议或股东大会、公司年度大会。这些会议通常需要事先作好准备,因为没有人想在这些人面前丢面子。然而,即使是这样的会议,会议前的准备也并非完美无缺。在此类会议中,没有经过充分准备的会议数量,远比人们想象的要多得多。

2) 日常会议

定期的董事会、经理层会议、部门会议或事业部会议都是典型的例子。在管理良好的公司里,这些会议都能够得到充分的准备。但是在很多情况下,这些会议的效率仍有大幅度提高的余地。例如,此类会议上往往议程过多。经常出现的一种情况是:这种会议既要讨论公司当前的商业运作,又要讨论公司的未来和创新。

3) 对问题进行分类

清楚地区分这些问题是明智的,因为这些问题需要分门别类地加以解决。最重要的是,解决不同种类的问题所需要的时间是大不一样的。例如,可以这样规定：在定期的管理层会议中，每隔一次或每隔两次就专门或主要地讨论一次创新问题。

4）工作小组、跨部门团队等会议

通常这些会议没什么准备，尽管它们通常比前两类会议重要。准备和主持这种会议的任务，大部分情况下由小组的领导或项目经理负责。然而，他们在会议这个领域往往没有经过多少培训，也没有什么经验。这些会议往往是最没有效率的。

5）临时性的小型会议及讨论

这些也是会议，并且是最常开的会议，对它们的准备也是最差的。在这些会议中，经常讨论的东西都是"即兴的"问题。临时性的小型会议和讨论受条件限制较小，可以灵活的开展，适于解决比较紧急性的问题，但在实际工作中应当注重提高效率，避免"文山会海"的产生。

2.5.3　会议沟通管理的过程

1）会前准备

（1）评价会议沟通的必要性

会议特别耗费时间、人力、财力、物力，在某些情况下，会议并不是沟通信息的最佳方式，也不是任何问题都可以通过开会来解决。所以，每次开会前都有必要对开会的必要性进行质疑，做到能不开的会坚决不开，可开可不开的会尽量不开，必须召开的会尽量少开。

（2）明确会议的目标

会议的目标越明确越具体越好，比如，会议目标"探讨如何在 10 月底之前将产品不良率由目前的 5% 降低至 3%"就比"探讨如何降低产品的不良率"更加具体、明确，这样会议讨论的效果会更好。

（3）确定会议议题

会议议题是指根据会议目的确定的要讨论的话题或决策的对象。确定会议议题应遵循以下几原则：一是议题必须紧扣会议目标；二是议题数量要适中，不能太多，也不能太少；三是各项议题之间保持有机联系，并按照议题解决的逻辑顺序排列；四是明确讨论各项议题所需的时间。

（4）确定与会人员

确定与会人员的人数和结构。对于决策型会议，为保持成员之间良好的互动,会议成员一般应不多于10人。一般应邀请下列几类人员参加会议:对会议主题有深入研究或对情况较为熟悉的人;对会议目标达成起关键性作用的人;能够客观理智和积极踊跃发表自己见解便利,是否不受外界干扰、是否有足够的停车场,是否有必要的会议设备等。此外,会前准备还需做好准备会议资料和发放会议通知的工作。

(5)确定会议的基本程序

确定会议的基本程序,就是明确会议先做什么,后做什么,再做什么。一般在安排会议议题顺序时需要注意的是:主要的议题往前排,相对次要的议题往后排;时间紧迫的议题往前排,时间余地大的议题往后排;需要与会者高度集中讨论的议题往前排,与会者兴趣较大、已经掌握相关知识的议题往后排。

(6)安排会议时间和地点

在会议时间安排上需要考虑何时召开会议,会议持续多久的问题。确定会议召开时间需要考虑与会人员是否能够出席和会议效率的问题。会议持续时间不宜过长也不宜过短。过长,人容易疲劳;过短,有一半的议题还没有讨论会议就结束了。会议地点的选择还应考虑会议的规模大小和人数多少,交通是否便利,是否不受外界干扰,是否有足够的停车场,是否有必要的会议设备等因素。另外,会前准备还需要做好准备会议资料和发放会议通知的工作。

2)会中控制

(1)有效控制会议的议题和进程

明确议题的目标。任讨论任何议题时都要明确议题的目标是什么,议题内容是什么和为什么要讨论该议题。

澄清对议题的误解或错误。如果与会者对议题有误解,或使用了错误的概念,主持人应及时予以澄清。

控制讨论进程。当与会者发言与会议主题不相符时,主持人应及时将其发言拉到会议主题上来。对那些喋喋不休者,主持人应及时中断其发言,将发言的机会交给其他人。对那些不善言辞、性格内向的人,主持人应鼓励和引导其积极发言。对那些对会议有敌意的人,主持人应引导其客观理性地表达看法。

有效处理意见分歧。当会议出现不一致意见而引发争论时,主持人应对各方观点进行归纳总结,以帮助与会人员理清思路,把握要点。

控制会议时间,按时开始,准时结束。

总结议题成果,确认行动。每一议题讨论结束后,主持人应就已经达成一致的内容进行清晰、简短地概括,如果该决议需要某人采取行动,主持人还应要求他确认在该行动中应当承担的责任。

(2)有效控制会议成员的行为

严格要求准时开会。一定要养成准时开会的习惯,不要因为某些人的迟到而推迟开会。记录下那些迟到的人,给他们造成压力,促使他们改变迟到的习惯。

鼓励下级积极发言。由于害怕招致上级的反对,下级往往不敢自由发表自己的见解,这时上级应鼓励下级积极发言,即使不完全同意其观点也应肯定其发言中有价值的部分,或者对他们的观点进行记录,强化和鼓励他们的行为。为避免领导发言给后来发言者造成的心理影响,可以考虑把领导安排在下级之后发言。

鼓励思想交锋。会议期间应鼓励大家自由发表意见,鼓励不同思想观点的交锋、争论,但争论的内容必须和会议主题有关,争论时切忌感情用事,对他人进行人身攻击。

避免压制建议。如果提出的建议遭到嘲笑和压制,那么人们将害怕和没有热情提出建议。所以,会议领导者应对提出的建议给予特别的关注并表现出足够的热情,尽可能避免其他人压制该建议的做法。

3)会后跟踪

会议结束后,应将会议内容整理成会议纪要,会议纪要中应包括相关部门应承担的责任、责任人、完成时间及验收标准等内容。会议的关键在于落实,应根据会议纪要的内容检查会议决定的落实情况,使会议做到议而有决,决而有行,行必有果。

2.5.4 会议沟通管理的技巧

1)作好充分的会前准备

俗话说"台上一分钟,台下十年功",说明工作准备的重要性。其实会议也是一样,如果会议负责人能在会前花充分的时间进行会议议题和会议内容材料的准备,则会在很大程度上保证会议的顺利进行。否则可能会由于情况考虑不周、材料准备不够等导致会议拖延或会议无法达到所期望的效果。

2)提前将会议相关材料分发给与会者

为了节省会议时间、提高会议效率,会议负责人或会议主持人应该将会议相关材料提前分发给与会者,以便让与会者能有足够的时间在会前阅读和消化这些材料并形成自己初步的意见和结论。这样,正式会议讨论时,大家就能快速、完整地将事先准备好的意见和建议阐述出来,从而加快会议的进程,提高会议的效率。

3)会议议题不要安排过多

我们知道,目标太多,就等于没有目标。因为目标太多就无法抓住工作的重点。会议也是如此。每次会议,会议的议题不宜安排过多,一般以 1~2 个议题为宜,尽量不要超过 3 个议题。如果议题太多,则大家讨论时的注意力很可能会分散(因为每个人重点关心的议题可能会不同),这样就会影响结论的达成速度,从而影响到会议效率。另外,议题过多,势必导致会议时间拉长,而过长的会议会让与会者感到疲倦,从而也影响到会议效率。

4)会议时间不要安排过长

我们知道,一个成年人能聚精会神投入工作的时长大约是两小时。因此,我们举行会议时,会议的时间也不应该安排得过长(实际上这也与安排的会议议题多少有关),会议的时长一般需要计划和控制在半小时到两小时。会议时间太短,不利于大家充分沟通并达成最佳结论;会议时间太长,则会让与会者"身心疲惫",从而影响会议效率。

5)会议尽量安排在下班之前召开

我们知道,有些与会者时间观念不是很强或因为个性使然,他们往往不到会议最后很难果断、明白地表达出自己的观点,这种情况极易导致会议的拖延。解决这一问题比较有效的措施是:将会议安排在上午或下午下班前的时段。

如会议的计划时长为 1 小时,则可以安排在上午 11:00 举行(假如 12:00 下班)或下午 5:00 举行(假如 6:00 下班)。安排在这样的时段,实际上已经给出了明确的时间期限,大家也就会尽快表达自己的观点和看法,从而有效地提高了会议的效率。

6)不邀请与会议无关的人与会

邀请与会议无关的人参加会议,是一种极大的浪费,也是毫无意义的做法。我们经常看到一些会议,整个会议过程中有些人一言不发,其实这些一言不发的人,大部分是与会议无关的人。因此,作为会议负责人或会议主持人,一定要事先确定好哪些人需要且必须参加会议,一些可参加可不参加的人员,尽量不要邀请他们与会。

7）准时召开会议

很明显,会议延迟召开是对时间和成本的浪费,其实这样的会议在我们日常工作中非常常见。杜绝会议延迟召开的办法是:给会议迟到者适当的惩罚时间一到即召开会议。

8）尽量避免讨论与会议议题无关的内容

每次会议都已经计划好了需要讨论的会议议题。会议负责人或会议主持人需要注意控制并限制讨论本次会议没有计划的问题。否则一旦放开,则很难收回,结果不是该讨论的问题没有讨论到就是会议不得不拖延。解决这一问题的有效办法是:一定控制住不讨论与本次会议无关的议题。如在会议上确实发现了很重要的问题需要开会讨论,则可以先记录下来,另行安排一次会议。

9）约定与会者的发言时长

有些与会者发言时口若悬河,滔滔不绝,完全没有时间观念。解决这一问题的有效办法是:会议正式召开之前就和与会者约定好发言的时长,让大家在发言之前都做到"心中有数"。

10）及时提醒发言者

对于某些"健谈"者来说,仅仅约定好发言时长还远远不够,因为他们谈兴正浓时,根本就将时长约定抛到了"九霄云外"。如果不及时提醒发言者,他们很可能会占用过量的会议时间,从而影响会议的效率。解决这一问题的有效办法是:在与会者发言时长过半时提醒一次;到与会者发言时长还剩两到三分钟时再次提醒,以便让发言者利用剩余的时间总结自己的意见、建议和观点。

11）完备记录会议纪要并分发给与会者确认

有些会议开完后,没有任何会议纪要,实际上这样的会议与没有召开没什么两样,因为没有会议纪要(书面结论)的会议,最终是没有人去关心和执行会议决议的。因此,我们需要完整记录会议纪要(会议纪要中需要约定决议的责任人、完成时限等),在分发给与会者的同时让相关责任人签字确认。

12）安排专人跟进会议决议的落实情况

有些会议,虽然有会议纪要,但没有跟进会议决定是否被执行的相关办法和措施,这样导致了会议"决而不行",使会议没有发挥应有的作用。解决这一问题的有效办法是:安排专人跟进会议决定的落实和执行情况并及时公布,将会议决定的落实和执行结果作为对相关责任人考评的指标之一。

技能训练

会议沟通训练

某公司的年终市场销售分析会议正在进行,公司总经理担任会议的主席。在会议进行的过程中,公司负责市场工作的副总经理提出,公司明年的市场营销重点应从"以巩固国内市场为主"转向"以开拓国际市场为主"。他希望他的设想能在这次会议上得到大家的支持和通过。但是在会议进行过程中,负责市场营销的部门经理、副经理对这个设想提出了反对意见,他们认为国内的市场潜力还很大,而企业的资金实力不够,如果让其全面开花,还不如采用"各个击破"的策略,先在国内市场取得绝对优势地位。结果双方争论得不可开交。

如果你是会议主席,面临与会代表这种相争不下的局面,你准备如何解决?如果最终需要你就这次分析会议做总结,你又如何对"市场营销的重点"问题做总结?

2.6 新型沟通方式

2.6.1 网络沟通的特点与规律要求

计算机改变了人们的沟通模式。过去我们告别时常说:"记住给我写信。"后来常听到:"再见,有事打电话。"而今天人们的告别语是:"记住给我发E-mail,QQ。"可见,网络将代替传统的沟通模式。至少,目前网络已经成为人际沟通的主要形式之一,收发邮件、网上聊天、网上教育、网上商务、网上求职等,几乎是人们每天在做的事情。

网络沟通是指在网络上以文字符号为主要语言信息,以交流思想和抒发感情为主要目的的人际沟通。常见的沟通方式有 E-mail(电子邮件)、BBS(网上论坛)、IRC(网上聊天)、虚拟社区发表评论等,主要方式是 E-mail、网上聊天。

1)特点

①间接:借助计算机进行沟通。

②不全面:主要传递文字语言信息,沟通者自身的声音语言、肢体语言没有。

2)要求

网络沟通中的信息接收者,同样要求沟通要遵从"亲和力→了解需求→有效表述→促成"的过程,同时,E-mail、网上聊天各有特点。

3)E-mail

E-mail 是一种类似传统通信手段,如信件的沟通方式。但它有自己的特点:速度快,没有空间制约;可以传递数字化的多媒体,包括文字信息、声音信息、图像信息;传递的都是数字化信息,那么背景信息就缺乏,如真实字迹都不知道,这样会影响到整体的沟通质量。

①E-mail 是简易版的信件,对其文字组织的要求与信件基本相同,只不过要简洁。

②要非常注意礼貌用语与请求语句,如尊称、请求、谢谢、祝福与敬语、署名。

③要有明确的主题,如"李小红致刘经理的……"

④有附件的,还要有简洁的说明与致谢,如"王经理,有关……的资料已发给您,请查收。王洪亮,2012-11-13"。

4)网上聊天

网上聊天是基于网络平台如聊天室、QQ 进行一对一交流的沟通方式,它与口头沟通的聊天有很大区别。网上聊天主要通过文字语言信息进行传递,无法传递声音语言、肢体语言信息,无法感知到对方的情绪反馈。而文字语言信息是可以有意识加工的,所以网上聊天的信息有极大的不真实性、不全面性。但文字信息交流有利于理清思路,有助于加强交流的深度。网上聊天需要即时反馈。匿名状态下的沟通,有两种极端,或者克服羞涩心理完全本色沟通,或者以非真实身份来参与聊天;不一定会有共识,但可以享受聊天这一过程的乐趣,有人会因此乐此不疲、深陷其中。

要达到较顺畅地网上聊天,有很多讲究,随着网络世界的发展,一切都在变化中。下面是有助于加强沟通的几个要点:

①要即时反馈,反应要快,否则将失去聊天对象。

②熟练使用网络符号与网络时尚语言,会加强认同感,形成亲和力。

③沟通中加强娱乐性,娱人而娱己,在聊天中感受愉悦,培养亲和力。

2.6.2　电话沟通

1)电话沟通的特点与规律要求

电话沟通是人际沟通中借助电话媒介来传递文字语言信息与声音语言信息的一种沟通方式。电话沟通是在沟通者双方不能见面的情况下最多使用的一种沟通方式,电话沟通在当今社会不可或缺。

(1)特点

①信息不全面:相比口头沟通不够全面,电话沟通传递与接收的信息只含有文字信息、语音语调信息,没有肢体语言信息。

②即时:沟通双方的信息发送、接收、发送过程是立即开展的,信息反馈是即时的。

③间接:沟通双方需要借助其他信息渠道,双方通过自己的听觉器官以及心灵,借助电话接收感知到对方发出的信息。

④互动:双方在沟通中进行信息发送、接收、发送的传递过程,即双方是互动的。

(2)规律

电话沟通与口头沟通的区别仅在于沟通渠道的不同,相比口头沟通缺少了视觉系统与感觉系统可感知到的肢体语言信息,以声音语言与文字语言传递与接收信息,但其传播信息与接收信息的沟通过程、原理相同。

总结电话沟通的规律:

①沟通过程:亲和力→察知心理需求→有效表述→促成。

②通过声音语言可以感知到肢体语言信息,声音语言信息决定了亲和力。

③决定声音语言信息的是心态。

④不适合长时间沟通,需要简洁。

(3)要求

电话沟通对于服务员或销售员作用大,要求高。

①符合沟通程式:亲和力→察知心理需求→有效表述→促成。

②重视与正确把握声音语言,不但要声音热情、礼貌、清晰,要有询问、记录、复述、FAB 表述,同时,也要正确肢体语言,保持精神的姿势、微笑的表情。

③调整到积极心态。

④文字语言信息要简洁、有效、清晰。

2)电话沟通中的常见错误

电话沟通中常常会犯声音缺乏热情,有气无力,缺乏礼貌,对对方情况不了解,不聆听急着插话,在电话中长篇大论,表述缺乏条理等问题。具体表现为:

①声音缺乏热情与自信。接电话者此时接收信息主要来自语音语调信息,热情的、自信肯定的声音会产生巨大的影响力;反之,无力的、没有感情的、吞吞吐吐的声音则产生负面力量。

②缺乏必要的客套与礼貌。没有必要的礼貌用语,不是"你好,是……吗? 我是……请帮……谢谢……"而是"喂! 给我叫老刘!"同时,语音冷淡、蛮横。

电话沟通测试

1. 如果对方问了一个很难的问题,我会帮助他。

2. 即使工作很有压力,我接电话时也总是保持冷静。

3. 我算是一个有耐心的人,别人都说我是一个很好的听众。

4. 不管对方行为如何,我都能忍受,而且心情不受影响。

5. 通常我对大多数事情都有热情,并且将这种热情表露于外。

6. 在我接电话时,总是面带微笑。

7. 我以我的工作为荣,也希望别人意识到这一点。

8. 我的答案绝对可靠,在告诉对方之前,我会努力找正确答案。

9. 我很自信,我觉得和大多数人的交往都轻松自如。

10. 我是个善解人意的人,我总是试着从对方角度来看问题。

11. 我认为,在电话中轻松幽默感是很有必要的。

12. 我讲话时通常比较慢,并且吐字清晰,因为有时电话信号不是很好。

13. 在电话交谈时,我通常表现得比较主动投入,即使对方不专心。

14. 我从心底感谢那些电话里积极回应的人,并亲口向他们致谢。

15. 我相信任何争议都有两个方面,认识到这一点并解决问题是重要的。

16. 如果有人被忽视了,心情沮丧,我通常会劝慰他们,使他们平静下来,并且提出我的想法和解决方法。

17. 我在电话中的声调总是很有礼貌的,即使与一个我不喜欢的人通话。

18. 对每个电话我都认真对待,即使遇到了很棘手的问题。

19. 通常我与他人合作非常好,我被认为是考虑问题全面的人。

20. 与人合作,我会提出自己的看法与建议,能接受别人意见。

21. 在一起工作就要相互帮助,当我为别人接电话时意识到这一点。

22. 我意识到每个电话都很重要,当我在电话中与别人交谈时,无论什么时候我代表的是我的公司而不是我个人。

评分标准:

我做得比这差远了,2 分;比这差一点,4 分;比这好一点,6 分;比这好很多,8 分。140～160 分,优秀;102～138 分,良好;82～100 分,不错;52～80 分,有待改进;40～50 分,各方面都亟待改进。

③抨击竞争对手。抨击竞争对手并不是专业的销售行为,反而可能会给客户留下不好的印象。

④不清楚谁是主要负责人与他的情况。越多地了解客户的情况对销售越有利。此时,知道客户的名字,更容易使决策人接听电话,也会使对方有被尊重的感觉。

⑤不会聆听,急着插话。

⑥电话中的话语缺乏连贯与条理。语词的连贯产生力量,在电话中只接收声音,此时话语的停顿、不连贯、重复、没有条理,将产生很大的负面力量。

⑦在电话里谈论细节。在电话中只能简单地讲一下产品对客户的利益,避免谈论关于产品的细节。在客户了解不全面的情况下,反而会容易因为细节不清楚而产生误解,以致失去机会。

⑧在电话里与客户讨价还价。在电话里与客户讨价还价不是销售的正确步骤,应在确认客户的需求后,一般情况下都是见面商谈,而且是在表述利益后再讨论交易条款。

总结上述所犯错误,归纳为:①②③⑤导致丧失亲和力,④⑤导致不了解心理需求,⑥⑦导致不能有效表述,⑧导致不能有效促成。所以,电话沟通中不管是打电话还是接电话,还是要符合"亲和力→察知心理需求→有效表述→促成"的沟通程式,需要从声音、礼仪、察知心理需求、简洁地表述、有效促成这几个方面严格要求。

3)打电话技巧

电话沟通中的打电话需要符合沟通程式:亲和力→察知心理需求→有效表述→促成,同时,尽可能地简洁表述。在电话沟通实践中如下方法:作好准备→亲和力→察知心理需求→有效表述→促成。

（1）打电话前需做好准备工作

要有好的电话沟通,就须事先做好准备工作。"不打无准备之仗"绝对不是拎起话筒就可以的。要从心理建设,了解对方性格与需求,电话脚本设计等方面作好全面的准备。

①了解客户。在给客户打电话之前,要有目的地去了解客户。只有准确了解客户需求、潜在需求、客户的远大目标,才能有的放矢,赢得客户的关注与信任。收集客户资料可以通过多种途径来进行,如通过客户的行业杂志,通过互联网等。

②找出关键的人物。找对人才能有沟通效果,因为关键人物才能决定结果。比如,业务中负责客户相关业务的关键人物可能至少有两位:一位是部门的主管人员,他是使用者,提出采购的要求;另外一位是客户的采购经理(或者是董事长或总经理),他做最后的决策,最终决定是否接受你的产品或服务,以及可能接受的具体条款。

③作好语言准备。

A. 预先准备好文字信息:根据本次要达成的目标进行谈话内容整理,设计好电话脚本,简要记下目标、人物、观点、证据等要点,预防忘词与提示。

B. 准备好声音语言:通过心理热身与身体活动,激发兴奋。

C. 准备好肢体语言:通过活动身体,使身体迸发活力。

D. 目的明确是简短信息沟通:打电话的目的是沟通简短信息,而不是长篇大论。所以,在服务中打电话是为了告知客人有关简短信息;在业务销售中,打电话是为了通过电话沟通获得拜访(面谈)客户的机会,即电话是用来约访的,而不是希望通过电话沟通来做业务。

(2)活力身心

打电话时的肢体语言直接关联着声音语言信息,从而决定了接听者接收信息的效果。所以,打电话时就必须像面对面沟通时那样的言行举止。

①身体端坐,最好是站立。

②保持笑容,笑容关系着发送的声音质量。

③举止得体,专注地、礼貌地感知着接听者。

④全神贯注地听,不能同时做别的事情如写信、看文件等,对方能够切实感受到。

(3)亲和力建设

①时间要适宜:一般不宜在三餐时间、早晨7点前、晚10点半后打电话,持续时间以3分钟为宜,若超过3分钟须说明主题并询问是否方便。

②话语有礼貌:先招呼,须礼貌用词,注意双方的角色选择语词,比如称呼:"先生,您好!"询问对方单位,得到肯定答复后报上自己的单位、姓名;问清楚对方,致谢语。

③声音热情。

④运用"开场白"原则进行简单寒暄。

⑤语言简练,避免在电话中与客户讨论细节问题、沟通琐碎信息。

⑥当对方答应找人后,应手持电话静候,不做别的事或聊天。如对方说你要找的人不在,切不可将电话挂断而应表示感谢。

(4)贵在询问与聆听

①简单询问,主要为了核对真实情况,通过事前准备充分了解客户。

②在询问后须聆听,要记录、复述、核对。

(5)有效表述,沟通准确

①运用 FAB 表述,表达清晰、有条理,避免"牛头不对马嘴",语词不支持当前话题。

②语速适中,音调悦耳,音量洪亮,语调自然,发音清晰。

③仔细斟酌词语,避免使用模棱两可、专业术语、不适合的俗语。

④表达连贯,不能停顿,不能前后不一,所以,打电话前需列一下提纲或设计电话脚本。

⑤重要事情应向接电话的人询问是否听清楚并记下,非常重要的请他再复述一遍,同时,自己也记录下来以便查阅。

⑥简洁表述。

(6)有效促成,简洁地化解异议

打电话时,往往会遇到客户说"马上要开会,不方便继续通话"等情况,这其实是客户提出异议的一种方式。对于客户的此类异议,最好的处理方法是请求客户给自己一两分钟时间简明扼要地表达自己的意图,在一般情况下,客户都会满足这样的请求。业务人员可以利用这个机会设法引发客户的兴趣。在遇到客户异议时,切记不可绝望地马上挂掉电话,因为立即挂掉电话意味着客户沟通的失败。

4)接电话

与打电话一样,接电话也需要符合沟通程式:亲和力→察知心理需求→有效表述→促成,同时尽可能地简洁表述。在电话沟通实践中遵照如下要求:

①微笑着接听电话。

②铃声响 3 遍即迅速拿起电话。

③主动问候对方,并告诉对方自己的姓名、单位名称、部门。

④表示理解,用温暖友好的语调。

⑤运用询问,如"我怎样才能帮助您?"来获得信息。

⑥聆听:全神贯注于对方与当前话题,并记录与复述。

电话记录包括 5 部分内容:时间(包括年、月、日、时、分),单位,姓名及电话号码,主要内容,处理意见;最后记录人签名。

項目2 沟通的方式

电话记录		时间： 年 月 日 时 分	
电话人单位		电话人姓名	
主要内容：		接电话人	
		领导批示：	
		领导签字 年 月 日	

⑦经常性地用一些提示语言向对方表示正在听,如"是的""我明白"。

⑧尽可能迅速、准确地回答对方的问题,如无法帮忙,则告诉他能为他做些什么,记得尽快将电话转给别人。

⑨结束时确认你的记录,检查所问过的所有问题与得到的信息。

⑩感谢对方。

电话沟通记录训练

天地美公司销售中心,办公区中的业务员朱小米正在打电话。

朱小米:您好,是王晓来主任吗?

王晓来:我就是。

朱小米:太好了,真高兴能与您本人通话。

王晓来:您是哪一位?

朱小米:我是朱小米,天地美公司营销中心的销售主管。我们天地美公司是专业提供管理培训资源的教育企业。

王晓来:(不太友好地)你找我有什么事吗?

朱小米:总经理办的人对我说,您是负责员工培训的领导,那么您一定关心培训的事。我打电话给您,就是想谈谈如何更容易地进行培训。可以占用您一点儿宝贵时间吗?

王晓来:(转变态度,稍友好地)上期的培训刚刚结束,目前生产比较紧,一时还抽不出时间进行培训。所以短期内不会再组织培训了。

朱小米:贵公司重视培训,这太好了。看来贵公司在这方面做了不少工作。我了解了一种新的培训形式。

王晓来:哦?

朱小米:既不影响工作,又能让员工通过培训,使工作能力获得提高,成本非常低。它一定对您的工作大有帮助。

王晓来:(有兴趣地)好吧!

单元3　实战训练

[提示]　本实战训练包括[会议沟通训练]和[电话沟通训练]两个模块。学习者将通过实战训练模块的学习,比较企业管理沟通中怎样解决相似的问题(任务),尤其是自己在初次尝试中遇到困难的方面。另外,学习者还将感受相关理论知识是怎样体现在真实的案例中。

会议沟通训练

某公司的年终市场销售分析会议正在进行,公司总经理担任会议的主席。在会议进行过程中,公司负责市场工作的副总经理提出,公司明年的市场营销工作的重点应从"以巩固国内市场为主"转向"以开拓国际市场为主"。他希望他的想法能在这次会议上得到大家的支持和通过。由于市场部的张经理迟到了,因此由市场部的副经理发言,副经理提出了反对意见,他认为国内的市场潜力还很大,而企业的资金实力不够,如果让其全面开花,还不如采用"各个击破"的策略,先在国内市场取得绝对优势地位。结果双方争论得不可开交。而在整个会议过程中总经理注意到一个细节,与会的很多部门代表始终默不作声,而且关于销售工作的5个议题现在只完成了2个。

跟学内容

1. 根据以上剧本设计模拟会议沟通过程,并进行情景演练。

2. 请帮助这次市场销售工作会议准备相关会议材料(列出清单)。对会议上市场部的张经理迟到这种情况应该如何处理? 对在会议过程中,会议的参与各方缺乏参与意识,甚至始终默不作声该怎么办?

3. 如果你是总经理,作为会议主席,面对与会代表这种相持不下的局面,应该怎么处理? 关于销售工作的5个议题现在只完成了2个,怎么处理? 最后的营销工作总结怎么做?

跟学指导

1. 模拟演练会议沟通过程前需要完成角色分工、职责定位、制定会议流程、确定与会者等内容。

2. 查阅口头语言沟通和身体语言沟通技巧,熟悉会议沟通的相关内容。

电话沟通训练

李经理将《大渝晚报》社这家客户交给小王负责。《大渝晚报》位于重庆,是西南地区最有影响力的报社之一,对于公司来讲,是一家新客户。小王首先登录到《大渝晚报》报社的官方网站,详细了解了该报社的组织结构、经营理念、企业文化、通信地址和电话等信息,然后把这些资料记录到客户资料中。接着又给重庆地区另一家报社管理部门的朋友打了一个电话,了解了《大渝晚报》的计算机、编辑排版和记者采编等信息。然后,又向行业界的朋友打听了关于《大渝晚报》的其他相关资料,并了解到《大渝晚报》技术中心的王娟娟部长负责此次计算机的采购。

跟学内容

1. 根据以上情景设计电话沟通过程的剧本,并进行情景演练。

2. 打电话者在电话沟通中要做哪些准备工作?打电话过程中应该采取哪些沟通方式和沟通技巧?应该注意哪些原则?

3. 接电话者在电话沟通中应该采取哪些沟通方式和沟通技巧?应该注意哪些原则?

跟学指导

1. 制定电话沟通情景的剧本,需要把握本次电话沟通的重点,就是要和《大渝晚报》技术中心的王娟娟部长进行电话沟通,即剧本主要是小王和王娟娟部长的电话沟通情景。

2. 查阅语言沟通和非语言沟通的技巧,熟悉电话沟通的特点、注意事项和技巧。

单元4　继续完成真实任务

[提示]学习者再次尝试完成"单元1"中的真实任务,并利用下表再次进行自我评估(对比"单元1"中的"做学教"目标以及任务要求)。指导老师进行持续评估,并提出持续的指导意见。之后,学习者将自己所属团队完成的任务进行公开、互动展示和讲解(角色情景扮演),其他团队同步进行交叉评价。

完成任务的过程记录与自我评估	导师评估与指导
A1 继续这个任务,我们做了(按工作流程列):	A2 你们还需要做:
B1 我们会做:	B2 你们已经掌握了这些技能:
C1 通过完成任务,我们得到的经验与教训:	C2 未来可以继续学习:
D1 任务完成状况的自我评价(在对应等级上画圈)	D2 任务完成状况的导师评价(在对应等级上画圈)
1　　2　　3　　4　　5　　6　　7	1　　2　　3　　4　　5　　6　　7

说明:1 失败;2 未完成;3 基本未完成;4 勉强完成;5 完成;6 顺利完成;7 成功完成。

单元5　强化与拓展

可选的教学做单元。学习者根据指导老师给出的后续学习指导意见,有差异地选择适合自己的强化练习项目或拓展项目。通常练习项目是在完成真实任务还存在困难的学习者中展开,拓展项目是在完成真实任务后还有余力的学习者中展开。

强化练习

1. 推荐书籍:《管理沟通(英文版)》,4 版,(美)詹姆斯·S. 奥罗克 (James S. O'Rourke IV)著,中国人民大学出版社 2010 年出版。

2. 仔细查看中央电视台《对话》栏目。《对话》栏目是中央电视台经济部推出的一个演播室谈话节目。每次节目由突发事件、热门人物、热门话题或某一经济现象导入,捕捉鲜活经济事件,探讨新潮理念,演绎故事冲突,着重突出思想的交锋与智慧的碰撞。《对话》通过主持人、嘉宾以及现场观众的充分对话与交流,直逼热点新闻人物的真实思想和经历,展现他们的矛盾痛苦和成功喜悦,折射经济社会的最新动向和潮流。同时,充分展示对话者的个人魅力及其鲜为人知的另一面。

3. 观摩 CCTV《对话》栏目当期专场,置身对话现场,并仔细思考分析主持、嘉宾及观众的沟通表现,思考嘉宾在节目中沟通表现的亮点在哪里,为什么能吸引人。学习对话各方采取的沟通方式有哪些以及这些沟通方式取得的效果如何,分析能否有更好的沟通方式为对话增彩。

资料来源:中央电视台网站《对话》栏目官网

拓展训练

猜猜猜

这个游戏能让同学们更深刻地认识到口头沟通和非口头沟通的效果,体会到口头沟通和非口头沟通在日常沟通中的作用,有助于提高参与者的沟通表达能力。

1. 游戏时间 5 ~ 10 分钟,人数通常为每个小组 3 人,需要准备好图片若干(图片上可以绘制任一事物)。

2. 进行游戏时,小组的一个同学拿图片正对第 2 名同学,而第 3 名同学站在拿图片的同学背后,第 3 名同学看不见图片内容,但可以看见第 2 名同学。

3. 拿图片的同学负责向第 2 名同学展示图片内容,应避免让第 3 名同学看到图片内容。

4. 第 2 名同学根据图片内容通过非语言的各种沟通方式向第 3 名同学展示图片的内容,但在此过程中不能够进行口头沟通。

5. 第 3 名同学根据第 2 名同学的非语言沟通信息猜测其所描述的内容,并通过口头沟通表达出来。

6. 第 3 名同学猜对则由第 1 个同学继续展示图片,若猜错则第 2 个同学继续展示。

7. 总结体会通过猜猜猜游戏让我们学到了哪些沟通知识。

撕 纸

我们平时的沟通过程中,经常使用单向的沟通方式,结果听者总是见仁见智,仍然按照自己的理解来执行,使沟通信息在传递中出现很大的偏差。但使用了双向沟通之后,差异依然存在,虽然有改善,但增加了沟通过程的复杂性。沟通中采取什么样的沟通方式要根据实际情况而定。一般情况下,作为沟通的最佳方式应根据不同的场合及环境而定。

1. 游戏时间 15 分钟,人数 20 人左右,准备总人数两倍的 A4 纸。

2. 给每位同学发一张纸,过程中同学们不能发声。

3. 老师引导学员将纸对折一下,再对折一下,然后再对折一下,在右上角撕去一个角,然后转动 180°,再将手中所拿纸的左上角撕去。

4. 请所有同学把纸打开,可以发现很多人的图形和老师的图形都不一样。

5. 老师再给同学们发一张纸,请大家再做一遍。

6. 最后老师可以请一位同学们上来,重复上述的指令,唯一不同的是该同学可以提问。

7. 请同学们总结探讨结果不一致的原因。

预备下一次任务

阅读项目 3 沟通礼仪的单元 1(True Task):尝试真实任务,以 5~8 人为工作团队在下次课堂教学之前完成规定的任务。

项目 3
沟通的礼仪

单元 1 尝试真实任务

[提示] 学习者将自身置于未来工作环境,充分依靠自己过去积累的经验和已经拥有的知识,尝试解决实际问题(任务)。

真实任务

传说有人把于右任先生写的"不可随处小便"重新组合装裱,于是就有了"小处不可随便"的典故。其实,"小处不可随便"是中国人自古以来的一条处世原则。古语道:"战战栗栗,日谨一日。人不蹑于山,或蹑于垤。"告诫人们时时提防被小处绊倒,这或许是"小处不可随便"的最古老的典故。

不光是中国,外国人也有差不多的观念。针眼大的窟窿斗大的风,小处随便的人往往不受欢迎,在某些特殊的场合甚至会造成致命的后果。这方面最典型的例子大概是 18 世纪的法国公爵奥古斯丁。1786年,法国国王路易十六的王后玛丽·安东尼到巴黎戏剧院看戏,全场起立鼓掌。放荡不羁的奥古斯丁为了引起王后的注意,面向王后吹了两声很响的口哨。当时吹口哨被视为严重的调戏行为,国王大怒,把奥古斯丁投入监狱。而奥古斯丁入狱后似乎就被遗忘了,既不审讯,也不判刑,就日复一日地关着。后因时局变化,也曾有过再次出狱的机会,但阴差阳错,终究还是无人问津。直到1863年老态龙钟的奥古斯丁才被释放,当时已经72岁。两声口哨换来50年的牢狱之灾,实在是天大的代价。

与此相反,一滴水可以折射太阳的光辉,小处端正的人往往能取得人们的信任。法国有个银行大王,名字叫恰科。但他年轻时并不顺利,52次应聘均遭拒绝。第53次他又来到了那家最好的银行,礼貌地说完再见,转过身,低头往外走去。忽然,他看见地上有一枚大头针,横在离门口不远的地方。他知道大头针虽小,弄不好也能伤害人,就弯腰把它捡了起来。第二天,他出乎意料地接到了这家银行的录用通知书。原来,他捡大头针的行为被董事长看见了。从这个不经意的小动作中,董事长发现了他品格中闪光的东西。这样精细的人是很适合做银行职员的。于是,董事长改变主意决定聘用他。恰科也因此得到了施展才华的机会,走向了成功之路。

资料来源:百度文库

任 务

从沟通的礼仪角度谈谈,你是怎样理解"小处不可随便"这个问题的?

目 标

理解礼仪在沟通中的重要作用。掌握正式沟通中的着装、仪容和仪态的基本规范,学会如何"扮靓"自己。掌握现代正式沟通中的会面、宴请等常见场景中的基本礼仪规范。让自己成为一名风度翩翩的谦谦"君子"。

完成情况评价

[提示]在虚拟尝试完成"单元1"中的真实任务后,学习者利用下表进行自我评估(对比"单元1"中"做学教"目标以及任务要求),之后指导老师进行评估和提出指导意见。

完成任务的过程记录与自我评估	导师评估与指导
A1 为完成这个任务,我们做了(按工作流程列):	A2 你们还需要做:
B1 经过努力后,我们完成了下列任务:	B2 你们已经掌握了这些技能:
C1 在完成任务过程中,我们遇到了下面的困难:	C2 暂停,你们还需要补充下列知识:

单元 2　相关理论知识学习

[提示]学习者根据自我评估以及指导老师给出的持续学习指导意见,有差异地选择自己需要学习的相关理论知识。如果在没有学习某部分理论知识前,学习者就能够完成对应的任务,则所需的支撑理论知识已经具备,学习者可以在征询指导老师意见后越过这部分理论知识学习。

3.1　形象礼仪

3.1.1　着装礼仪

着装,在沟通中是产生首轮效应的方面,两个人相见,第一印象就是对方的着装。因此,一个人在管理沟通中的着装能够体现出他的品位、档次、美学修养和综合素质。就着装的基本规范而言,大致可以分为 3 个方面。

1)管理沟通中着装应遵循 6 大基本规范

①着装必须干净整洁。沟通人士如果着装不整洁,会给人留下很不好的印象,尤其是一些诸如管理、营销等职业,如果衣着不整洁,会给人留下厌恶感。

②着装应符合潮流。不能太超前，也不能太复古。如果现在你穿一身黄马褂，会给人什么印象？那肯定会被人误以为是从精神病院里跑出来的人。

③着装应符合个人身份。如董事长、总经理在工作中的着装要求就应当比较高一些，而一般工作人员的着装要求则可稍微低一些。

④着装应扬长避短。如一位短脖子的男性，应当穿无领衫比较好，不要穿竖领服装，这样有助于在视觉上拉长他的脖子。而如果是一位长脖子的女性，就不要去穿无领衫，因为这样会更加突出她脖子过长的缺憾。除了着装以外，一些与着装有着异曲同工之妙的搭配也是值得职场中的人关注的，如一位女性不巧左手有残疾，就不要去戴戒指。如果一位女士是苹果脸，非常圆，就不要再戴两个大大的圆形耳环，以免使脸部显得更圆。

⑤着装应遵守惯例。所谓惯例，是指一种成规，也就是众人的习惯，大众认可的规范。如果一位女性在出席晚间的社交舞会时穿着一身制服，必然会给人难受的感觉。

⑥着装应区分不同场合。首先是公务场合。着装的基本要求是4个字："庄重保守"。能够穿的服装包括制服、套装，男性可穿西服套装，女性可穿西服套裙；职业装，男性可穿中山装，女性可以穿列宁装；半正装，男性可穿长裤长衫，女性可穿长衫和中、长裙，一般以一步裙或其他裙摆较小的裙装为宜，不宜穿大摆裙、拖地裙等。

不能穿的服装包括非职业装和时装，如职场中女性不能穿吊带装、露脐装、一字领、无袖装、超短裙等。男性不能穿休闲装。

其次是社交场合。其着装规范同样可以概括为4个字："大方得体"。社交场合包括以宴会友的宴会，以舞会友的舞会，赏心悦目的音乐会和欢快热烈的文艺晚会，以文和以酒会友的聚会，以增进友谊、加深感情为目的的寻朋找友的拜会，应邀出席的各种庆典会，等等。

通常，在这些场合可穿的服装主要有3种：时装，指当时流行之服装和时尚之服装。礼服，特指礼仪场合的着装，如举行婚礼时的着装叫作婚礼服，男士应着西服正装，女性一般着白色婚纱。民族服装，中式礼服，一般在盛大场合，如参加全国代表大会，参加各类庆典活动，代表本民族去拜会重要人物等场合时可以穿着本民族传统服装，而汉民族可穿唐装，也可穿满族旗装。

需要注意的是，在社交场合不能穿的服装主要的也有3种：制服，如警察下班后与朋友聚会，以酒会友，吃饭时穿一身警服，必然会给人一种怪怪的感觉。又如在给老人祝寿时，医护人员穿白大褂前往，在这种喜庆的场合，几个白大褂晃来晃去，有种煞风景的感觉。休闲服，如果你去拜会一位重要人物，穿一身休闲服装去，就难免给人不尊重对方的感觉。不合时宜的时装，比如，在一些比较庄重、隆重、严肃的场合，女性穿得太露、太透、太薄恐怕也是不合适的。如果是去拜会重要人物，且重要人物又是异性的话，那就更不妥当了。

　　再次是休闲场合。着装要求不是很高,基本的规范还是可以概括为 4 个字:"舒适自然"。可穿的服装主要是休闲系列,包括休闲装、牛仔装等,也包括各色时装。

2)管理沟通着正装的具体操作规范可概括为"三个三"原则

　　①"三色原则"。职场中的人在公务场合穿着正装,必须遵循"三色原则",即全身服装的颜色不得超过 3 种。如果多于三种颜色,则每多出一种,就多出一分俗气,颜色越多则越俗。

三色原则

　　②"三一定律"。是指职场中的人如果着正装必须使三个部位的颜色保持一致,在职场礼仪中叫作"三一定律"。具体要求是,职场男士身着西服正装时,他的皮鞋、皮带、皮包应基本一色;职场女士的"三一定律"指:皮鞋、皮包、皮带及下身所穿着的裙裤及袜子的颜色应当一致或相近。这样穿着,显得庄重、大方、得体。

　　③三大禁忌。一是职场男士西服套装左袖商标不拆者是俗气的标志。二是职场中人最好不要穿尼龙丝袜,而应当穿高档一些的棉袜子,以免产生异味。三是职场人士不要穿白色袜子,尤其是职场男性着西服正装并穿黑皮鞋时,如果再穿一双白袜子那可就真是俗不可耐了。

3)管理沟通着装的 6 大注意事项

　　一是男性在公务场合穿着正装时必须系领带,而领带的质地一定要上乘,以纯毛、真丝为上,颜色最好与衬衫和正装颜色一致,图案以几何图案为佳。切不可系那种龙凤呈祥或梅花飘香的图案,否则会给人以俗气的感觉。

　　二是男性在公务场合系领带时,可追求一些时尚的系法:领带结下系出一个"坑",象征男人的酒窝,只有真丝质地的领带才可以打出这种效果,其他质地的打过之后就会平复;系领带一般不要用领带夹,这样能给人飘逸的感觉;领带长度一般应置于皮带扣的上端。

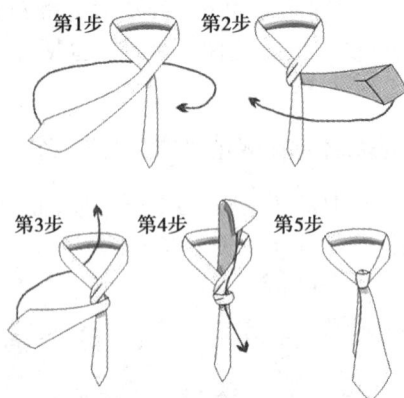

领带的打法

三是职场中人在穿短袖衬衫时一般不系领带,男女一样,但如果是制服的一部分则另当别论。

四是职场男性所穿的西装分为正装和休闲装,正装一般指单排扣的西服套装,现一般有四粒扣、三粒扣和两粒扣的,穿着时最下面一个扣子不能扣上。

五是职场中的人应当学会区别西服的正装与休闲装,一般而言,正装西服颜色应上下一致,一般以蓝色、黑色为好,以显庄重。休闲西服的衣、裤式样可以不同,颜色也不强求一致。

六是职场着装必须充分注意的几个问题,概括起来就是"六个不能":第一,不能过分杂乱,杂乱的最直接错误就是不按常规着装。第二,不能过分鲜艳,职场人士应当坚持"庄重保守"的着装原则。第三,不能过分暴露,职场女性尤其需要高度注意这一问题。第四,不能过分透视,特别是在夏季,职场男士如果穿衬衣时一般应当在里面加穿一件背心,以免男士的胸毛(如果有的话)、乳头若隐若现地被透视。第五,不能过分短小,凡职场中的人都不能穿短裤上班。第六,不能过分紧身,特别是职场女性更不能穿过于紧身的服装。所谓紧身,其标准是,凡能特别凸显出人体敏感部位的服装都应视为紧身服装。

3.1.2 仪容礼仪

仪容礼仪是个人基本礼仪的重要组成部分。仪容的基本含义是指人的容貌,但是从礼仪学的角度说,仪容还应该包括头发、面部、手臂和手掌,即人体不着装的部位。正确运用仪容礼仪,能给沟通对象留下良好的第一印象,使对方愿意接近,为进一步深入交流奠定基础。

仪容礼仪的规则主要涉及 3 个方面,即仪容的干净、整洁和修饰。

1) 仪容的干净

我们应遵守的仪容礼仪的首要原则是干净,即身体不能散发异味,面部不能有异物等。要保证干净,必须做到以下几点:

(1)洁面

我们出席正式的交际场合之前应及时清洁面部,在参加活动的过程中应该及时用面巾纸等清洁面部的油脂,做到无泪痕、无汗渍、无灰尘等。另外,还应注意及时清理眼角、鼻孔、耳朵、口角等细微的残留物。

(2)清洁头发

俗话说:"远看头,近看脚。"在公关往来中,首先映入交往对象眼帘的就是头发,所以人的头发应该保证没有头皮屑、不粘连、无异味,保持头发柔顺、整洁,这就要求我们应该保证 1～3 天洗 1 次。

(3)洁身

为了清除身体上的烟味、酒气、汗味等异味,我们每天都应该洗澡,至少也要坚持 3 天洗澡 1 次,特别是在参加重大的社会活动之前,洗澡是一项必须做的准备工作。洗澡一方面是为了保持干净;另一方面还可以使人清爽、精神焕发,不仅可以给交往对象留下良好的印象,还能使自己充满信心。

(4)洗手

我们在参加社交活动时,必须用手完成的动作很多,如握手、递送名片等,所以手的干净与否至关重要。在出席重大场合之前应注意洗手,做到手上无汗渍,无异味,无异物。此外,不能留长指甲,指甲的长度与指尖齐平为最佳,并保证指甲内部无污垢,指甲两侧无死皮。

(5)洁牙

语言交流是社交交往的主要方式,我们必须保证口腔卫生,确保口气清新,避免在双方进行语言交流时受到口气的影响。除早晚刷牙外,在参加正式的交际场合之前也应该刷牙,至少要咀嚼口香糖,并尽量避免吃一些带有刺激性气味的食物,如葱、蒜、韭菜等。

2) 仪容的整洁

我们应该保持整洁的仪容,不能邋遢。在礼仪当中,除要求人的头发必须干净之外,对头发长度也有要求。另外,最好不要留太长的胡须,除非有特殊的宗教信仰或习俗,否则会被交往对象认为受到不尊重的待遇。应该保证每天剃须,这不仅是对别人的尊重,也是保证自己清爽自信的最佳手段。有些人有鼻毛、腿毛、汗毛过长的现象,在出席正式的社交场合前,必须进行修剪和遮掩,避免外露。

3)仪容的修饰

（1）基本要求

我们应该在出席社交场合之前整理、修饰自己的仪容，保证给交往对象留下良好的印象。但不得在公共场合进行补妆、整理衣裤、搔弄头发、清理鼻孔的分泌物等，这些活动只能在洗手间等别人看不到的地方进行。

（2）化妆

职业女性，工作时着妆，已经成为现在社会的基本职业礼仪。一般而言，化妆需要遵循以下 4 个准则：

职业妆容

准则1：以淡雅为主

从化妆自身的特点和规律来看，化妆者将所化之妆恰如其分地融入自己身体各部，若有若无，自然而然，好像天生如此，才是化妆的最高境界。按照通行的审美心理来说，如果没有从事特殊的职业，出席特殊的场合，浓妆艳抹也难以让人接受。

准则2：扬长避短

世界上没有人在仪表方面十全十美，任何人都或多或少、或大或小地存在仪表缺陷。有很多人巧妙地通过化妆，突出优势，修饰平庸，弥补缺陷，美化了自身形象。

第一，认清自我。自身的年龄、身材、肤色、容颜等基本条件，是化妆的重要参考依据，当然应当心中有数。

第二，区别对待。化妆也要"具体问题具体分析"，根据自身各部位的特点，运用不同的化妆技巧进行美化。切忌千篇一律，或者盲目仿效时髦的化妆方法。例如，圆脸型的人适合留直线型长发或高耸型盘发，长脸形的人适合留蓬松卷发或留有齐眉刘海的童花式发型。把上述两种脸型适合的发型对调，就会让圆脸显得更圆，长脸显得更长。

第三，弥补缺陷。化妆提倡扬长避短。在扬长和避短中，重点是避短。因为长即便不扬，也还过得去；而短不补，却真是看不过眼；如果只扬长不避短，缺点就更显突出了。

准则 3：协调整体

第一，协调部位。使各个部位所化之妆统一起来，形成格调、色调协调的整体，才能取得完美效果。否则，局部的妆化得再精彩，整个人也出不了"彩"。

第二，协调服饰。不同色调的服装往往需要不同色调的化妆品，不同款式搭配的服饰往往需要不同的化妆手法。服饰与化妆协调一致，才会取得整体美。比如，身着素雅的连衣裙，就应选择清淡的妆相。

第三，协调环境。化妆需要"应景"，要与不同的环境、场合、社交气氛相协调、相适应。众所周知，参加舞会和参加追悼会所用之妆就截然不同。

准则 4：遵守常规

第一，修饰避人。化妆属于个人隐私，原则上只能在家中进行。特殊情况下，需要在其他场合临时补妆，也应选择隐蔽之处。在许多国家，单身女子在饭店、舞厅、街头等公众场合当众化妆、补妆，往往会被视作风尘女子。

第二，运用技巧。不同的化妆品有不同的使用方法和技巧，化妆中，要合理运用。否则，不仅造成浪费，还会弄巧成拙。

3.1.3　仪态礼仪

学习仪态礼仪需要注意领会两个内容，一个是"优雅"，另一个是"自然"。只有"站、坐、行、手"的姿态符合职业要求，再配以恰当的表情才可使自己在沟通时表现出仪态"优雅、自然"。

1）姿态

（1）站姿

良好站姿：直立、挺胸、收腹、直项；从正面看，身体重心在两腿之间穿过脊柱及头部，重心落在前脚掌；眼睛平视，双臂自然下垂或在体前交叉，右手置于左手上；两腿直，膝盖放松，大腿稍收紧上提。

男子站立，双脚可分开，但不能超过肩宽。女子站立，双脚呈"V"字形，膝和脚后跟尽量靠紧；或者一脚在前，一脚在后，前脚的脚后跟向后面的脚背靠拢，膝部略弯。

禁忌：身体不够端正，双腿开叉过大，两脚随意乱动，表现自由散漫。

（2）坐姿

入座：走到座位前，转身后，右脚向后撤半步，轻稳地坐下，然后双脚并齐。女士入座动作尤应轻缓。如着裙装，应用手把裙裾向前拢一下，坐下后，再抚平。

坐姿：身体重心垂直向下，腰部挺直，手自然放在双膝上或坐椅扶手上，头平稳，目平视；两膝并拢或微微分开，女士的双膝必须紧靠，脚跟也要紧靠；

男女标准站姿

如果需要侧坐，上体与腿应同时转向一侧。

禁忌：把腿叠成采用"4"字形；用手把叠起的腿扣住；叠腿又晃动脚尖；把两腿叉开伸得老远；把脚藏在座椅下，或者用脚钩住椅子腿。

交叉后点式

曲直式

重叠式

男士坐姿

曲直式

侧挂式

重叠式

女士坐姿

（3）行姿

①标准行姿：全身挺直，昂首挺胸；起步前倾，重心在前；脚尖前伸，步幅适中；全身协调，匀速直行；双肩平稳，两臂摆动。

②禁忌：方向不定，速率多变，瞻前顾后，八字步态，响动过大。

（4）手姿

①基本手姿。

A.垂放：其一，双手自然下垂，掌心向内，叠放或相握于腹前；其二，双手伸直下垂，掌心向内，分别贴放于大腿内侧。

B.背手：两臂伸到身后，双手相握，同时昂首挺胸。

C.鼓掌：右手掌心向下，有节奏地拍击掌心向上的左手，以表示欢迎、祝贺、支持。

D.夸奖：伸出右手，翘起拇指，指尖向上，指肚面向被称道者。

E.指引：以右手或左手抬至一定高度，五指并拢，掌心向上，以肘部为轴，朝一定方向伸出手臂，以引导来宾、指示方向。

鼓掌、夸奖、指引

②禁忌。

A.不卫生的手姿，如搔头皮、掏耳朵、挖鼻孔、搔痒痒等。

B.不稳重的手姿，如大庭广众面前，双手乱摸、乱放，或是咬指甲、抱脑袋等。

C.失敬于人的手姿，如以食指指点他人，钩动食指或拇指以外的四指招呼他人等。

D.区分不清对象而使用易于误解的手姿。由于文化背景不同，同一种手姿，可能被赋予不同的含义。如右手掌心向外，拇指与食指合成圆圈，其余手指伸直的手姿，在英美表示"OK"，在日本表示钱，在拉美则表示下流。

2）表情

（1）眼神友善

眼睛是心灵的窗户，是能够传神的。友善地看人，表明愿意友善地待人。

①注视时间。与人相处，如若注视对方的时间占全部时间的 1/3 左右，表示友好；不足 1/3 表示轻视；占到 2/3 左右，表示重视；超过了 2/3，则表示

兴趣十足或怀有敌意。

②注视角度。平视,适用于与身份、地位相当的人进行平等交往;侧视,如果是面对对方,则含有轻蔑不敬之意;仰视,表示尊重敬畏;俯视,表示对晚辈的宽容、怜爱,也可表示轻慢、歧视。

③注视部位。注视对方双眼,表示聚精会神、专心致志,称为关注型注视;注视对方额头,表示严肃、认真、公事公办,称作公务型注视;注视对方眼部至唇部,是交际场合的常规,称为社交型注视;注视对方眼部至胸部,多为关系密切的男女之间表示亲善,故称近亲密型注视;注视对方眼部至裆部,适用于距离较远的熟人,也表示亲善,故称远亲密型注视;随意一瞥他人身上任意部位叫作随意型注视,也叫瞥视,表示注意或者敌意。

④注视方式。直视,即直接注视对方,表示认真、尊重、坦诚;凝视,即全神贯注地注视,表示专注、恭敬;盯视,即长时间目不转睛地注目对方某处,表示出神或挑衅;虚视,即目光不聚焦于某处,眼神不集中,表示胆怯、疑虑或失意;扫视,即上下左右反复打量,表示好奇、吃惊;睨视,即斜着眼睛注视,表示怀疑和轻视;环视,即与多人交往时有节奏地注视不同的人或物,表示"一视同仁"地重视认真;他视,即与人交往时眼望他处,表示胆怯、害羞、心虚、反感、心不在焉;无视,即闭上眼睛不看对方,表示疲惫、反感、没有兴趣。

⑤注视变化。目光、视线、眼神的变化,都反映着内心情感的变化。比如,眼皮眨动过快表示活跃、思索,过慢表示轻蔑、厌恶;瞳孔突然变大放光表示惊奇、喜悦,突然缩小无神表示伤感、失去兴趣;眼球反复转动表示心有所思。

(2)笑容真诚

①笑之真谛。

A.声情并茂。笑容与言谈举止相辅相成,锦上添花。

B.气质优雅。讲究笑得适时、尽兴,笑时精神饱满,气质典雅。

C.表现和谐。眉、眼、鼻、口、面和声音协调行动,让人感到视觉和听觉合拍。

②笑之禁忌:假笑、冷笑、怪笑、媚笑、怯笑、窃笑、狂笑。

真诚的笑容

(3)面容自然

面庞之上,眉毛、嘴巴、下巴、鼻子和耳朵都可以独立地显示表情。比如,皱眉表示困窘,撇嘴表示轻视,侧耳表示关注。它们组合起来,更能显示特定的表情。体现修养的面容,应当突出"自然"二字,喜怒哀乐,自然表露,切忌夸张、造作。

技能训练

1. 见下图,讨论在竞争中谁更有竞争力?

2. 学习者向大家展示职业着装、站姿、坐姿、行姿和表情,并两人一组进行一对一训练。

3.2　会面礼仪

3.2.1　介绍礼仪

在会面礼仪中,介绍是一个非常重要的问题。我们可以说,沟通始自介绍,换而言之,你跟任何外人打交道作沟通,把介绍这个程序去掉了,恐怕就非常麻烦。所以有人说"介绍是交际之桥"。另外,交际的作用在于说明情况。既然是说明情况,自我介绍也好,为别人介绍也好,介绍业务也好,介绍就不能缺少的。

在商务场合,自我介绍,第一尽量先递名片再介绍,自我介绍时要简单明了,一般在1分钟之内,内容规范,按场合的需要把该说的说出来。

如果想结识某人,除了自我介绍外,还可通过他人介绍这一途径。一般身份地位高者、长者、特邀者和贵宾在社交或商务场合与某些人相识时,常常由他人来作介绍。作介绍的人,一般是主人、朋友或公关人员。由他人作介绍,自己处于当事人之中,如果你为身份高者、长者或主人,在听他人介绍后,应立即与对方互致问候,表示欢迎对方的热忱,如:"你好! 小张。"如果你为身份低者或宾客,当尚未被介绍给对方时,应耐心等待;当自己被介绍给对方时,应根据对方的反应作出相应的反应,如对方主动伸手,你也应及时伸手相握,并适度寒暄。

被介绍时,除女士和年长者外,一般应起立并面向对方。但在宴会桌上、谈判桌上可不必起立,被介绍者只要微笑点头,相距较近可以握手,远者可举右手致意。

为他人作介绍,就是介绍不相识的人或是把一个人引荐给其他人相识沟通的过程。善于为他人作介绍,可以使你在朋友中享有更高的威信和影响力。为他人作介绍,在不同场合由不同人承担,公关礼仪人员、单位领导、东道主或与被介绍双方都相识的人,都是商务活动、接待贵宾和其他社交场合中的合适介绍人。

在进行介绍时,还要注意以下几个问题:

1)介绍顺序

介绍人在介绍之前必须了解被介绍双方各自的身份、地位以及对方有无相识的愿望,或衡量一下有无为双方介绍的必要,再择机行事。介绍的先后顺序应坚持受到特别尊重的一方有了解对方的优先权的原则,应把男士介绍给女士,把晚辈介绍给长辈,把客人介绍给主人,把未婚者介绍给已婚者,把职位低者介绍给职位高者,把本公司职务低的人介绍给职务高的客户,把个人介绍给团体,把晚到者介绍给早到者。在口头表达时,先称呼长辈、职位高者、主人、女士、已婚者、先到场者,再将被介绍者介绍出来,然后介绍先称呼的一方。这种介绍顺序的共同特点是"尊者居后",以表示尊敬之意。

2)介绍人的神态与手势

作为介绍人在为他人作介绍时,态度要热情友好,语言要清晰明快。在介绍一方时,应微笑着用自己的视线把另一方的注意力吸引过来。手的正确姿势应掌心向上,胳膊略向外伸,指向被介绍者,但介绍人不能用手拍被介绍人的肩、胳膊和背等部位,更不能用食指或拇指指向被介绍的任何一方。

3)介绍人的陈述

介绍人在作介绍时要先向双方打招呼,使双方有思想准备。介绍人的介绍语宜简明扼要,并应使用敬词。在较为正式的场合,可以说:"尊敬的张先生,请允许我向您介绍一下……"或说:"李总,这就是我和你常提起的陈博士。"在介绍中要避免过分赞扬某个人,不要给人留下厚此薄彼的感觉。

　　在介绍别人时,切忌把复姓当作单姓,常见的复姓有"欧阳""司马""司徒""上官""诸葛""西门"等,千万不要把"欧阳"称为"欧先生","司马"称为"司先生"等。当介绍人为双方介绍后,被介绍人应向对方点头致意,或握手为礼,并以"您好""很高兴认识您"等友善的语句问候对方,表现出结识对方的诚意。介绍人在介绍后,不要随即离开,应给双方交谈提示话题,可有选择地介绍双方的共同点,如相似的经历、共同的爱好和相关的职业等,待双方进入话题后,再去招呼其他客人。当两位客人正在交谈时,切勿立即给其介绍别的人。

3.2.2　致意礼仪

　　致意是一种常用的礼节,它表示问候之意,通常用于相识的人之间在各种场合打招呼。向对方致意问候时,应诚心诚意,表情和蔼可亲。若毫无表情或精神萎靡不振,会给人以敷衍了事的感觉。具体的致意方法有以下几种:

1)举手致意

　　举手致意,一般不必出声,只将右臂伸直,掌心朝向对方,轻轻摆一下手即可,不要反复摇动。举手致意,适于向较远距离的熟人打招呼。

2)点头致意

　　点头致意,适于不宜交谈的场所,如在会议、会谈进行中,与相识者在同一场合见面或与仅有一面之交者在社交场合重逢,都可以点头为礼。点头致意的方法是头微微向下一动,幅度不大。

举手致意

3)欠身致意

　　欠身致意,即全身或身体的上部微微向前一躬,这种致意方式表示对他人的恭敬,其适用的范围较广。

4)脱帽致意

　　与朋友、熟人见面时,若戴着有檐的帽子,则以脱帽致意最为适宜。即微

欠身致意

脱帽致意

微欠身,用距对方稍远的一只手脱帽子,将其置于大约与肩平行的位置,同时与对方交换目光。致意时要注意文雅,一般不要在致意的同时向对方高声叫喊,以免妨碍他人。致意的动作也不可以马虎,或满不在乎。而必须是认认真真的,以充分显示对对方的尊重。

3.2.3 收递名片礼仪

1)优雅地递送名片

递送名片时要用双手,除了要检查清楚确定是自己的名片之外,还要看看正反两面是否干净。而在递送过程中,应面带微笑,注视对方。名片的位置是正面朝上,并以让对方能顺着读出内容的方向递送。如果你正在座位上,应当起立或欠身递送,递送时可以说一些"我叫×××,这是我的名片"或是"这是我的名片,请您收下"之类的客气话。此外,自己的名字如有难读或特别读法的,在递送名片时不妨加以说明,同时顺便把自己"推销"一番,这样会使人产生亲切感。相反地,接到别人的名片时,如果有不会读的字,应当场请教。

2)得体地接收名片

接收名片时,除特殊情况外(比如身有残疾等),无论男性或女性,都应尽可能起身或欠身,面带微笑,用双手的拇指和食指压住名片下方两角,并视情况说"谢谢""能得到您的名片,十分荣幸"等。名片接到手后,应认真阅读后十分珍惜地放进口袋或皮包内,切不可在手里摆弄。如果交换名片后需要坐下来交谈,此时应将名片放在桌子上最显眼的位置,十几分钟后自然地放进皮夹。切忌用别的物品压住名片和在名片上做谈话笔记。在接收名片后,如果自己没有名片或没带名片,应当首先对对方表示歉意并如实说明理由。

递送名片时,地位低的先向地位高的人递名片,男士先向女性递名片。当对方不止一人时,应先将名片递给职务高者或年龄长者。如果分不清职务高低、年龄大小,宜先和自己对面左侧的人交换名片,然后按顺序进行。

收递名片

背景材料:有一天,有一个合作公司的副总顺道前来拜会你公司的总经理,恰巧总经理不在。你是公司办公室主任,负责接待合作公司副总。

演练:请结合2.2所学内容,演示接待过程。

3.3　宴请礼仪

宴请是为了表示欢迎、答谢、祝贺、喜庆等举行的餐饮活动,以增进友谊和融洽气氛。这是沟通中最常见的交际活动形式。宴请的形式多样,礼仪繁多,掌握其礼仪规范是十分重要的。

3.3.1　沟通中通用的宴请形式

根据不同的沟通目的、邀请对象以及费用开支等因素,常见的宴请形式有以下几种:

1)宴会

宴会是指一种比较隆重、正式的设宴招待,按其规格有国宴、正式宴会、便宴和家宴之分。

(1)国宴

特指国家元首或政府首脑为国家庆典或为外国元首、政府首脑来访而举行的宴会。这种宴会规格高,庄严而又隆重。按规定,宴会厅内悬挂国旗,安排乐队演奏国歌及席间乐,宾主双方致辞、祝酒。菜单和坐席卡上均印有国徽,出席者的身份规格高,代表性强,宾主均按身份排位就座,礼仪严格。

（2）正式宴会

正式宴会通常是政府和团体等有关部门为欢迎应邀来访的宾客,或来访的宾客为答谢主人而举行的宴会。这种形式除不挂国旗、不奏国歌以及出席者规格低于国宴外,其余的安排大致与国宴相同。

（3）便宴

便宴多用于招待熟悉的宾朋好友,是一种非正式的宴会。这种宴会形式简便,规模较小,不拘严格的礼仪,不用排席位,不作正式致辞或祝酒,宾主间较随便、亲切,用餐标准可高可低,适用于日常友好交往。常见的便宴按举办的目的不同划分,有迎送宴会、生日宴会、婚礼宴会、节日宴会、特别宴会。

（4）家宴

顾名思义,就是在家中设宴招待客人,以示亲切、友好。它在社交和商务活动中发挥着尊敬客人和促进人际交往的重要作用,西方人喜欢采取这种形式。家宴在形式上可分为家庭聚会、自助会、家庭冷餐会和在饭店宴请等几种。

2）招待会

招待会是一种灵活、经济实惠的宴请形式。常见的招待会主要分为冷餐会、自助餐和酒会3种。

（1）冷餐会

冷餐会的特点是一种立餐形式,不排座位。菜肴以冷食为主,也可冷热兼备,连同餐具一同摆设在餐桌上,供客人自取。客人可以多次取食,站立进餐,自由活动,彼此交谈。当然,对于老年、体弱者要准备座椅,可由服务员接待。这种形式既节省费用又亲切随和,得到越来越广泛的采用。我国举行大型冷餐会,往往用大圆桌,设座椅,主桌安排座位,其余各席并不固定座位。食品和饮料均事先放置在桌上,招待会开始后,自行进食。

（2）自助餐

自助餐和冷餐会大致是相同的,只是现代自助餐比较丰富,而且有比较多的热菜,甚至有厨师当场给你煎炒。

（3）酒会

酒会,也称鸡尾酒会,更显得活泼、方便。食品以酒水为主,略备小吃,不设座位,宾主皆可随意走动,自由交谈。这种形式比较灵活,便于广泛接触交谈。举行时间也比较灵活,中午、下午、晚上均可,持续时间两小时左右。在请柬规定的时间内,宾客到达和退席的时间不受限制,可以晚到早退。酒会多用于大型活动,因此,客人可利用这个机会进行社会交际和商务交际。

3)茶会

茶会在西方一般有早、午茶时间,即上午 10 时、下午 4 时左右,以请客人品茶为主。茶会通常设在客厅,设茶几座椅,略备点心小吃,不排席位,入座时有意识地将主宾和主人安排坐在一起,其他人随意就座。茶会通常体现茶文化,如茶道等,因此,对茶叶、茶具及递茶均有所规定。我国通常称为"茶话会"。

4)工作进餐

工作进餐是现代国际交往中又一非正式宴请形式,按用餐时间可分为:工作早餐、工作午餐和工作晚餐,进餐时,边吃边谈。这种形式多以快餐分食的形式,既简便快速,又符合卫生要求,此类活动多与工作有关,故一般不请配偶。双边工作进餐往往以长桌安排席位,便于宾主双方交谈、磋商。

3.3.2 宴会准备礼仪

宴请是一种社交活动,是对宾客的一种礼遇,必须按规定礼节礼仪的要求进行准备。

1)确定宴请对象、范围、规格

宴请的目的一般很明确,如节庆日聚会、贵宾来访、工作交流、结婚祝寿等。根据不同目的决定宴请的对象和范围,即请哪些人,请多少人,并列出客人名单。在确定邀请对象时应考虑到客人之间的关系,以免出现不快和尴尬的局面。宴请规格的确定一般应考虑出席者的最高身份、人数、目的、主宾情况等因素。规格过低,会显得失礼、不尊重;规格过高,则造成浪费。

2)确定宴请的时间、地点

宴请的时间和地点,应根据宴请的目的和主宾的情况而定,一般来说,宴请的时间安排应对主宾双方都较为合适为宜,最好事先征求一下主宾的意见,尽量为客人方便着想,避免与工作、生活安排发生冲突,通常安排在晚上6 ~ 8 点。在时间的选择上还不宜安排在对方的重大节日、重要活动之际或有禁忌的日子和时间。例如,欧美人忌讳"13",日本人忌讳"4""9",宴请时间尽量避开以上数字的时日。宴请的地点也应视交通、宴会规格和主宾的情况而定,如果是官方隆重的宴请活动,一般安排在政府议会大厦或客人下榻的宾馆酒店内举行;企事业单位的宴请,有条件的可以在本单位的饭店或附近的酒店进行。

3)邀请

邀请的形式有两种,一是口头的,一是书面的。口头邀请就是当面或者通过电话把活动的目的、名义以及邀请的范围、时间、地点等告诉对方,然后等待对方答复,对方同意后再作活动安排。书面邀请也有两种方式,一种是比较普遍的发"请帖";还有一种就是写"便函",这种方式目前使用较少。书面邀请应注意以下礼仪:

(1)掌握好发送时间

国内邀请按被邀请人的远近,一般以提前3~7天为宜。过早,客人可能会因日期长久而遗忘;过迟,使客人措手不及,难以如期应邀。

(2)发请柬的方法

请帖上面应写明宴请的目的、名义、时间地点等,然后发送给客人。请帖发出后,应及时落实出席情况,做好记录,以安排并调整席位,即使是不安排席位的活动,也应对出席率有所估计。

请柬行文要注意以下几个要点:

①写清目的。明确目的就是要说明"为什么宴请"这件事情,一般的写法是,谨定于某年某月某日,在什么地方举行一个什么样的活动,然后敬请对方光临。

②没有标点符号。一般的中文请柬行文不用标点符号。如果为国宾举行宴会,请柬上应印有国徽。较复杂的行文也可使用标点符号。

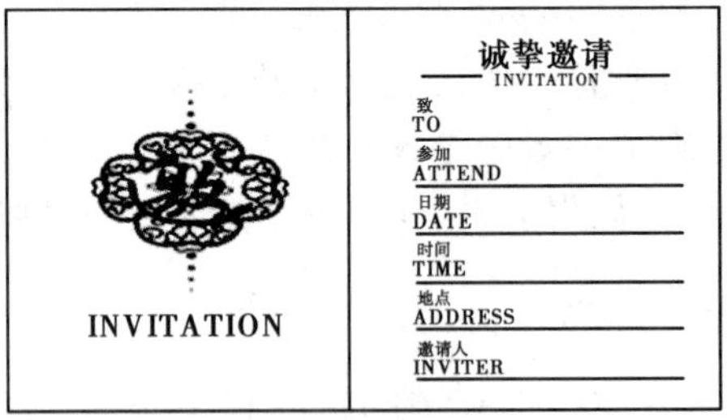

行文格式

③行文格式。如上图所示。当然,有一些小型的宴会或者是很熟的朋友聚会,就不一定要严格按此格式,可以简单写上,谨定于某年某月某日,举行一个宴会(招待会或家宴),即可。

④文字措辞。请柬上的文字务必简洁、清晰、准确,对时间、地点和人名

等要反复核对,做到正确无误,万无一失。措辞要典雅、亲切、得体。例如,不能把"敬备茶点"写成"有茶点招待",不能把"寿终正寝"写成"死亡",不能把"敬请光临"写成"准时出席",不能把"谨此奉告"写成"特此通知",等等。另外,不要把人家还没有结婚的写成了"夫妇",或者人家丧偶的,也写上"夫妇",引起对方触字伤怀,这就失礼了。

以上4个方面,任何一个环节都不可失礼,否则必将给个人或组织形象带来严重损失。总之,邀请无论以何种形式发出,均应真心实意,热情真挚。邀请发出后,要及时与被邀者取得联系,以便做好客人赴宴的准备工作。

4) 菜谱的安排

宴会菜谱的确定,应根据宴会的规格,所谓"看客下菜"。总的原则应考虑客人的身份以及宴请的目的,做到丰俭得当。整桌菜谱应有冷有热,荤素搭配,有主有次,主次分明,既突出主菜,如鲍鱼、鱼翅等,以显示菜肴的档次,又配一般菜以调剂客人的口味,如特色小炒、传统地方风味菜等,以显示菜肴的丰富。具体菜肴的确定,还应以合适多数客人的口味为前提,尤其要照顾主宾的饮食习惯。

5) 席位安排礼仪

中餐宴会往往采用圆桌布置,通常8~12人为一桌。如果有两桌或两桌以上安排宴请时,排列桌次应以"面门为上,以近为大,居中为尊,以右为尊"为原则,其他桌次按照离主桌"近为主,远为次;右为主,左为次"的原则安排。

6) 宴请程序

迎客时,主人一般在门口迎接。官方活动除主人外,还有少数其他主要官员陪同主人排列成行迎宾,通常称为迎宾线,其位置一般在宾客进门存衣以后,进入休息厅之前。与宾客握手后,由工作人员引入休息厅或直接进入宴会厅。主宾抵达后由主人陪同主宾进入宴会厅,全体宾客入席,宴会开始。若宴会规模较大,则可请主桌以外的客人先入座,贵宾后入座。若有正式讲话,可以一入席宾主双方即讲话,也可以安排在热菜之后甜食之前由主人讲话,接着由主宾讲话。冷餐会及酒会讲话时间则更灵活,吃完水果,主人和主宾起立,宴会即告结束。

3.3.3 赴宴的礼仪

宾客参加宴会,无论是代表组织,还是以个人身份出席,从入席到告辞都应注重礼节规范。这既是个人素质与修养的表现,又是对主人的尊重。

1)认真准备

接到邀请,能否出席应尽早答复对方,以便主人作出安排。一旦确定出席,就不要随意改动,万一遇到特殊情况不能出席时,尤其是作为主宾,要尽早向主人解释、道歉,甚至亲自登门表示歉意。应邀出席一项活动之前,要核实宴请的主人,活动举办的时间、地点,是否邀请配偶以及对服饰的要求。

出席宴会之前,一般应梳洗打扮。女士要化妆,男士梳理头发并剃须。衣着要求整洁、大方、美观,这给宴会增添隆重热烈的气氛。如果参加家庭宴会,可以给女主人准备一份礼品,在宴会开始之前送给主人。礼品价值不一定很高,但要有意义。

2)按时抵达

按时出席宴会是最基本的礼貌。出席宴请活动,抵达的迟早、逗留时间的长短,在一定程度上反映对主人的尊重,应根据活动的性质和当地习俗掌握。迟到、早退、逗留时间过短,都被视为失礼或有意冷落。身份高者可略晚些到达,一般客人宜略早些到达。出席宴会要根据各地习惯正点或晚一两分钟抵达,我国则是正点或提前一两分钟抵达。出席酒会可以在请柬注明的时间内到达。抵达宴会活动地点,先到衣帽间脱下大衣和帽子,然后前往迎宾处,主动向主人问候。如果是庆祝活动,应表示祝贺。对在场其他客人,均应点头示意互致问候。

3)礼貌入座

应邀出席宴会活动,应听从主人的安排,在进入宴会厅之前先掌握自己的桌次和座位。入座时注意桌上坐席卡是否写有自己的名字,不可随意入座。如邻座是长者或女士,应主动协助,帮助他们先坐下。入座后坐姿要端正,不可用手托腮或将双臂肘放在桌上。坐时应把双脚踏在本人座位下,不可随意伸出,影响他人。不可玩弄桌上的酒杯、碗盘、刀叉、筷子等餐具。

4）注意交谈

坐定后，如已有茶，可轻轻饮用。无论是主人、宾客还是陪客，都应与同桌的人交谈，特别是左邻右座，不可只与几位熟人或一两人交谈。若不相识，可自我介绍。谈话要掌握时机，要视交谈对象而定。不可只顾自己一人夸夸其谈，或谈一些荒诞离奇的事而引人不悦。

5）文雅进餐

宴会开始时，一般是主人先致祝酒词。此时应停止谈话，不可吃东西，注意倾听。致辞完毕，主人招呼后，即可开始进餐。

进餐时要注意举止文雅，取菜时不可一次取过多。盘中食物吃完后如果不够，可以再取。吃东西要闭嘴嚼，不可发出声响。要将食物送进嘴里，不可伸出舌头去接食物。嘴里有食物时不可谈话。剔牙时，要用手或餐巾遮口，不可一边走动一边剔牙。

6）学会祝酒

举杯祝酒时，主人和主宾先碰，人多时可以同时举杯示意，不一定碰杯。祝酒时不可交叉碰杯。在主人和主宾祝酒、致词时应停止进餐，停止交谈。主人和主宾讲话完毕与贵宾席人员碰杯后，往往到其他席敬酒，此时应起立举杯。碰杯时要注视对方，以示敬重友好。宴会上相互敬酒表示热烈的气氛，但切忌饮酒过量，一般应控制在本人酒量的 1/3 以内，不可饮酒过量失言失态。如不能喝酒，可以礼貌地声明，但不可以把杯子倒置。

7）告辞致谢

宴会结束一般先由主人向主宾示意，请其作好离席准备，然后从座位上站起，这是请全体起立的信号。一般以女主人的行动为准，女主人先邀请女主宾离席退出宴会厅。告辞时应礼貌地向主人道谢。通常是男宾先向男主人告辞，女宾先向女主人告辞，然后交叉，再与其他人告辞。席间一般不应提前退席，若确实有事需提前退席，应向主人打招呼后轻轻离去。

对主人的宴请表示致谢，除了在宴会结束告辞时表示谢意之外，若正式宴会，还可在 2～3 天内以印有"致谢"或"P. R"字样的名片或便函寄送或亲自送达表示感谢。有时私人宴请也需致谢。

技能训练

　　C 城市接待了一位外商。这位外商是美国人,他来这座城市是进行投资考察的。考察进行得比较顺利,双方达成了初步的合作意向。这天接待方设宴款待该外商,宴会的菜肴很丰盛,主客双方交谈得比较愉快。这时席间上来了一道特色菜,为表示热情,一位接待方领导便为这位外商夹了一筷子菜放到他的碟子里。这位外商当即露出不悦神色,也不再继续用餐,双方都很尴尬。

　　1. 这位外商为什么露出不悦神色?

　　2. 接待方应该怎样表示热情之意?

单元3　实战训练

　　[提示]　本实战训练包括[形象礼仪训练][会面礼仪训练]和[宴请礼仪训练]3 个模块。学习者将通过实战训练模块的学习,比较在沟通中怎样解决相似的问题(任务),尤其是自己在初次尝试中遇到障碍的方面。另外,学习者还将感受相关理论知识是怎样体现在真实案例中的。

形象礼仪训练

　　男士练习领带的标准打法;女士练习化职业妆。

跟学内容

　　1. 练习领带的 10 种打法:平结、双环结、交叉结、双交叉结、温莎结、亚伯特王子结、简式结(马车夫结)、浪漫结、半温莎结(十字结)、四手结。

　　2. 学习职业妆的化妆步骤和技巧。

跟学指导

　　1. 上网查询有关领带标准打法和职业装换装技巧。

2. 学会几种适合自己的领带标准打法。

3. 注意区分不同场合的职业妆的一同(如办公室职业妆、室外妆容、社交妆容和面试妆)。

会面礼仪训练

进行一对一练习,并填写下表。

会面礼仪	检查点	你的做法	如何改进
问　候	注视对方,不左顾右盼 使用合理的称谓		
握　手	注意握手的顺序 握手力度的掌握 不交叉握手		
相互介绍	对职务、单位、部门介绍完整,使双方进一步交谈无困难 注意介绍的顺序		
互换名片	双手递接名片,注意名片的方向 名片保持洁净		
其　他			

宴请礼仪训练

1. 如果公司要进行一次重要的商务宴请,宴请的对象是管委会主任和副主任,公司出席的有董事长、总经理,还有你,请问如何安排此次的商务宴请。

2. 如果公司要宴请 Mike Willson 和夫人,出席者是总经理和陈部长,如果你是陈部长。你如何安排此次的宴请?

跟学内容

1. 根据以上剧本设计模拟宴请过程,并进行情景演练。

2. 如果你是陈部长,你如何安排此次的宴请?

跟学指导

1.模拟演练宴请过程前需要完成角色分工、职责定位,不同的角色扮演者需要注意各自的规范礼仪要求。

2.查阅宴请礼仪技巧,熟悉宴请的相关内容。

单元4　继续完成真实任务

[提示]学习者再次尝试完成"单元1"中的真实任务,并利用下表再次进行自我评估(对比"单元1"中的"做学教"目标以及任务要求),之后指导老师进行持续评估,提出持续的指导意见。之后,学习者将自己所属团队完成的任务进行公开、互动展示和讲解(角色情景扮演),其他团队同步进行交叉评价。

完成任务的过程记录与自我评估	导师评估与指导
A1 继续这个任务,我们做了(按工作流程列):	A2 你们还需要做:
B1 我们会做这些:	B2 你们已经掌握了这些技能:
C1 通过完成任务,我们得到的经验与教训:	C2 未来可以继续学习下列这些:
D1 任务完成状况的自我评价(在对应等级上画圈)	D2 任务完成状况的导师评价(在对应等级上画圈)
1　2　3　4　5　6　7	1　2　3　4　5　6　7

说明:1.失败;2.未完成;3.基本未完成;4.勉强完成;5.完成;6.顺利完成;7.成功完成。

单元5 强化与拓展

可选的教学做单元。学习者根据指导老师给出的后续学习指导意见,有差异地选择适合自己的强化练习项目或拓展项目。通常练习项目是在完成真实任务还存在困难的学习者中展开,拓展项目是在完成真实任务后还有余力的学习者中展开。

强化练习

推荐书籍1:《从零开始学化妆》,刘健芳著,东华大学出版社,2011年出版。

推荐书籍2:《优雅的力量:让你脱颖而出的4种特质修炼》,杰奎琳·惠特摩尔著,高艳芳译,机械工业出版社,2013年出版。

推荐书籍3:《社交礼仪》,金正昆著,北京联合出版社,2013年出版。

拓展训练

1. 服装美与个性

列夫·托尔泰《安娜·卡列尼娜》有这样一段情节:在安娜和渥伦斯基相识的舞会上,安娜穿着全黑的天鹅长裙,长裙上镶威尼斯花边,闪亮的边饰把黑色点缀得既美丽安详,又神秘幽深,这同安娜那张富有个性的脸庞十分相称,当安娜出现在舞会的门口,吸引了在场所有人的视线,吉蒂看到安娜的装束后,也强烈地感受到安娜比自己美。安娜的黑色长裙在轻淡柔曼的裙海中显得高贵典雅,与众不同,也与安娜貌视世俗的个性融为一体。又如,一位性格活泼的姑娘,身穿裘皮大衣在路边与他人手舞足蹈地高声谈笑,让人看了很不舒服,尽管裘皮大衣高雅华贵,但与姑娘的性格极不相称,给人一种"张扬、毛躁"的感觉。

思考题:

服装美的最高境界是外在美和内在美的统一,你对这个问题是怎样理解的?

2. 请另谋高位

一次某公司招聘文秘人员,由于待遇优厚,应者如去。中文系毕业的小李同学前往面试,她的背景材料可能是最棒的:大学4年中,在各类刊物上发表了3万字的作品,内容有小说、诗歌、散文、评论、政论等,还为6家公司策划过周年庆典,英语表达也极为流利,书法也堪称佳作。小李五官端正,身材高挑、匀称。面试时,招聘者拿着她的材料等她进来。小李穿着迷你裙,露出藕段似的大腿,上身是露脐装,涂着鲜红的唇膏,轻盈地走到一位考官面前,不请自坐,随后跷起了二郎腿,笑眯眯地等着问话,孰料,3位招聘者互相交换了一下眼色,主考官说:"李小姐,请回去等通知吧。"她喜形于色:"好!"挎起小包飞跑出门。

思考题:

李小姐的应聘为什么会失败?

3.座次的风波

某分公司要举办一次重要会议,请来了总公司总经理和董事会的部分董事,并邀请当地政府要员和同行业重要人士出席。由于出席的重要人物多,领导决定用U字形的桌子来布置会议桌。分公司领导坐在位于长U字横头处的下首。其他参加会议者坐在U的两侧。在会议的当天开会时,贵宾们进入了会场,按安排好的座签找到了自己的座位就座,当会议正式开始时,坐在横头桌子上的分公司领导宣布会议开始,这时发现会议气氛有些不对劲,有些贵宾相互低语后借口有事站起来要走,分公司领导人不知道发生什么事或出了什么差错,非常尴尬。

思考题:

1.为什么有贵宾相互低语后借口有事站起来要走?

2.分公司的领导人为什么非常尴尬?失礼在何处?

项目 4
沟通技巧

单元 1　尝试真实任务

[提示]学习者将自身置于未来工作环境,充分依靠自己过去积累的经验和已经拥有的知识,来尝试解决实际问题(任务)。

真实任务

可口可乐总部位于美国亚特兰大。它起源于 1886 年美国佐治亚州亚特兰大城一家药品店。可口可乐是中国 From EMKT. com. cn 最著名的国际品牌之一,在中国软饮料市场上占主导地位,系列产品在中国市场上是最受欢迎的软饮料。目前,可口可乐公司在中国市场有超过 50 种不同饮料,令消费者在各种场合都有丰富的选择以怡神解渴。可口可乐积极推进本地化进程,所有中国可口可乐装瓶厂使用的浓缩液均在上海制造,98% 的原材料在中国当地采购,每年费用达 8 亿美元。

可口可乐系统自 1979 年重返中国至今已在中国投资达 12 亿美元。

　　2012 年 4 月 17 日,可口可乐(山西)饮料有限公司的员工对媒体的爆料引发热议。该员工称公司在管道改造中,将消毒用的含氯处理水误混入饮料中,涉及 9 个批次、12 万余箱可口可乐,价值可能高达 500 万元,目前这部分被疑含氯饮料可能已经流入市场。

　　新华网报道称,记者就此事向可口可乐(山西)饮料有限公司核实时,该公司给记者提供了一则声明,称所谓"公司内部信息"经查并不符合事实,并保留依法追究的权利。该公司声明称,鼓励员工通过合适的渠道向公司反映其关心的问题,并确保该渠道畅通。该公司公共事务及传讯部经理高旭峰表示,公司不接受当面采访,对于记者提出的任何疑问,可以通过电子邮件提问并予以答复。从 16 点 40 分通过电子邮件提出采访问题,新华网记者等待近两个小时,该公司未给出任何答复。

　　2012 年 4 月 17 日 22 时,山西省质监局向媒体通报对可口可乐(山西)饮料公司 9 批次存疑产品核查初步情况。

　　2012 年 4 月 18 日凌晨 3 时许,两家国家级检测中心——山西省食品质量安全监督检验院、山西出入境检验检疫局检验检疫技术中心出具了检验结果。

　　2012 年 4 月 18 日早间,山西省质量技术监督局就可口可乐(山西)饮料公司 9 批饮料疑混入含氯消毒液事件召开第二次新闻情况通报会,向媒体公布了山西省两家国家级检测中心的检验结果,山西省食品安全协调委员会办公室组织专家组论证后得出的意见。专家组认为:送检样品检验结果符合国家标准要求,该 9 批次产品不会对人体健康造成危害。

　　2012 年 4 月 18 日,可口可乐(山西)饮料有限公司发声明称,所有出厂产品都经过严格的质量保障体系的检验,符合国家有关质量的法律法规。所谓"公司内部信息",经查并不符合事实。山西省质监局网站 2012 年 4 月 28 日通告称,针对媒体披露的"可口可乐(山西)饮料有限公司含氯软化水混入部分批次饮料产品"中的问题,山西省质监局于 2012 年 4 月 19 日组成调查组,通过现场检查、抽检样品、查阅记录、询问员工等方式,认定媒体报道情况属实。同时在调查中,还发现该公司存在个别生产条件不符合相关规定的问题。

根据相关法律法规规定,2012年4月28日,山西省质监局对可口可乐(山西)饮料有限公司作出了停产整改的行政处罚。

2012年4月30日,可口可乐(中国)公司通过微博发表声明致歉并称媒体有误读,但其对于已流入市场的可乐饮料没提及是否要采取召回或退货措施。对于"含氯门"事件,可口可乐(中国)公司在官方微博上发出声明,对此前未经严谨调查发出的声明,及生产过程中出现的操作失误,向消费者表示歉意。山西装瓶厂已采取了整改措施,以杜绝此类事情再次发生。同时,可口可乐中国公司还指出被"媒体误读",称可口可乐山西装瓶厂使用的包装清洗用水(生产辅助用水),绝不是消毒用水,其水质符合世界卫生组织以及欧美各国的生活饮用水标准,可以放心饮用。

2012年5月2日,可口可乐作出了"换回"产品的决定,但仍坚称不是召回,并且不可退货。面对持续升温的"含氯水"事件,可口可乐放下了姿态。2012年5月4日下午,可口可乐大中华及韩国区总裁鲁大卫(David G. Brooks)在事发地山西公司召开媒体沟通会并向公众道歉。并同意退货,将回收的产品及同批次库存产品销毁。

资料来源:新华网、中国营销传播网站

任　务

可口可乐在2012年"含氯门"危机沟通中采用了哪些沟通渠道和方式?面对持续升温的"含氯水"事件,可口可乐采用的是哪种沟通技巧?请你在调研可口可乐"含氯门"危机实际情况的基础上,试对可口可乐公司危机沟通技巧进行改进,使其更能有效解决危机。

目　标

熟悉沟通的常见渠道和方式,了解掌握各种沟通技巧,掌握倾听的技巧,会谈的技巧、演讲的技巧和辩论的技巧,以及说服的特点及技巧。

完成情况评价

[提示]在虚拟尝试完成"单元1"中的真实任务后,学习者利用下表进行

管理沟通

自我评估(对比"单元1"中的"做学教"目标以及任务要求),之后指导老师进行评估和提出指导意见。

完成任务的过程记录与自我评估	导师评估与指导
A1 为完成这个任务,我们做了(按工作流程列):	A2 你们还需要做:
B1 经过努力后,我们完成了下列任务:	B2 你们已经掌握了这些技能:
C1 在完成任务的过程中,我们遇到了以下障碍:	C2 暂停,你们还需要补充下列知识:

单元2 相关理论知识学习

[提示]学习者根据自我评估以及指导老师给出的持续学习指导意见,有差异地选择自己需要学习的相关理论知识。如果在没有学习某部分理论知识前,学习者就能够完成对应的任务,则所需的支撑理论知识已经具备,学习者可以在征询指导老师意见后越过这部分理论知识学习。

4.1 倾听的技巧

4.1.1 倾听的内涵

倾听通过听觉、视觉等媒介进行信息、思想和情感交流的过程。倾听是人主动参与的过程,要思考、接收、理解说话者传递的信息,并作出必要的反馈。

说到"听",人们往往想到的就是人的听觉器官对声音的生理反应,认为只要耳朵听到对方的话音,就达到了"听"的目的。其实,倾听的内涵非常丰富。在古汉语中,听的写法为"聽",从字面上分析,首先是偏旁中的"耳",指的是语言中的信息大多是通过耳朵获取的,语速、语气、语调的变化都能体现出一定的信息,捕捉这些微小的变化都要依靠耳朵。但是,仅仅用耳朵倾听是远远不够的,还需要全身上下积极配合,共同捕捉和解读对方传达的信息。其次是在偏旁"耳"的下面有个"王",指的是在倾听的过程中,要关注对方,以对方为主。在部首右边,有个"四",这是"目"的异体写法,代表眼睛,指的是在倾听的过程中,一定要用到眼睛,通过眼睛可以和对方保持目光上的交流,传达一些微妙的思想和情感。观察对方的身体姿势,也能分析出一些有用的谈话信息。同时,在字的右下方,还有一个"心",指的是听不仅仅是外在器官的参与,更是内心的关注,要用心体察对方的真实意图,这样才能明白对方话语的意思。

西方谚语说:"用十秒钟时间讲,用十分钟时间听。"中国也有句老话叫:"说三分,听七分。"可见在语言沟通中,"会听"甚至比"会说"还重要。在对财富排行榜500强企业的一项调查中,59%的被调查者回答他们对员工提供倾听方面的培训。研究者还发现,在良好的倾听技巧和工作效率之间存在着直接的联系,接受了倾听能力训练的员工比没有经过这项训练的员工工作效率高得多。

倾听是管理沟通中的关键环节,善于倾听的管理者可以给员工留下良好的印象,激励他们畅所欲言,这样不仅可以让管理者获得重要的信息,更有助于管理者作出正确的决策。同时,对于缺乏经验的管理者来说,倾听还可以增长知识和经验,减少或避免因为不了解情况而出现失误。

倾听的内容:发言者的声音、语言、语调、表情、肢体语言等。

4.1.2　倾听的作用

1) 了解对方需要,发现事实真相的最简捷的途径

管理学专家汤姆·彼得斯和南希·奥斯汀在他们合著的《追求完美》一书中谈到了倾听的重要性。他们认为,倾听至少可以使销售人员直接从客户口中获得重要信息,而不必通过其他中间环节,这样就可以尽可能地免去事实在输送过程中被扭曲的风险。众所周知,在传递信息的过程中,总会有或多或少的信息损耗和失真,经历的环节越多,传递的渠道越复杂,信息的损耗和失真程度就越大。所以,经历的环节越少,信息传递的渠道越直接,人们获得的有效信息就越充分,越准确。

2）体现对对方的尊重和关心

就像汤姆·彼得斯和南希·奥斯汀提到的一样,倾听还可以使被倾听者产生被关注、被尊履的感觉,他们会因此而更加积极地投入到整个沟通过程当中。当我们认认真真地倾听发言者谈话时,发言者可以自由地提出自己的意见和要求。除了可以满足他们表达内心想法的需求,也可以让他们在倾诉和被倾听中获得关爱和自信。发言者希望得到倾听者的关心与尊重,而倾听者的认真倾听则可以使他们的这一希望得以实现。通过有效的倾听,倾听者可以向发言者表明,自己十分重视他们的想法和意见,并且非常有兴趣。

3）能了解掌握许多重要语言的习惯用法

倾听让人了解掌握发言者的许多重要语言的习惯用法。这些习惯用法往往会成为人们有效沟通技巧之一。例如,我们经常听到有人说:"说来……"这表示说话者故意给一种印象是他刚想到什么,但十之八九,他所要说的是重要内容,却以随便的口吻伪装成不重要,掩人耳目。再如,一个人说话之前可能会用"坦白地说""说实在的",这很可能表示他根本不坦白,不实在。用这种说话方式,也属于一种掩饰。

理解和应用上述惯用语,不仅仅限于其语言上的意义,更要注意其心理上的。许多情况下,它都是暗示说话者心中仍想的问题。因此,要仔细倾听对方说什么,怎么说。这样,对方较隐蔽的动机和企图一旦流露出来,你就能立刻捕捉到,为你所用。

4）倾听对方的谈话,还可以了解对方态度的变化

有时候,对方态度已经有了明显的改变,但是出于某种需要,却没有用语言明确地表达出来,但我们可以根据对方"怎么说"来推导其态度的变化。例如,当谈判进行得很顺利,双方关系很融洽时,双方都可能在对方的称呼上加以简化,以表示关系的亲密。如李××可以简称为小李,王××可以简称为老王,等等。但是,如果突然间改变了称呼,一本正经地叫李××同志,或是他的官衔,这种改变是关系紧张的信号,预示着谈判将出现分歧或困难。

4.1.3　倾听的主观障碍

在沟通的过程中,造成沟通效率低下的最大原因在于倾听者本身。研究表明,信息的失真主要是在理解和传播阶段,归根到底是在于倾听者的以下主观因素:

1)以自我为中心

人们习惯于关注自我,总认为自己才是对的。在倾听过程中,过于注意自己的观点,喜欢听与自己观点一致的意见,对不同的意见往往置若罔闻,这样往往错过了聆听他人观点的机会。

2)先入为主的偏见

先入为主具有巨大的影响力。如果你臆断某人愚蠢或无能,你就不会对他们说的话给予关注。

3)急于表达自己的观点

许多人认为只有说话才是表白自己、说服对方的唯一有效方式,若要掌握主动,便只有说。在这种思维习惯下,人们容易在他人还未说完的时候,就迫不及待地打断对方。

4)心不在焉,转移话题

如果注意力不集中,那么你只会把一部分注意力放在倾听上。如果你觉得对方的话无聊或让你感到不自在,可能会改变话题或者讲笑话,终止对方谈话的思路。

4.1.4　倾听基本方法——"望""闻""问""切"

倾听是人主动参与的过程。在这个过程中,人不断在思考、接收、理解,并作出必要的反馈。要用心、用眼睛、用耳朵去听。正如在中医中常用的

"望""闻""问""切"4 种诊断方法一样,倾听中只有做好了这个步骤,才能实现有效的倾听。

1)"望"

《灵枢·本脏篇》说:"视其外应,以知其内脏,则知所病矣。"望,是中医 4 种诊断中的第一诊,指的是医生运用视觉来观察病人全身或局部的神、色、形、态的变化,进而来判断病情。"望",即用眼睛看,在倾听中,它不仅指的是要观察对方的兴趣所在,情绪如何,也包括通过目光,向说话人传递你的关注,你有兴趣听他说话,你正在认真了解他谈话的内容。

在倾听中,"望"对于观察对方的真实意图,缩短与沟通者间的情感距离,都起着至关重要的作用。孔子曾经说过:"未见颜色而言之,谓之瞽。"就是指,如果一个人不能够察言观色,了解他人情绪状态,而胡乱地说话,与他人沟通,就会像盲人一样辨不清方向,到处碰壁。

2)"闻"

中国有句老话叫:"锣鼓听声,说话听音。""闻"就是用耳朵听对方说话,不仅要去听对方说话的内容,更要去听别人在语音、语调上表达出来的真正用意。

想要做到有效的"闻"也不容易,需要有足够的耐心。善于听的人,在听的过程中绝不会打断对方说话,而是控制好自己的情绪,把注意力都放在积极倾听对方的谈话上面。如果沟通者不具备这些控制力,谈话就会中断,甚至会产生破坏性的争执。因此,既要沉着冷静地去听,又要心甘情愿地去听,还要怀有同理心地去听,只有这样,才能做好"闻"这个步骤。

"闻"在方法上也是有讲究的,要和蔼、亲切、面带微笑,时不时地给予鼓励和赞许的点头等,是全身心都在接受信息。

3)"问"

问诊,在中医中是指通过询问来了解病情和病史的重要方法,在 4 种诊断中占有重要的位置。倾听中的"问",对了解真实情况,以及与对方良性互动,也有着重要的作用。倾听中要适时择机来提出让对方感兴趣的问题,而不是挑剔对方没说清楚什么东西。

如果提问的时机不当,很可能会使沟通中断,或者达不到最终沟通目的,同时还可能会引起对方的反感,所以提问时一定要谨慎小心。

理解对方的谈话,需要设身处地为对方着想。

①要理解对方的谈话。提问的前提肯定是认真倾听对方的谈话内容,并

理解它。不仅要理解对方的谈话内容,还要理解对方传达出的情感,有时甚至还需要准确把握对方的言外之意。做到了这些,你的提问才有了坚实的基础。

②思考需要提出的问题。当你在倾听对方的谈话时,依据谈话内容和其他信息,肯定会有一些疑问或者需要确认自己的理解是否正确,这就需要你把这些疑问或者自己的理解表达出来,得到对方的解答或者确认。

③提问要把握好恰当的时机。当你理解了对方的谈话内容,正确把握了对方的情感,明确了你要提问的问题时,一定不要着急,等对方充分表达完后,再提出来。这样可以表示出你对对方的尊重,同时也避免打断对方谈话的思路。提问的时机也不可太迟,如果某个话题已经说过很长时间了,你再反过来提问,对方的思路会重新被打断,认为你没有认真倾听,并且也会延长沟通的时间,势必对你的沟通产生不好的影响。

提问要注意适度。任何事情都有一定的适用范围,如果超出了这个范围,事情就会变质。提问也不例外,如果你的提问超出了一定的限度,不但容易使对方产生反感,而且还会影响到你的沟通效果,所以在提问时需要掌握一些技巧。

①提问的内容要适度。提问需要结合对方的谈话内容,来提出相关的问题。所有问题必须紧紧围绕谈话的主题,如果你提出的问题和对方的谈话内容无关,或者关系不大,对方会认为你没有认真倾听,从而对你产生不好的印象或者某种误解,对双方的有效沟通和人际关系也会有负面影响。即使对方不介意这些,一些漫无边际的问题也会大大延长沟通时间,且毫无沟通效果。

②提问的数量要适度。提问的数量不可过多,如果你提出的问题没完没了,肯定会使对方厌烦。与此同时,问题也不可以太少,如果没有什么问题,对方因得不到相关的信息反馈,同样会对你的倾听效果和态度产生疑问。因此,提问时如果疑问过多,可以依据问题的相关内容和逻辑关系把它们整合在一起。如果没有疑问时,为了配合对方,也可以把自己理解的意思用问题的形式表达出来,以得到对方的确认。

③提问的速度要适度。提问的速度也会影响沟通的效果,如果速度过快,对方很可能听不清你的问题,来不及对问题作出及时反应,还会营造一种紧张的氛围。如果速度过慢,会让对方觉得不耐烦,失去和你沟通的兴趣和信心。因此,提问的速度既要保证能让对方听清楚你提出的问题,又必须做到依据沟通的场所和特定的情境及提问的对象来确定速度的快慢。

④提问的语气要适度。说话的语气也能传递一些重要的信息,所以提问时语气的合适与否同样会影响到沟通的效果。语气的轻重缓急能表达出你当时的心情与感受,无形中传递给对方更多的信息。所以,提问时一定要注

意自己的语气要和想要表达的感情相吻合,这样会使提问更加有效。

⑤提问的方式要适度。提问有两种方式:一种是开放式提问,另一种是封闭式提问。开放式提问给对方回答的空间比较大,能得到比较多的信息,但回答所需的时间也比较长。明显不同的是,封闭式提问只用简单的是与否就能回答,得到的答案比较明确,回答的时间也比较短。因此,在提问时要依据具体需要和时间安排来确定哪一种是你最需要的提问方式,也可以将两种提问方式结合起来一起使用,充分利用两种提问方式的独特优势,来分别弥补各自的不足。

4)"切"

切诊包括切脉和按诊,是切按病人的脉搏和触按病人的皮肤、手、腹部、四肢及其他部位以诊断疾病的方法。"切"在日常生活中经常被人们称之为"把脉",往往是对问题的最后诊断。在倾听过程中,"切"是对"望""闻""问"之后的整体把握,指的是综合出全部信息,来找准问题根源。只有切准要害,才能找到正确的解决方法。因此,"切"讲究准,要细心地分析,透过现象看本质。

综合来说,在倾听过程中,"望"用的是"眼睛","闻"用的是"耳朵","问"用的"口舌",而"切"则是用"心"参与的过程。所以,倾听是全部身心参与的过程。

技能训练

11 岁的比尔·盖茨背诵《马太福音》

戴尔·泰勒是美国西雅图一所著名教堂里德高望重的牧师。一天,他向教会学校的一个班宣布:谁要是能背出《马太福音》中的第5章到第7章的全部内容,他就邀请他们去西雅图的"太空针"高塔餐厅参加免费聚餐会。那是许多孩子做梦都想去的地方。但是,《圣经·马太福音》第5章到第7章有几万字的篇幅,而且不押韵,要背诵全文有相当大的难度。但是有一个11岁的学生,一天胸有成竹地坐在泰勒牧师面前,从头到尾,一字不漏地把原文背诵下来,没出一点差错,而且到了最后竟成了声情并茂的朗诵。泰勒牧师惊讶地张大了嘴巴,要知道真正的圣经信徒要背诵全文也是少有的,更何况是一个孩子。牧师在惊叹他有惊人记忆力的同时,不禁好奇地问:"你是如何背下这么长的文字的呢?"这个孩子不假思索地回答道:"我竭尽全力。"16年后,这个孩子已成了一家知名软件公司的老板,名叫比尔·盖茨。

随机请一位学生讲述上面的小故事。然后请讲故事的学生就故事内容向同学们提 5～7 个问题,都是一些关于故事的时间、地点、名字和简单情节的问题。

4.1.5 提高倾听的技巧

1)倾听的 5 个层次

第一个层次,是听而不闻,或是完全不用心倾听。可以用忽视对方来形容,心不在焉,只沉迷在自己的世界,对方的话如同耳边风,完全没听进去。

第二个层次,是假装在倾听。可能会用身体语言假装在听,嘴里还敷衍着,"嗯……喔……好好……哎……"甚至重复别人的语句当作回应,其实是心不在焉。

第三个层次,是选择性地倾听。确实在聆听,也能够了解对方,但会过分沉迷于自己喜欢的话题,只留心倾听自己有兴趣的部分,与自己意思相左的一概过滤掉。

第四个层次,是专注地倾听。能够全心全意地凝神倾听,要专心聆听确实要花费不少精力,可惜始终从自己的角度出发,即使每句话或许都进入大脑,但是否都能听出说者的本意、真意,仍是值得怀疑。

第五个层次,是运用同理心倾听。就是能够设身处地倾听,撇下自己的观点,进入他人的角度和心灵。一般人聆听的目的是作出最贴切的反应,根本不是想了解对方。因此,同理心倾听的出发点是为了"了解"而非为了"反应",也就是通过交流去了解别人的观念、感受。试比较下面情景中,管理者的倾听方式。

2)完美倾听的"三部曲"

倾听不仅要把对方的话听完整,还要分析对话中的重要信息,最后综合归纳出对方所要表达的真实意图,并形成条理化,便于理解和记忆。

(1)第一步,完整倾听

①完整地接收表达者的信息:需要专注,不要一心多用。

②不能随意打断对方的表达,不能随意插话等。

③把对方表达的重要信息叙述出来,确认一下。

④接收信息时不能做评价、评论。尤其是负面评论,不管对方是什么样的要求。

(2)第二步,重点倾听

①注意对方重复的话。

②识别无关的信息倾听。

③留心不具体的信息。

④注意来访者的情绪产生的信息。

⑤注意不明确的信息。

⑥重视遗漏的问题,随时提出,求证。

(3)第三步,倾听的条理化

对重要信息进行综合归纳,找出问题的所在。完整地、有重点地、有条理地去接受对方用外部语言表达的内容。

技能训练

林克莱特的采访

美国著名的主持人林克莱特在一期节目上访问了一位小朋友,问他:"你长大了想当什么呀?"小朋友天真地回答:"我要当飞机驾驶员!"林克莱特接着说:"如果有一天你的飞机飞到太平洋上空时,飞机所有的引擎都熄火了,你会怎么办?"小朋友想了想:"我先告诉飞机上所有的人绑好安全带,然后我系上降落伞,先跳下去。"

当现场的观众笑得东倒西歪时,林克莱特继续注视着孩子。没想到,接着孩子的两行热泪夺眶而出,于是林克莱特问他:"为什么要这么做?"他的回答透露出一个孩子真挚的想法:"我要去拿燃料,我还要回来! 还要回来!"

1.美国著名的主持人林克莱特在倾听小朋友的谈话中与众不同的表现在哪里?

2.为什么受采访的小孩感动流泪?

4.2 会谈的技巧

会谈是两个或两个以上的人之间的信息交流。会谈是人们因为需要交换信息,提供信息,给予劝告,提供咨询而自然发生的社会活动。会谈是口头的沟通方式,是最直接的沟通方式。会谈的方法很多,它不仅可以用于正式的谈判,也可以用于非正式的商讨。有时候,随着科技的发展,人们甚至可以借助录音笔等工具记录和保存会谈的内容。可以面对面地进行,也可以相距甚远(如通过电话)进行,可直接参与和感受。形式和内容不同,产生的影响不同。

一般来说,会谈中涉及的信息可以分为两种,一是认知性信息,一是情感性信息。认知性信息是一方会谈者想要表达的事实内容,主要包括会谈者经历过什么事,有什么行为,他的看法、评价、后果等。情感性信息主要包括情绪、感受、态度这一类内容。信息的第二个方面是它的传递形式,主要依靠言语形式和非言语形式。言语信息是借助语句说出来的,只要双方拥有共同的语言,一般透过言语知觉、理解机制,就能有效传递。当然,对不同的文化背景的会谈者在言语差异上保持敏感,存在疑问,这就需要会谈双方尽可能用对方能正确理解的语言会谈。对专业术语的使用也要慎重。根据对方的教育水平、文化背景估量对方能否了解术语的含义。一般情况下,尽可能少用专业词汇,而用比较通俗的词句进行会谈。非言语信息是指透过姿势、面部表情、目光、语调等传递的信息。非言语性信息尽管也有文化差异,但其普遍性大于言语性信息,语言不通的人也能借助它实现一些基本交流。会谈中,大多数信息都可以以言语和非言语两种形式传递,两种传递形式都可以传递认知性信息和情感性信息。

4.2.1 会谈前的准备工作

1)营造良好的会谈氛围

每一个会谈者都期待通过与他人会谈沟通,双方在友好的氛围下都获得了自己期待的信息。友好氛围对会谈结果起着重要作用。或许很多人认为会谈时有发生,不必或者有时来不及营造友好的氛围。然而,会谈得不恰当,注定影响会谈效果。注重细节的人在会谈前应该对会谈的各方面情况有所了解,尽可能地选择或安排良好的会谈氛围。良好的氛围能提升会谈效果。

2)充足的会谈准备

充足的准备工作可以使会谈顺利进行并达到预定目标。会谈的准备阶段需要考虑几个问题:首先是与对方会谈的目的是什么。其次是什么时候会谈,会谈多少时间,是否在会谈前需要提前通知对方,会谈的内容有些什么问题,如何获取自己想要的信息。解决这些问题,特别对正式的会议会谈,尤其要做好依据会谈目的对有关资料的收集阅读、分析,掌握全面的会谈事项和对方信息,能够对会谈有总体的构想。甚至有必要对会谈内容信息简单书写要点或制作表格,以便记录和补充。会谈尤其是正式会议会谈,最好制作会谈计划,以利于会谈者控制掌握会谈过程。在制订会谈计划时必须要明确会谈目标,对方的情况和会谈目标,预期结果、会谈地点,是否需要多方会谈,会谈过程、环节,预计对方会提出的问题并准备好答案。

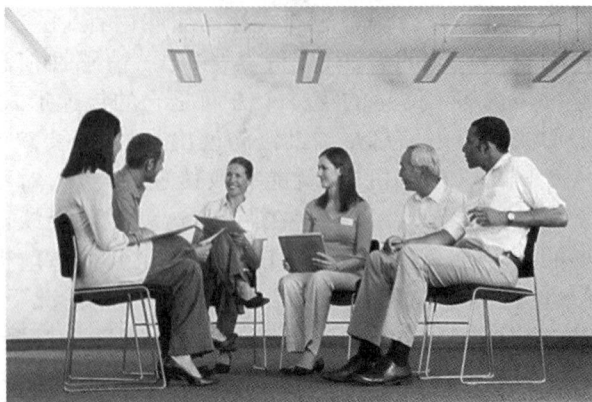

4.2.2 会谈的技巧

1)会谈流程

关注会谈过程中的技巧是会谈成功与否的决定环节。会谈者可以通过提问与倾听,尽可能理解对方的材料、观点,掌握对自己有利的信息。在会谈刚刚开始时,可以采取握手、互相介绍等方式了解彼此的身份背景,通过礼节性的问候和动作,拉近交谈双方距离。明确此次会谈的目的以及与自己的利害关系等,找出基本共识。接着主持者应说明会谈的目标、步骤、时间安排和预期结果。

会谈正式进行时,有4大工作要做:提问、倾听、总结、记录。提问是指向会谈者提出有关问题,然后倾听各方的回答,最后对所交谈的内容进行概括归纳,澄清疑问,重申主题,重复重点,以保证会谈者对会谈内容理解的一致性。对于回答不充分的问题可以再次提问。总结还可用来组织喋喋不休的谈论。记录就是将会谈中的重要内容写下来,整理成册。结束会谈时,要注意结束的方式,可以通过以下技巧:说明所有应提出的问题已经提问完毕;为接受会谈者提供发问的机会并回答;告知接受会谈者下一步将采取哪些行动以及有关的时间安排,对会谈各方表示感谢。

2)重视会谈中的非言语交流

会谈并非就是说和听,人们不仅用口头言语说话,用耳朵去听,也用表情、形体动作说话,用眼睛去"听"。所以,会谈中非言语性活动是交换信息的重要手段,非言语交流给我们提供了认识隐蔽的情绪感受的线索,虽然它不那么确切肯定,但研究表明,非言语线索比言语线索更可靠。会谈中,如何正确识别非言语交流表达的含义对提高会谈技巧起重要作用。常见的非言语行为如下表:

会谈中的非言语线索

非言语线索	举　例
身体姿态	紧张,放松,前倾或后仰,肩膀下垂,架腿或平放
肢体运动	手脚姿势,抖腿,抱臂,摇头或点头,手指伸屈,手触、拍对方,玩弄小物件
眼睛	含泪或流泪,睁眼或闭眼,转动眼珠
目光接触	稳定的接触,闪避,游移
嘴部	笑,咬嘴唇,紧闭,放松
面部表情	生动的,呆滞的,皱眉,怪相
皮肤	脸红,出汗,苍白
声音	快,慢,高尖,颤抖,低语

提高会谈中的非言语交流有两个途径:一是从自己的经验入手,来了解哪些非言语行为是有帮助的,哪些是没有帮助的,以及了解自己的非言语反应习惯如何;第二个途径是通过与另一位学习者进行会谈练习来了解自己的非言语反应习惯。采取双方轮换担任帮助者和被帮助者的方式,尝试各种非言语反应,并从对方那里得到反馈。事实上,大多数会谈练习都是按这样的方式进行的。

3)提高非言语交流的具体方法

（1）面部表情

面部表情中最重要的是眼睛和嘴巴,中国人说眼睛是心灵的窗户,可见眼睛(准确地说是眼神)在会谈中的重要性。会谈中常运用的技巧之一是目光接触。通常,用眼睛看着会谈者,表示你对他(她)的谈话感兴趣,并有支持鼓励的意味,目光要自然、亲切。此外,嘴部的一些细微变化常传递着不同的情绪和态度。在运用和处理面部表情方面,更要强调内心的真诚、同情等态度特质。

（2）形体动作

会谈中,最起作用的身体语言是手势和躯体姿势。比起西方人,中国人形体动作的幅度要小一些,频率也低一些。一般来说,我们在会谈中要注意身体姿势微微前倾,自然放松(不要正襟危坐,刻板僵直),保持开放态势是基本要领。

（3）声音特征

在会谈中较重要的声音特征有音强(音量大小)、音调(高低)、语速。每个人的声音特征都有一个一般模式或正常值。每个人都有自己独特的声音特征,在会谈中要把握对方的一般性声音特征,一旦对方突然明显地改变了这些特征,才提示我们在他心里发生了什么。因此,会谈者应对对方声音特性的改变保持敏感,同时也可以利用改变自己语调、语速的方法来达到某种目的。

（4）身体距离

会谈中应保持多大的身体距离呢？从经验我们知道,个人距离是关系密切程度的一个指标,越近关系越密切。但反过来说,适当拉近空间距离又有助于发展关系。值得注意的是,个人距离是一个既有文化差异又有个人差异的变量,所以没有一个确定的指标,以尊重会谈交流相对方的选择为宜。

（5）会谈中的沉默

会谈中出现沉默会给双方尤其是轮到说话的一方造成一种压力。按照卡瓦纳(Carvaner)的说法,有3种沉默:创造性沉默、自发性沉默和冲突性沉默。创造性沉默是来访者对自己刚刚说的话,刚刚发生的感受的一种内省反应。自发性沉默往往产生于不知下面该说什么好的情况。冲突性沉默可能由于害怕、愤怒或愧疚引起,也可能是内心在进行某种抉择(比如选择话题,表达方式,或衡量要不要反驳咨询者等)。

技能训练

小张的"手表"

小张是某企业的一名销售经理,经过自己大学本科毕业后3年的努力,在公司的业绩蒸蒸日上。但小张最近有自己的心事。每次代表公司外出洽谈业务的时候,相关企业代表在酒桌上个个举起杯来敬酒,腕上的"满天星"闪闪发亮。只有自己最寒酸,有一阵子他甚至把表藏在口袋里,别人问,就说忘记戴了。不戴,都比戴个烂表有面子。于是小张下定决心,用半年的时间节衣缩食,终于买了一只世界名牌手表。

自从戴上这一只世界名牌手表,小张就觉得信心大增。尤其是某日,要跟大客户李董事长碰面,觉得格外有光彩。想想,现在商场上的大老板,哪一个不戴名表？虽然那表怎么看都又大又重,而且厚厚的,一点也没有现代感。外面还加上一圈花花的、像齿轮一样的装饰,看起来好招眼。可是,戴这名表不就为招眼,就为"秀",表示自己有钱、够分量吗？不招眼还有什么意思？

某日,小张是跟李董事长约好了来谈一项重要的投资项目。这个项目是小张一手操办的,如果能得到李董事长的投资,在公司中销售业绩第一位置非小张莫属。因为李董事长特别忙,会谈时间只有 1 个小时,小张可是兴奋异常。为此,他准备了好几天。当然,小张装扮也不一样了。

约定会谈时间到了,小张走进李董事长办公室时,就举起手看表。"您下面有急事?"李董事长一面请小张入座,一边也看看手表,问小张。呵呵,李董戴的不也是这种金表吗? 小张心里一乐:"没事,没事。"说着又举起表看了看,还故意抖了抖手腕,让那金表链发出一串声音。接着打开箱子,拿出准备许久的资料,双手伸得长长地递给李董,左手尤其伸得长些,露出那只新表。李董一页一页地翻。小张静静地看,想起手上的表,心又怦跳。想着像我这种贫苦出身,才工作 3 年的小子,有几个戴得起这种表中之王。于是,小张又故意理了理西装,伸了伸左手,让金表从袖口露出来,再托着自己的下巴,把手背向外转,使李董不时抬起的头,能看到自己的新表。突然,李董不翻了,把资料还给小张,笑笑说:"好构想! 好构想! 但是需要时间慢慢商量,我看您很忙啊,咱们改天再约吧!"接着按对讲机,叫秘书进来送客了。"我不忙,我不忙,您可以慢慢看。"小张举着手里的资料,急着说。"我看您一定有要事,今天就没有继续会谈的必要了吧。"李董把资料挡了回去,"等大家都有空的时候再说吧!"

事后,小张无论怎么联系李董事长,李董事长都以公务繁忙为由,拒绝给小张会谈的机会。这笔重要业务就泡汤了。小张百思不得其解,不知道自己哪里做错了?

1. 小张在会谈中犯了什么错误,失去了这笔重要的业务?

2. 李董事长从小张的肢体语言中,理解到的含义是什么? 为什么打断会谈的进程,觉得小张另有急事呢?

4.3 演讲的技巧

演讲是一门语言艺术,它的主要形式是"讲",即运用有声语言追求言辞的表现力和声音的感染力。同时还要辅之以"演",即运用面部表情、手势动作、身体姿态乃至一切可以理解的体态语言,使讲话"艺术化",从而产生一种特殊的艺术魅力。

演讲表达的主要特点是"讲",对演讲者来说,写好了演讲词,不一定就讲得好,正如作曲家不一定是演唱家一样。有文才,能写出好的演讲稿的人,不一定有口才,不一定能讲得娓娓动听。真正的演讲家,既要善写,还要会讲,既要有文才,又要有口才。从某种意义上说,口才比文才更重要。如果演讲者语无伦次,拖泥带水,那么即使有超凡脱俗的智慧,也无济于事。

4.3.1 演讲的姿势

1)演讲的姿势

演讲的姿势是成败的关键。要让身体放松,不能过度紧张。太紧张不仅影响发挥,而且对语言的表达也会背道而驰。演讲者站姿规范如下:

脊椎、后背挺直,胸略向前上方挺起。

两肩放松,重心主要支撑脚掌脚弓上。

挺胸,收腹,精神饱满,气息下沉。

脚应绷直,稳定重心位置。

2)演讲站姿有以下几种

(1)前进式

这种姿势是演讲者用得最多,使用最灵活的一种站姿。右脚在前,左脚在后,右脚脚尖指向正前方或稍向外侧斜,两脚延长线的夹角成45°左右,脚跟距离在15厘米左右。这种姿势重心没有固定,可以随着上身前倾与后移的变化分别定在前脚跟与后脚上,不会因时间长而身体无变化不美观。另外,前进式能使手势动作灵活多变,由于上身可前可后,可左可右,还可转动,这样能保证手做出不同的姿势,表达出不同的感情。

(2)稍息式

一脚自然站立,另一只脚向前迈出半步,两脚跟之间相距12厘米左右,两脚之间形成75°夹角。运用这种姿势,形象比较单一,重心总是落在后脚上。一般适于长时间站着演讲中的短期更换姿势,使身体在短时间里松弛,得到休息,一般不长时间单独使用,因为它给人一种不严肃之感。

(3)自然式

两脚自然分开,平行相距与肩同宽,约20厘米为宜,太平会影响呼吸声音的表达,太迂则显得拘束。

此外,还有立正式、丁字式等。

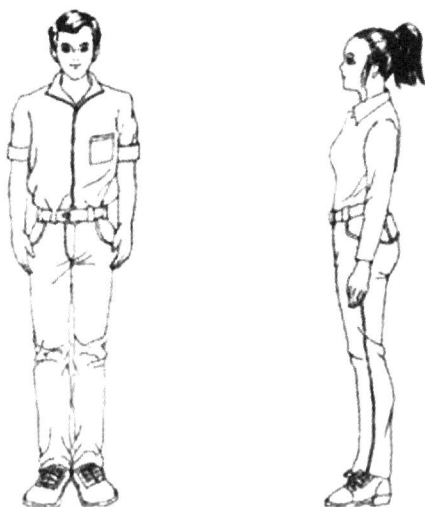

3）演讲的视线

在大众面前说话必须忍受众目睽睽的注视。当然，并非每位听众都会对你报以善意的眼光。尽管如此，你还是不能漠视听众的眼光。尤其是当你站在大庭广众面前的一瞬间，来自听众的视线有时甚至会让你觉得紧张。克服这股视线压力的秘诀，就是一面进行演讲，一面从听众当中找寻对于自己投以善意而温柔眼光的人，并且无视于那些冷淡的眼光。此外，把自己的视线投向和善的人群，对巩固信心来说帮助很大。

4）演讲时的面部表情

①演讲时的面部表情如何会给听众留下极其深刻的印象。紧张、喜悦、焦虑等情绪会毫无保留地表露在脸上，这是很难由本人的意愿来控制的。演

讲的内容即使再精彩,如果表情缺乏自信,演讲就失去了应有的风采。

②演讲不能低头,人一旦"低头"就会显得没有自信,倘若视线不能与听众接触,就难以吸引听众的注意。采取"缓慢讲话"的方式会使情绪稳定,脸部表情也得以放松,全身上下也能泰然自若起来。

5)演讲时的服饰和发型

服装也会给听众留下深刻印象。尤其是东方男性总是喜欢穿灰色或蓝色服饰,难免给人过于刻板无趣的印象。轻松的场合不妨穿着稍微花俏一点的服装来参加。不过,如果是正式的场合,一般来说仍以深色西服为主。其次,发型也可以带来意想不到的效果。总之,整体形象对演讲的本身也会起到推波助澜的功效。

4.3.2　演讲的语音与技巧

1)演讲的声音和腔调

演讲的语言必须做到发音准确、清晰、优美,词句流利、流畅、传神,语调贴切、自然、动情。演讲对语音的要求很高,既要能准确地表达出丰富多彩的思想感情,又要悦耳动听。所以,演讲者必须认真对语音进行揣摩,努力使自己的声音达到最佳效果。恰到好处地表达,恰如其分地表述,给人一种听觉盛宴的享受,演讲效果自然不言而喻。语调是口语表达的重要手段,它能很好地辅助语言表情达意。同样一句话,由于语调轻重、高低长短、急缓等的不同变化,在不同的语境里可以表达出种种不同的思想感情。一般来讲,表达坚定、勇敢、豪迈、愤怒的思想感情,语气急速,声音较重;表达幸福、温暖、体贴、欣慰的思想感情,语气舒缓,声音较轻;表达优雅、庄重、满足的思想感情,语调前后弱、中间强。只有这样,才能绘声绘色,声情并茂。

语调的选择和运用,必须切合演讲内容,符合语言环境,考虑现场效果。语调贴切、自然正是演讲者思想感情在语言上的自然流露。所以,演讲者恰当地运用语调,事先必须准确地掌握演讲内容和感情。

一般来说,最佳语言有以下4个特点:

①准确清晰,即吐字正确清楚,语气得当,节奏自然。

②清亮圆润,即声音洪亮清晰,铿锵有力,悦耳动听。

③富于变化,即区分轻重缓急,随感情起伏而变化。

④有感染力,即声音有磁性,能吸引听众,引起共鸣。

2)演讲的语调和语速

演讲时语调的起伏不仅能使演讲更生动,而且还能传达演讲者丰富的感情信息。试想,如果总是用一种平板的语调,不仅演讲者本身显得无精打采,听众也会很快产生疲倦厌烦的心理。一般来说,升调传达着激昂的情绪,如兴奋、愤怒、谴责、疑问;降调则表达灰暗的情绪,如悔恨、伤心、失望、郁闷等。

为了营造沉着的气氛,讲话稍微慢点是很重要的。科学的发音取决于科学的运气,有些演讲者时间稍长就出现底气不足,感觉口干舌燥,声音走调。这些都影响演讲效果的发挥。气息是声音的原动力,科学地运用运气发音方法可以使声音更加甜美、清亮、持久、有力。要达到这个目的,平时要加强训练,掌握胸腹联合呼吸法。其要领是:双目平视,全身放松,无论是站立还是坐姿,胸部稍向前倾,腹部自然内收。吸气方法是:扩展两肋,向上向外提起,感到腰带渐紧,后腰有撑开感。横隔膜下压腹部扩大胸腔体积,小腹内收,气贯"丹田"。用鼻吸气,做到快、缓、稳。呼气方法是:控制两肋,使腹部有一种压力,将气均匀地往外吐,呼气时用嘴,做到巧妙协调。

3)演讲的手势

演讲者的手势和动作要像在绝大部分的谈话场合中的一样无意识,一定要自然地表现。随着演说的内容、听众的情绪、场上的气氛,在演讲者情感的支配下,自然而然"喷射"出来。手势语言大致分4类:

①表达演讲者的情感,使其形象化、具体化的手势为感情手势。

②模形状物,给听众一种具体、形象感觉的手势叫形象手势,也称图示式手势。

③指示具体对象的手势称为指示手势。

④表示抽象的意念的手势叫象征手势。

4)开场白技巧

一般来说演讲开场白有以下方式:开门见山、提问入题法、引用入题法、幽默入题法、悬念入题法、谈心入题法、赞扬入题法、套近乎入题法等。

技能训练

大家看看都用了哪些入题法

1. 有这样一个问题常常在我脑海里萦回:是什么力量使爱因斯坦名扬天下之后仍在攀登科学高峰呢? 是什么力量使张海迪在死神缠绕之时仍锐意奋进呢? 这大概是当代青年,特别是我们大学生讨论最多的问题之一,也是我今天演讲的题目。(云南大学王来柱《人生的支柱是什么》)

2. 同学们,有一首诗这样写道:"多少人爱你青春欢畅的时候,爱慕你的美丽,也许假意或真心。只有我爱你那朝圣者的灵魂,爱你衰老时脸上痛苦的皱纹。"诗中倾诉的是深沉真挚的爱,正如别林斯基所说的:"爱是理解的别名。"知之愈深,才能爱之愈切。今天,带着这种爱,我更讲一讲我们的祖国,讲一讲生我的这块土地。(《生我是这块土地》)

3. 同学们,昨天我在科学家会议上讲了话,强迫一个不懂科学的人讲科学,今天又强迫我这个不懂唱戏的人来唱戏,这是个麻烦。(陈毅《在全国话剧、歌剧、儿童剧创作座谈会上的讲话》)

4. 我主张将我们全党的学习方法和学习制度改造一下。(毛泽东《改造我们的学习》)

5. 刚才,我会见了一个欧洲代表团,他们问我对一部分人先富起来的政策持什么看法。我对他们说,这个问题我已经不感兴趣了! 因为,这已经成为现实了! 他们接着问我,那你对什么问题感兴趣? 我对他们说,我对一部分县富起来感兴趣,我希望古陵县更快地在全国富起来,最好富成全国第一! (电视剧《新星》中李向南的演讲词)

6. 在座的都是圣人涧小学的老师吧? 见到大家格外亲切,因为我的母校就是圣人涧小学。

4.4　辩论的技巧

4.4.1　辩论的含义和基本原则

1)辩论的含义

辩论是指对立双方就一个有争议的问题,针锋相对地发表意见,以便分清是非的一种说话形式。

对于辩论,通常有广义和狭义的理解:

狭义的辩论是指一种有明确目的,有准备的与不同观点的争论。而广义的辩论则是指双方或多方因观点不同而产生不同程度上的言语冲突,它既包括有明确目的,有准备的不同观点的辩论,也包括日常生活中由某种分歧而引起的随意性的争执。我们所使用的是广义的辩论概念,即辩论是一种双方或多方观点对立而产生言语冲突的交际形式。

我国古代思想家墨子曾说:"夫辩者,将以明是非之分,审治乱之纪,明同异之处,察明实之理。处利害,决嫌疑。"(解释:辩的目的,是要分清是非的区别,审察治乱的纲纪,辨明同异的所在,考察名实的道理,决断利害,解决疑惑。)

2)辩论必须遵守的基本原则

(1)道德原则

辩论的最基本的道德原则是摆事实,讲道理。

任何歪曲事实、无理蛮缠,直至恶言相向,进行人身攻击,侮辱对方人格的言行都是不道德的。辩论是真理与谬误的交锋,智慧和愚昧的较量,先进同落后的对峙。辩论的目的就是坚持真理,反对谬误;弘扬智慧,启迪愚昧;歌颂先进,鞭挞落后。因此,只有坚守"摆事实,讲道理"的基本道德原则,才能达到辩论的目的。

(2)审美原则

①语言美。辩论就是舌战。因此,犀利的语言是辩论语言美的标志。尽管事实铁证如山,道理千真万确,但如果缺乏语言的力度,再深邃的思想,再深刻的内容,也无法得到完美的表达,无法突出辩论"舌战"的特点。因为只有犀利的语言才具有攻击力,唇枪舌剑是辩论语言的最好注解。

②形象美。即美好的公众形象。这里主要是指儒雅的风度和高贵的气质,具体表现为:语言表述,音色亮丽,节奏明快;庄谐适当,攻守有度;得理饶人,不骄不躁;失势不馁,屡败屡战。

4.4.2 辩论的类型

1)演讲式辩论

实质是演讲的一种特殊方式,演讲者一身兼二任,既要充当辩论的对手,又要将"敌论"和"敌论据"加以批驳,直至把"敌论"驳得体无完肤为止。这是辩论的初级形态。

2)对抗式辩论

辩论正反两方面对垒。阵营分明,围绕某一论题,双方各持针锋相对的两个观点,按辩论程序展开辩论。这是通用的辩论形式。根据双方各出人数的多少可分为"2∶2""3∶3""4∶4"辩论形式。目前,"4∶4"式被广泛采用。

3)擂台式辩论

它指某一辩家或某一辩论优胜团体,为展示自己无坚不摧的辩才,自立为"擂主",接受客队的挑战,以显示其英雄本色,这种辩论更富有挑战性,戏剧性。因而也更有观赏性。

4.4.3 辩论的注意事项

1)辩论的三大要素:倾听、分析、反驳

①倾听:要认真听取对方的发言,弄清对方发言的论点、论据和论证方法等。

②分析:一边听一边在头脑中分析,指出对方发言中的谬误。对方发言中的谬误一般有几个方面:一是论点错误或论点有片面性;二是论据不真实,论据不足,或论据有片面性;三是论证方法不合理,推理不合逻辑。

③反驳:了解了对方发言的论点、论据、论证方法,找出了存在的错误之后,就可以有针对性地进行反驳了。反驳有以下方法:一是直接反驳对方的论点,指出论点存在的错误;二是驳论据,通过指出其论据的不真实、论据不足,或论据的片面性,使对方的论点失去根据,不驳自倒;三是指出对方在论证方法上的错误,抓住对方论证不合理、推理不合逻辑等毛病,显示对方观点的荒谬性。

2）辩手应具备的素质

①流畅的语言表达。
②敏捷的临场反应。
③清晰的逻辑思维。
④稳定的情绪控制。
⑤宽口径的知识储备。
⑥优雅大方的仪表仪态。

3）辩论的礼仪

所有的辩论礼仪都贯彻一个基本原则：文明——辩论是文明的吵架。
①着装：统一、得体、庄重。
②称谓：规范、尊重。比如：对方辩友、对方×辩、我方、我方辩手、主席、评委。
③动作禁忌：弯腰、叉腰、指着对方辩友、拍桌子、跺脚、坐姿和站姿不端正。
④笑容。
⑤语言禁忌：人身攻击，称谓错误。
面必净，发必理，衣必整，纽必结。
头容正，肩容平，胸容宽，背容直。
气象勿傲勿怠勿慢，颜色宜和宜静宜庄。

4）辩手的禁忌

如一切违反礼仪和规则的行为。另外，还有：
①两种打法：各自为战，一人之队。
②两种心态：想赢怕输，全无所谓。
③两种倾向：脱离本方观点，脱离辩论主题。
④两种情绪：傲慢、急躁。

4.4.4 辩论的技巧

1）避实就虚

论战时，有时需要单刀直入，有时又要巧于迂回，避实就虚，闪开对方所期待的进攻路线和目标，从看似无关的话题入手，使其打消戒备心理，再引入原先准备提出的问题。

降清的明朝叛臣洪承畴,在南京时,曾审问抗击清军的夏完淳,企图诱使夏完淳归降。洪承畴向夏完淳允诺:"你小小年纪误受叛徒蒙骗,只要归顺大清,我保你前程无量!"夏完淳对洪承畴的降清致使大明迅速灭亡恨之入骨,有意要讥讽他一番,便假装不认得洪承畴,故意高声回答说:"你才是个叛徒!我是大明忠臣,怎说我反叛?我常听人说起我大明朝'忠臣'洪承畴先生在关外与敌人血战而亡,名传天下。我虽年幼,说到杀身报国,还不甘心落在他的后面呢!"

洪承畴瞠目结舌,手足无措,督府幕僚们以为他真不认识洪承畴,赶忙悄声告诉夏完淳:"上座正是洪大人。"哪知夏完淳听后故意勃然大怒:"胡说,洪大人早已为国捐躯,天下谁人不知?当时天子亲自哭祭他,满朝群臣无不痛哭流涕。不要欺我年幼无知,上座这个无耻的叛徒是什么东西!竟敢冒名来玷污洪大人的在天之灵!"夏完淳指着洪承畴骂了个痛快淋漓,使得高高在上的"总督大人"——洪承畴羞愧难当而又无话可说。

2)以柔克刚

以柔克刚就像中国功夫中的太极一样,可以"杀人于无形",看似温柔缠绵,实则绵里藏针,能给对手致命一击。

据说,有一位商人见到诗人海涅(海涅是犹太人),对他说:"我最近去了塔希提岛,你知道在岛上最能引起我注意的是什么?"

海涅说:"你说吧,是什么?"

商人说:"那个岛上呀,既没有犹太人,也没有驴子!"

海涅笑着答道:"这个好办,我们俩一块去,就可以弥补这个缺陷!"

3)小中见大

所谓"小中见大",是说辩论者要善于从高层次上,以其敏感性和洞幽烛微的观察力,从要说的事理中,选取最典型、最有代表性、最能反映事物本质的那一点,触类旁通,引申扩张,上升到理论的高度,使其小而实、短而精、细而宏、博而深,让人回味无穷,收到片言以居要,四两拨千斤的感染启发,小中见大的论辩效果。

论辩中运用"小中见大"要注意选准突破口。从军事的角度来看,"突破口"是集中兵力于敌人最要害、最敏感而又最易于击破的一点。论辩上的"突破口"也具有类似的属性。它应是关联着全局,最容易着力突破的"一点",也是最敏感、最准确、牵一发而动"全身"的"一点"。

在一场辩题为"对外开放是否带来了走私贩私"的辩论赛中,一方坚定地认为:

"走私贩私,是对外开放带来的必然结果!"

另一方对此进行了严厉批驳：

"如果你的说法能够成立的话，那么我的感冒就是开了窗的缘故。那么为什么开了窗之后，有些人感冒，更多人却身体健康地领略着大好春光呢？这答案只能从自身去找了。同样，改革开放了，其目的就是在于利用当前国际上的有利条件，借西方发达国家的财力、物力之水灌溉我国现代化之花。我们一是主权在握，二是开放有度。问题是国内有些不坚定分子，看见金灿灿的洋钱洋货眼花缭乱，犹如蝇之趋腥，营营追逐，这又能怪谁呢……"

这就是利用"小中见大"，抓住了感冒和开窗这一小事，阐发了走私与对外开放的关系，颇具说服力。

4）以虚掩实

辩论技巧"以虚掩实"，就是指辩论中的以心掩物、以神掩形、以抽象掩具体、以略述掩详述等，使语言含蕴更加丰富，更加深刻，更加有力也更加有效。

唐德宗时，刘玄佐屡建战功成为汴州节度使。玄佐性情豪爽，轻财厚赏，士卒乐为所用。就在他镇守汴州时，有人向他进谗言，说军将翟行恭如何如何。玄佐一听就火了，立即把翟行恭拿下，要杀他。这时，处士郑涉闻讯，马上要求见玄佐。郑涉这个人善于用开玩笑的形式隐藏要说明的问题和事理。他见刘玄佐后就说："听说翟行恭已依法受刑，请将他的尸首让我看看，行吗？"

刘玄佐听了非常奇怪，就问："郑涉是他的什么人，为什么要看尸首。"

郑涉回答说："过去，我曾听人家说，冤死的人面容异常。可是我从来也没有看过，所以想借来看看。"

刘玄佐这才醒悟过来，命人把军将翟行恭放了。

一桩冤案，就在郑涉的一席玩笑话中解决了，神！神在哪里？神在以虚掩实上：以"看其尸首"之虚，掩"为其申冤"之实。

5）引蛇出洞

在辩论中，辩手总是不自觉地保持一种戒备状态，只有麻痹对方，松懈其意志，放松其警惕，引"蛇"出"洞"，然后"出其不意，攻其不备"。当"蛇"出洞后，我们就可以手到擒来了。

鬼谷子教授庞涓、孙膑兵法的时候，一天，他坐在山洞里，问两位弟子道："你们谁有本事骗我走出洞外？"庞涓抢先一步，连哄带吓，甚至扬言要放火烧洞，但不管庞涓怎么施法，鬼谷子就是不出来。这时孙膑走上前，承认自己愚笨，说自己无论如何也是无法将老师骗出洞外，不过，他接着说："如果老师在洞外,我倒有办法骗老师走进洞来。"鬼谷子当然不信,起身就朝洞外走去,哪知他的脚刚一踏出洞外,孙膑便拍掌叫道:"老师,我这不是把您请出洞外了吗?"

6）请君入瓮

在辩论中,请君入瓮特指诱使对方辩手自掘陷阱、自投罗网。对方中计后,常常有苦难言,无力回天。

来俊臣遵武则天之命去惩办酷吏周兴,便请周兴喝酒,假意向他请教审讯办法。周兴不知是计,醉醺醺地说:"这有何难,只要把犯人装进坛子里,放在炭火上一烧,便什么都招供了。"来俊臣依计烧好炭火,放上一口大坛子,然后脸色一变,厉声说:"周兴,请你老兄入瓮吧!"

7）环环相扣

组队辩论,要做到多路进攻、环环相扣,队员之间配合默契,也就是思想高度集中,不仅要能够发现和抓住对方的有关全局的重大疏漏之处,而且要对同伴的一些带有暗示性的回答或反问能够立刻领悟,连续跟上,以便集中全力突破对方的防线。

8）诡辩

诡辩是一种以非为是,以是为非,是非无度的辩术。然而,在辩论过程中,为了摆脱困境,避免难堪,同样不失为巧辩的一种,用得巧妙,还能生出奇趣。例如,张作霖本是草莽出身,胸无点墨。一次出席名人雅宴,日本浪人蓄意让他出丑,请他即席赏字画。他当即挥毫写下一个"虎"字,并得意洋洋地落款:"张作霖手黑"(亦即亲手写的)。旁边的随从悄声对他说:"你写的'墨'字少了一个'土','手墨'成了'手黑'。"他一看,愣住了,改也不是,不改也不是,于是故意呵斥随从:"我还不晓得这个'墨'字下面有个'土'?这是日本人求我的东西,这叫寸土不让!"话音刚落,满堂喝彩,从此留下一段佳话。这虽然不是辩论,而是为自己的丑行做辩解,化解丑态,但却是很典型的"以非为是"的诡辩。除了日常生活争论中经常出现类似的诡辩之外,在激烈的辩论中,同样有诡辩。尤其是在辩论赛中,双方的观点一般都是偏执的,因此,在辩论中很难说有正确与错误之分,很多时候只能靠巧辩取胜,这种巧辩自然包括了诡辩。

技能训练

由小组来完成,就下面的情景展开模拟和反驳(任选一题)。

1. 某同学洗手之后，没关水龙头，受到管理员的批评，他不仅不转身关水龙头，反而说："'流水不腐'嘛，难道连这个问题都不懂吗？"（出自《吕氏春秋·尽数》："流水不腐，户枢不蠹，动也。"比喻经常运动的东西不易受侵蚀。）

2. 某小姐和热恋的男朋友在商场购物，专挑高档商品，站在旁边的另一朋友过意不去了，对她悄声说："这样做，你不觉得太过分了吗？"不料她反而大声说："'生命诚可贵，爱情价更高'，当然要用高价才能换来爱情嘛。"

3. 课堂上，某同学突然离座朝教室外面走去，老师见状问："干什么去？"这个同学边走边说："上厕所！"老师无奈地摇头叹息："哎，现在的大学生啊！"不料台下冒出一句："大学生怎么啦？大学生就不上厕所啊！"

4.5　说服的技巧

说服就是让双方的想法达成一致。说服是让所有人都可以赢，如果不是每个人都赢，就没有人赢。说服能否成功主要是看你的技巧，如果你运用的技巧好、恰当，那么你说服对方的目的也就达到了，反之，你就是失败了。说服是一门学问，是沟通这门大学问中的小学问。强有力的说服力不仅仅使我们在人生的旅途上获得更多的机遇，但更重要的是它带给我们的那种对自己人生把握的自信和雄心。

4.5.1　说服的基础

1）人们的生活与生命质量取决于自身的沟通力和影响力

说服的过程，同时也是发挥人的沟通力与影响力的过程。神经语言程式学的一个观点是：在一般情况下，人的沟通力和影响力并非与生俱来，它与其他的知识和技能一样，需要人们通过后天的努力培养获得。人的生活与生命的质量取决于人的沟通力和影响力，沟通和说服的过程无处不在。

沟通力、表达力影响人们生活的各方面，例如，领导要说服员工用心工作，父母要通过沟通说服、教育子女，在就业面试的交流过程中，面试官不仅仅看重面试者的经历，更看重面试者通过交流表达出的个人综合素质。

2）过程重于结果

沟通力的获得不能一蹴而就。沟通是一个互动的过程。如何达到说服客户成交的目的,源于如何安排与客户沟通的全过程。从这个意义上说,过程比结果更重要。

3)神经语言程式学

神经语言程式学是一门关于人的心理和行为的科学,由美国加州大学两位教授理查班德勒博士和约翰格林德博士于 1971 年创建。简而言之,神经语言程式学是一门结果学。结果由行为而来,任何结果都是由人们所采取的行为而来的。例如,业务员的良好业绩来自于他每天在销售过程中的有效行动。

人的行动受自身思想和思维的影响。例如,如果业务员在思想上形成了害怕被拒绝的障碍,那么即便他学习了再多的业务销售技巧的知识,也无法彻底运用于销售的行为中。帮助一个人达到结果突破,而不是强调学习更多的技巧。

4)思维的影响因素

首先,思维模式与信念有关,人的思维模式与人内心的信念相关。例如,被他人攻击,人的内心就会产生不被尊重的感受和信念。其次,思维模式与价值观体系相关,人的思维模式还受到价值观的影响。例如,如果人奉行"以牙还牙,以眼还眼"的价值观,在受到他人攻击、侮辱后,就会以相同方式回报。为什么会有"一见如故",为什么会有抗拒防备。原因在于,每个人的头脑中有许多的软件程序,关键在于业务员启动了客户哪一个作用程式。总之,结果由行为产生,行为又由思维而来。也就是说要达到良好的结果,就要从人的思维处着手。同样,业务员要通过提升自己的说服力、沟通力来达到提升业绩的结果,也必须从思维处着手改变。第三,人的思维受习惯的控制。人的行为和思维最终都受到习惯的控制。这种习惯经过长时间的积累养成,不容易被改变。但是,如果人们的习惯是错误的,那么只有改变错误的习惯才能提高沟通技巧。

5)超级的说服力具有正确的思维模式

说服别人的信念是指引其心态的重要因素。信念对人的行为有重大的影响作用。

培养超级说服力必须具备以下几个信念:

①没有人喜欢被说服。不应当抱着说服他人的心态去沟通,因为人具有逆反心理。如果以强烈的说服心态与客户沟通,结果可能有两个:第一,被说服人避开不再继续交流;第二,被说服人产生心理抗拒。

②说服无所不在。在事业、家庭、婚姻、朋友、工作等多方面,都需要运用影响力和说服力。

③认识人,了解人。并不是要求认识某一个具体的人,而是要求了解人类的整体特征。

④说服的目的在于双赢。沟通专家通常都具备一种强烈的信念,即永远都让沟通双方感受到双赢的结果。

⑤满足对方需求的人才是真正的赢家。说服过程不能单纯从满足自身需求出发,还要随时注意到,满足对方需求才是真正的目的。

⑥说服源于感性而不是理性。人的理性存在于意识当中,感性通常存在于潜意识当中。一般情况下,人在潜意识层面更容易被说服,即在感性层面上容易达到沟通说服的效果。

⑦价格永远不是最重要的因素。价格是销售沟通中双方都十分关心的问题。但真正有说服力的人有明确的理念,即价格永远不应该是被考虑的最重要因素。客户在表达对价格的不满时,往往是对其他方面如品质、服务等不满的表现。

4.5.2　说服的五大障碍

1)缺乏亲和力

从事销售工作,说服陌生客户,首先需要获得客户的信任,赢得客户的好感,信任度、接受度、好感等,可以用亲和力来概括。如果在沟通和说服的过程中缺乏亲和力,那么任何说服和沟通技巧都是无效的。神经语言程式学强调,提升沟通能力的第一步就是具备亲和力,这如同盖大楼之前要打地基一样。共同点是建立亲和力的基础。迅速找出共同点,需要通过悉心观察。例如,谈话对象的外貌特征、气质、生日、籍贯等。一般来说,训练有素的业务员在跟客户处于比较陌生的阶段时,不会贸然介绍推销自己的产品,而是首先思考如何在彼此间建立亲和力。

2)逆反心理

逆反心理表现在不喜欢被说服,对于这种逆反心理,最好的方法不是由别人说服他,而是应该让他去说服他自己。通常,一个人可以不断地反驳、抗拒别人,而对于自己认可的观点不会反驳。一般来说,沟通和说服方面的专家都善于运用反逆反心理。每个人在思考时,实际上是在进行与自己的对话,即自问自答。说服是不断地转换他人思考模式的过程,让别人从不接受到接受,即转换他人思维模式的过程。例如,有的客户会认为,业务员是在进行欺骗夸大的描述,但如果通过业务员的努力,让客户感受到真诚,了解产品的优点,这样,客户的想法就逐渐改变了。最好的说服方式是提问式说服。我们能够问出好问题,他人就会回答出好答案。他人自己所讲出的答案同时正是我们希望的答案,就能达成双赢的局面。

3)听力障碍

沟通的听力障碍并不是通常意义上的器官的功能丧失。而是指缺乏聆听能力。在聆听别人讲话时,不能专心聆听,不能听出说话人的弦外之音,从而造成沟通障碍。

4)不了解他人需求

不了解他人需求自然就无法满足需求,沟通的效果也无法达到。

5)他人的疑问不能得到满意的答复

被说服者可能因为说服人无法解答自身的疑问而充满抗拒。使他人满意的一个重要前提是说服人在短时间内,通过专业问题而了解被说服者的内心需求。

4.5.3 说服的技巧

1)明确你要说服的结果

很多人在沟通的过程中,当你想说服他人的时候,由于你对结果不够明确,在说服的过程中,你说服到一半,遇到任何问题的时候,你就开始有所转移了。我们在说服的过程中,力量来自哪里? 力量来自于一个明确的目标。我们在说服顾客、说服周围朋友的时候,你要说服他那个想法,你自己是不是很坚定,这个很重要。

2)了解对方的问题、需求和渴望

其实在说服沟通的时候,很多时候你讲的话对方听不懂。很多时候你跟你员工,跟你的顾客沟通,你讲你的东西有多么的好,你讲你自己有多么的优秀,可是由于这个东西和顾客没有太大的关系,因此他就听不懂。所以,我们在说服的过程中,去了解顾客的问题、需求和渴望就非常重要。

（1）说服要靠问

在沟通的过程中，你不断地问，问出别人需求的时候，你再去帮助他，别人会觉得你是在真正地帮助他，否则当你都不了解对方想要什么，这时候你跟他说，对方只会感觉到你就是想要说服我，这个时候他就会抗拒你，而且你讲的很多东西根本就不是他想要的。

（2）抓住关键按钮

一个真正懂得沟通的人，懂得说服力的人，他懂得抓住关键。每个人在行为做事的时候都有他自己的理由，都有他的一个关键按钮，而并不是说得越多对他帮助越大。例如，以前有个房地产销售人员在卖房子时，遇到一对这样的顾客。有一对夫妻的年龄已经很大了，他们也买过很多的房子，到这个时候他们人生中有个最大的理想是什么？就是希望买了一套房子里面正好有一棵樱桃树，这是他人生最大的理想。他们找了很多的房子，都找不到这样的房子。后来有一次女主人去一套房子看了以后，里面竟然有棵樱桃树，当时她就非常兴奋，于是就跟老伴说："你看，老头子，里面竟然有棵樱桃树。"这时候老头子跟她说："小声点，不要让那个业务员听到了。"当时没想到这个销售员的敏感度很高，真的被他听到了，然后就开始给他们介绍房子。这个时候这对老夫老妻开始挑东西了，说大厅设计得不太合理。销售员说，太太，您说的可能是对的，但实际上这里面只要稍微做点装修，做点调整就可以了，其实这不是最重要的，最重要的是，假如说你把这个沙发放到靠近门的这个位置，你从落地窗户往院子里面一看，就会看到院子里面那棵樱桃树。那个老太太一听有道理，然后她就开始参观卧室，又说这个卧室好像太小了，布局也不太合理。销售员就跟她说，太太，您说的可能是对的，但这不是最重要的，最重要的是假如说您把床放在这个位置，您每天早上一醒来，您往窗户外面一看，您就可以看到那棵樱桃树。参观厨房时，老太太说厨房好像也不太合理。销售员说，太太，您说的是对的，可是这不是最重要的，最重要的是，假如您站在这个位置炒菜，每次炒得很辛苦，累的时候您往院子里面一看，您就可以看到那棵樱桃树。这位老太太继续挑刺儿，游泳池也不太理想。销售员也不示弱，说太太，您说的是对的，可是假如说您把椅子放到这棵树的下面的话，您每次休息的时候，您只要一抬头就可以看到那棵樱桃树。顾客最后买了，他买的不是房子，买的是什么，是那棵樱桃树。这棵樱桃树就是我们在说服的过程中那个关键按钮。当我们说服别人、沟通的时候，你只有讲到对方感兴趣的话题，他才有兴趣，你只有讲到他自己关注的东西，他才感兴趣，你必须要去抓住这个关键按钮。

3)说服力是信心的传递

我们在销售的时候不可能跟顾客说,我们的房子品质非常好,我们的房子住着很舒服。你先住10年,住完10年再给我钱。你感觉到真的舒服,品质不错再给我钱。所以在说服任何事情之前,一定是树立信心并传递信心。信心的传递是非常重要的,当你在说服的时候,你信心不太足的时候,他人就不会感觉到你的信心,对你的说法不太有信心。说服力的信心来自于自己,一定要信自己。最重要的是,你的内心深处有没有一颗强而有力的决心,你有没有足够的渴望度。成功首先在于决心,遇到困难的时候你只有用不断的、大量的行动,加上你不断地用正确的方法,有一天你就会成功。很多人在工作的过程中,一遇到困难就想放弃,对自己的信心不太足,这样就很难成功。

4)解除反对意见

无论你的说服力有多么的强,哪怕是世界第一名的说服力专家,在跟他人沟通的过程中,也一定会遇到反对意见。例如,购买东西时,顾客常常会说太贵了,说他要考虑一下,说他得问问别人。每当遇到反对意见的时候,我们需要用一些方法来进行沟通。解除反对意见一个最好的方法叫作预先框视。预先框视:当他人的反对意见还没有产生的时候,就让它立刻消失掉,把它框视住,不要继续讨论。比如,很多销售人员喜欢这样做:顾客一说太贵了,他立刻说不贵不贵,这个产品物超所值,非常好。这就是一种预先框视的做法。

技能训练

向和尚推销梳子

有一家效益相当好的大公司,为扩大经营规模,决定高薪招聘市场部经理。广告一打出来,报名者云集。面对众多应聘者,招聘工作的负责人说:"相马不如赛马,为了能选拔出高素质的人才,我们出一道实践性的试题,就是想办法把木梳尽量多地卖给和尚。"

假定你就是应聘者,你将会怎么说服和尚购买梳子呢?

单元 3 实战训练

[提示]本实战训练包括[演讲技巧训练]和[辩论技巧训练]两个模块。学习者将通过实战训练模块的学习,在实战中了解演讲和辩论的沟通技巧(任务),尤其是自己在演讲或辩论中遇到沟通障碍的方面。另外,学习者还将感受相关理论知识是怎样体现在真实案例中的。

演讲技巧训练

即兴演讲比赛

演讲题目:

1.随着时代的发展,百姓购买私家车越来越多、引起交通能源、环境问题,谈谈你的看法。

2.在毕业前夕,同学们肯定感慨万分:离校的不舍,前途的渺茫等,请说说你的感想。

3."谁言寸草心,报得三春晖!"父母含辛茹苦地养育了我们,给了我们生命和无尽的爱! 你想对父母说什么?

跟学内容

1.根据以上题目进行即兴演讲,训练即兴演讲的方法,把握演讲的技巧。

2.请将学生分为 4~5 人一组,分组派代表依次上台即兴演讲,根据选题做 2~3 分钟左右的即兴演说。

3.演讲完毕后,请各组同学互评选出优胜者。教师对演讲技巧进行点评。

跟学指导

1.演讲内容集中,条理清楚,语言流畅,举止得体。

2.能较熟练地运用演讲及语言表达的一些技巧进行即兴演讲,训练快速思维能力。

3.增强演讲者的心理素质,提高临场应变能力。

4.表达流利、准确,能恰当运用技巧进行说理。

辩论技巧训练

课堂辩论比赛

辩论题目:

1.正:养之恩重于生之恩　　反:生之恩重于养之恩

2.正:网络使人更亲近　　反:网络使人更疏远

3.正:对高职学生来说,打工对学业有利　　反:对高职学生来说,打工对学业不利

4.正:现代社会男性更需要关怀　　反:现代社会女性更需要关怀

5.正:知识扶贫比经济扶贫更重要　　反:经济扶贫比知识扶贫更重要

辩论规则:

1)陈词阶段

正方一辩:时间4分钟　　反方一辩:4分钟

正方二辩:时间4分钟　　反方二辩:4分钟

2)盘问阶段

由问答组成,顺序依次为

反方三辩提问,正方三辩回答、提问。

反方二辩回答、提问;正方二辩回答、提问。

反方一辩回答、提问;正方一辩回答、提问。

反方三辩回答。

正方三辩提问,反方三辩回答、提问。

正方二辩回答、提问;反方二辩回答、提问。

正方一辩回答、提问;反方一辩回答、提问。

正方三辩回答。

提问时间:10秒;回答时间:20秒;用时结束警示。

3)现场提问

观众现场提问,经评委通过后,队员作出回答。

4)自由辩论阶段

由正方首先发言,然后反方发言,依次由辩论双方轮流发言,各队累计用时5分钟。

(1)自由辩论规则

①自由辩论时间总共为10分钟,每队各5分钟。

②自由辩论必须交替进行。当自由辩论开始时,先由正方任何一名队员起立发言。完毕后,反方的任何一位队员应立即发言,双方依次轮流发言,直

到双方时间用完为止。

③在自由辩论时间里,每一位辩手的发言次序、次数和时间均不受限制。

④当一队的发言时间剩 1 分钟时,将有铃声提示,当该队的发言时间用完时,会有笛声警示,该队应立即停止发言。

⑤如果一队的发言时间已经用尽,另一队还有剩余时间,则该队的辩手可以继续发言,直到该队的时间用完为止。

⑥自由辩论是检验一个队整体配合能力以及每一位辩手实力的重要阶段。辩手应充分利用这段时间,简洁明了地加强自己的论点,机智有力地反驳对方的论点。如果流于空洞衣物的攻击或有意回避对方的质询及发言观点,或者出现语误、空场等情形,都将影响该队的成绩。

（2）公辩规则

为提高辩论赛的精彩程度,特在决赛中增加一个新的阶段即公辩阶段,程序如下:

①双方前 2 名辩手发言完毕后,首先由反方三辩提出第一个问题,由正方一辩回答,然后依次提出后两个问题,分别由二辩和四辩回答。

②反方提问完成后,按照同样的程序,由正方三辩开始提问,反方回答。

③正、反方提问、回答完毕后,先由正方三辩做简短总结陈词,然后由反方三辩做总结,总结发言时间各为 3 分钟。

④每次提问时间不得超过 10 秒钟。

⑤对方回答问题的时间累计不得超过 1′30″,如果不足 1′20″,将在自由辩论阶段给对方加时 30″。

⑥回答问题的时间和各队三辩总结发言时间剩半分钟时,将有铃声提示当辩论时间用完时,会有笛声警示,辩手应立即停止发言。

5）总结陈词

反方四辩发言,时间为 4 分钟。

正方四辩发言,时间为 4 分钟。

跟学内容

1. 根据以上题目进行课堂辩论赛,把握辩论的技巧。

2. 请将学生分为两组,每组各选 4 个代表上台,根据选题参加课堂辩论。

3. 辩论赛完毕后,请同学们选出优胜队伍和优秀辩手,教师对演讲技巧进行点评。

跟学指导

1.团体部分

（1）审题

准确把握辩题内涵和外延，对所持立场能多层次、多角度理解，论点鲜明，对本方难点能有效处理和化解。

（2）展开

对辩题的理解和论述能在广度上展开，在深度上推进，整个辩论过程条理清晰，能给人以层层递推的美感。

（3）辩驳

提问时抓住对方要害，问题简单明了，回答直面问题，有理有据。注重针对辩题正面交锋。

（4）配合

具有团体精神，队员间相互支持配合，论辩衔接流畅、方向统一，攻守兼备，自由辩论时发言错落有致，体现"流动的整体意识"。

（5）语言

普通话标准，语速抑扬顿挫，语言流畅，富于感染力，体现国语的优美。

（6）辩风

比赛中尊重对手、主席、评委和观众。举止得体，显示出良好的道德修养。敢于创新，勇于表现，具有本队特有的风格，并贯穿全局。

（7）形象

着装整齐，仪表大方，体现出良好的风度和气质。

2.个人部分

①陈词流畅，说理透彻，用语得体。

②提问合适，回答中肯，反驳有力，反应机敏，幽默风趣中寓见解。

③台风与辩风。

单元4　继续完成真实任务

[提示]学习者再次尝试完成"单元1"中的真实任务，并利用下表再次进行自我评估（对比"单元1"中的"做学教"目标以及任务要求），之后指导老师进行持续评估和提出持续的指导意见。之后，学习者将自己所属团队完成的任务进

行公开、互动展示和讲解(角色情景扮演),其他团队同步进行交叉评价。

完成任务的过程记录与自我评估	导师评估与指导
A1 继续这个任务,我们做了(按工作流程列):	A2 你们还需要做:
B1 我们会做下面这些:	B2 你们已经掌握了下列技能:
C1 通过完成任务,我们得到的经验与教训:	C2 未来可以继续学习下列知识:
D1 任务完成状况的自我评价(在对应等级上画圈)	D2 任务完成状况的导师评价(在对应等级上画圈)
1　2　3　4　5　6　7	1　2　3　4　5　6　7

说明:1.失败;2.未完成;3.基本未完成;4.勉强完成;5.完成;6.顺利完成;7.成功完成。

单元 5　强化与拓展

可选的教学单元。学习者根据指导老师给出的后续学习指导意见,有差异地选择适合自己的强化练习项目或拓展项目。通常练习项目是在完成真实任务还存在困难的学习者中展开,拓展项目是在完成真实任务后还有余力的学习者中展开。

强化练习

1. 推荐书籍:《卡耐基沟通的艺术》,中国城市出版社 2007 年 5 月出版,作者卡耐基(美)。

2. 仔细观看中央电视台《赢在中国》栏目。《赢在中国》栏目是中央电视台的一档全国性商战真人秀节目,大型励志创业电视活动。获胜者可以获得企业提供的一大笔风险投资,目前已举办三届。第一赛季"赢在中国"前五名依次为:宋文明、周宇、周瑾、任春雷、吴志祥。联通世界风通行证获得者:浦滨。第二赛季《赢在中国》前五名依次为:李书文、窦大海、冯志刚、牟文建、张华。联通世界风通行证获得者:韩小兵。第三赛季《赢在中国》前五名依次为:谢莉、曾花、祖峥、杨俊平、李璇。联通世界风通行证获得者:洪贵宾。

3.观摩 CCTV《赢在中国》栏目,置身比赛现场,仔细思考分析主持、嘉宾及观众的沟通技巧,思考参赛选手在节目中沟通技巧的亮点在哪里,为什么能赢得比赛。学习对话各方所采取的沟通技巧有哪些以及这些沟通技巧所取得的效果如何。

资料来源:中央电视台网站《赢在中国》栏目官网

拓展训练

销售中的异议

这个游戏能让同学们进行沟通能力的训练,注意沟通词语的选择,并培养良好的沟通技巧。

1.游戏时间 15 分钟,人数通常每个小组 2 人;场地:室内;道具:无。

2.将学员分成 2 人一组,其中一个是 A,扮演销售人员,另一个是 B,扮演顾客。

3.场景 1:A 现在要将公司的某件商品卖给 B,而 B 则想方设法地挑出本商品的各种毛病,A 的任务是一一回答 B 的这些问题,即便是一些吹毛求疵的问题也要让 B 满意,不能伤害 B 的感情。

场景 2:假设 B 已经将本商品买了回去,但是商品现在有了一些小问题,需要进行售后服务,B 要讲一大堆对于商品的不满,A 的任务仍然是帮他解决这些问题,提高他的满意度。

4.交换一下角色,然后再做一遍。

5.将每个组的问题和解决方案公布于众,选出最好的组给予奖励。

6.总结体会通过销售的异议游戏让我们学到了哪些沟通技巧。

相关讨论:

1. 对于 A 来说,B 的无礼态度让你有什么感觉? 在现实的工作中你会怎样对待这些顾客?

2. 对于 B 来说,A 怎样才能让你觉得很受重视、很满意? 如果在交谈的过程中,A 使用了像"不""你错了"这样的负面词汇,你会有什么感觉? 谈话还会成功吗?

你像哪种动物

合作和沟通的过程中,要认真地考虑自己和对方冲突的根源所在,根据彼此的特点进行调整。最终,尽管存在冲突,不同类型的人仍然可以在一定程度上互补,也可以做到很好。作为领导者应该善于观察和利用这一点,才能构成一个更好的团队。

1. 游戏时间不定,每人 3 分钟,集体参与,准备写有动物名字的动物肖像画。

2. 将各种各样动物的漫画给大家看,可以做成图片贴在教室的墙上,或者做成幻灯片,让大家分别描述不同的动物的性格,主要是当他们遇到危险时的反应。比如,乌龟遇到危险以后,就会缩到壳里。

3. 让学生回想一下,当他们面对矛盾的时候会有什么反应。他们的第一反应是什么? 这一点和图中的哪种动物最像? 如果图里面没有,也可以找外面的,最主要是要言之有理。

4. 请让每个人描述一下,他所选择的动物性格,说出理由。比如:"我像刺猬,看上去浑身长满刺,很难惹的样子,其实我很温驯。"

5. 再让大家思考一下自己所选的动物和别人所选的动物是不是有什么奇怪的地方? 你应用它哪一部分性格,别人注意到了吗? 随机抽同学回答。

6. 最后老师可以随机请两位同学上来,看看他们各像什么动物,让他们说出当不同的动物性格的人碰到一起的时候,应该如何相处?

7. 请同学们总结不同性格思维之间的沟通技巧。

预备下一次任务

阅读项目 3 沟通礼仪的单元 1(True Task):尝试真实任务,以 5~8 人为工作团队在下次课堂教学之前完成规定的任务。

项目 5
企业内部沟通

单元 1　尝试真实任务

[提示]请学习者将自己置于未来工作环境中,充分依靠自己过去积累的经验和已经拥有的知识,来尝试解决实际问题(任务)。

真实任务

因纳特公司研发部童经理进公司不到 1 年,工作表现颇受主管赞赏,不管是专业能力还是管理绩效,都得到了大家肯定。在他的缜密规划之下,研发部一些延宕已久的项目,都在积极推行当中。

公司李总发现,童经理到研发部以来,几乎每天加班。他经常第二天来看到童经理电子邮件的发送时间是前一天晚上 10 点多,甚至又看到当天早上 7 点多发送的另一封邮件。这个部门下班时总是童经理最晚离开,上班时第一个到。但是,即使在工作量吃紧的时候,其他同事似乎都准时走,很少跟着他留下来。平常也难得见到童经理和他的部属或是同级主管进行沟通。

项目5 企业内部沟通

　　李总对童经理怎么和其他同事、部属沟通工作觉得好奇,开始观察他的沟通方式。原来,童经理都是以电子邮件交代部署工作。他的属下除非必要,也都是以电子邮件回复工作进度并提出问题,很少当面找他报告或讨论。对其他同事也是如此,电子邮件似乎被童经理当作和同仁们合作的最佳沟通工具。

　　最近大家似乎开始对童经理这样的沟通方式反应不佳。李总发觉,童经理的部属对部门逐渐没有向心力,除了不配合加班,还只执行交办的工作,不太主动提出企划或问题。而其他部门主管,也不会像童经理刚到研发部时,主动到他房间聊聊,大家见了面,只是客气地点个头。开会时的讨论,也都是公事公办的味道居多。

　　这天,李总听到销售部的陈经理抱怨,陈经理说童经理在工作中似乎比较希望用电话讨论工作,而不是当面沟通。陈经理曾试着要在童经理房间谈,而不是电话沟通。对此,童经理不是在最短的时间结束谈话,就是眼睛还一直盯着计算机屏幕,让他不得不赶紧离开。陈经理说,几次以后,他也宁愿用电话的方式沟通,免得让别人觉得自己过于热情。

　　了解这些情形后,李总找了童经理聊聊,童经理觉得,效率应该是最需要追求的目标。所以他希望用最节省时间的方式,达到工作要求。李总以过来人的经验告诉童经理,工作效率重要,但良好的沟通绝对会让工作进行得顺畅许多。

资料来源:因纳特公司官网

任　务

　　请分析企业内部沟通的重要性;分析企业内部沟通中上下级、同事之间沟通的技巧和原则。

目 标

掌握与上下级沟通的要领技巧、处事的技巧;掌握同事之间沟通的要领和技巧;掌握企业团队沟通的要领和技巧;掌握在与上下级之间、同事之间沟通时需要注意的问题。

完成情况评价

[提示]在虚拟尝试完成"单元1"中的真实任务后,学习者利用下表进行自我评估(对比"单元1"中的"做学教"目标以及任务要求),之后指导老师进行评估和提出指导意见。

完成任务的过程记录与自我评估	导师评估与指导
A1 为完成这个任务,我们做了(按工作流程列):	A2 你们还需要做:
B1 经过努力后,我们完成了下列部分任务:	B2 你们已经掌握了这些技能:
C1 在完成任务的过程中,我们遇到了下面的障碍:	C2 暂停,你们还需要补充下列知识:

单元 2　相关理论知识学习

[提示]请学习者根据自我评估以及指导老师给出的持续学习指导意见,有差异地选择自己需要学习的相关理论知识。在没有学习某部分理论知识前,学习者就能够完成对应的任务,则已经具备所需的支撑理论知识,学习者可以在征询指导老师意见后越过这部分理论知识学习。

5.1　与领导的沟通

5.1.1　与领导沟通的要领

中国人曾经这样说:"县官不如现管。"他们认为,不怕官就怕管,只要你的上级不支持你,你有天大的本事也没有用。人人都有自己的领导,上至国家领导,下至普通百姓,都是如此。只是人们的叫法不同,有的叫"领袖",有的叫"老板",也有的叫"头儿",总之都是一种人,那就是领导你的人。对你的领导,你可能把他看作自己的朋友,也可能把他看作自己的"敌人"。但是无论如何,你的领导毕竟是你的领导,既然如此,倒不如运用你的沟通技巧,请他站到你的这一边,"化敌为友",与领导建立良好的人际关系。这样,你们双方都会感到很愉快。所以,下级对上级沟通的时候,下级必须礼让上级三分,自己要有上下之分。反之,如果是认为自己和上级处于平等地位,甚至认为自己对上级有贡献,这样的话,对自己与上级的日常关系是相当不利的。因此,下级对上级沟通时要把握以下几个要点:

1）心存上级

上级对下级最在乎的就是下级的心中到底有没有上级的存在，所以下级和上级沟通时必须心中存有上级，让上级自己感觉出来，这是对上沟通最有效的基础。下级心中有上级的存在，自然会留意自己的沟通方式和技巧，这样让上级如果觉察出来，也自然对下级的意见或建议格外重视。如果心中根本就没有上级的存在，上级就不想与你说话，这样双方怎么能相互沟通呢？

2）做好自身分内的事情

我们应该相信上级的眼光，即使在繁忙的工作中，上级也总是睁大眼睛寻找能干的人。如果你工作用心，成绩出色，上级就一定会注意到你并逐渐接近你，帮助你。因此，恪守本职、踏踏实实地工作是我们和领导顺利沟通的基本要件。

做分内工作不是一个口号，而是行动。不要纸上谈兵，要实际去做，去解决问题才行；做好分内工作是在你愿意去做的前提下才有可能产生。其实，我们都怕失败，总以为失败了就是没有做好工作，这是错误的思想。没有错也就没有对，对与错是相对的。只要努力了，从错中或从别人的错中吸取教训，做好分内工作也不再是一种问题；很多人都有一种误解，分内工作就仅仅是本职工作。其实任何企业中，各种分工是相依相存的，所以，分内工作有时候也包括对别人工作上的支持，试着去做别人做的事，才能真正找到自己工作上的不足，这就叫知己知彼。分内工作也是一种变通，学习相当重要。别人没有做过的方法，我们都可以试一试后再比较，只有不断地提升自己的思维与动手能力，才是做好自己分内工作的基础。

3）留意上级的领导风格

由于每个人的素质、经历和知识结构的差异，不同的领导有不同的风格。仔细揣摩领导的性格，在与他们交往的过程中一定要区别对待，运用不同的沟通技巧，便会获得良好的沟通效果。

领导风格	领导方式	沟通对策
控制型	直接命令，不允许下级违背自己的意志，重工作结果而不重过程	简、快、直、恭
互动型	亲切友善，愿意聆听下级的困难和要求，营造融洽的工作氛围	夸、亲、面
实事求是型	按自己的行事标准要求部下，注重问题的细节，善于理性思考	核、直、细

（1）控制型领导

控制型领导一般对琐事不感兴趣，充满竞争的心态，做事果断，旨在取胜，因此在态度上表现一般很强硬，要求下属要立即服从。和这一类型的领导沟通要采用类似排球竞技中的"短频快"方式，重在简明扼要，干脆利落，不要拖泥带水，拐弯抹角。无关紧要的话少说，直截了当，开门见山。

此外，这类领导很在乎自己的权威性，不喜欢下属违抗自己的命令，所以应该更加尊重他们的权威，认真对待他们的命令。在称赞时，不仅要针对人，还要针对事情。比如美国陆军上将麦克阿瑟，他的性格属于胆汁质，每当战前部署时，如果他与其他将军的意见相左，他一定会推行自己的方案。而且，经常是他坚持的作战方案胜利了，于是加剧了他的控制性领导风格，以致后来出现美国军事史上绝无仅有的一艘军舰悬挂两面将旗的事情。

（2）互动型领导

互动型领导凡事喜欢参与，善于交际，喜欢与他人互动交流，同时喜欢享受他人的赞美。对于这类领导，赞美的话语一定要出自真心诚意，言之有据，否则虚情假意的赞美会被他认为是阿谀奉承，从而影响他对你个人能力的看法。

要和蔼友善地亲近他，也不要忘记留意自己的肢体语言，因为这类领导对一举一动都会十分敏感。另外，他们喜欢与下属当面沟通，喜欢下属能够开诚布公地与自己交流，即使对他有意见，也希望能够当面交谈，而厌恶在私下发泄不满情绪的下属。

（3）实事求是型领导

实事求是型领导为人处世有自己的一套标准，具有理性思考能力而缺少想象力，重逻辑而反感感情用事，喜欢弄清楚事情的来龙去脉，是方法论的最佳实践者。这类领导不喜欢拉家常式的谈话，而是直接从他们感兴趣且实质性的事情说起；喜欢直截了当的方式，对他们的提问最好是直接回答。同时，在进行工作汇报时，应该就关键性的细节问题加以说明。

技能训练

赵兰是西南百货的总会计师，在公司工作20年，待人和蔼，在公司名望较高，要求下属对自己的工作有很好地理解，年初被提拔为商业厅副厅长。张颖毕业于一流大学会计系，在外企有7年总会计师的经验，被西南百货挖来接任赵兰的职位。但是在张颖就职后遇到很多问题，例如，在她向下属要数据时下属问她为什么要这些数据，她很不理解，认为她需要什么样的数据不需要告诉下属，这是她的权力。另一件事是一位下属提供的数据有误，使她在经理会上很丢面子,然后她当众批评了这位下属,等等。总之,张颖感觉下属不是很配合自己的工作,而且由于下属的不配合导致与其他部门的协调上出现了很多问题。请分析赵兰和张颖各自的沟通风格及其产生的结果。

4) 要学会解决问题

就像写请示一样,下级要提供解决问题的方案供上级定夺,而不能凡事都等上级说话而自己不懂得解决。日常与领导交流时,我们往往会有这样那样的抱怨,遇到这种情况时,请平心静气地分析事情的原委,并向领导提出解决相关问题的办法。

技能训练

大学同班同学的小王、小张毕业后都在同一家公司上班,工作一段时间以后,小王、小张都发现了公司的一些问题。小王情绪激动,常常抱怨,小张默不作声,只是认真与同事合作,做自己应该做的事情。不久,经理找两位谈话,小王只是一个劲儿地发泄平时的积怨,小张却从公司的利益出发,系统地指出了公司存在的一些问题,同时提供了3套建设性方案供上级参考。谈话后,上级经过讨论,汇总了几个方案,采纳了小张部分建议并加以实施,收到了很好的效果。不久,小张被提拔为总经理助理,小王却愤然离开公司。你从这个事件中学到了什么?

5) 勤做工作汇报

一般来说,上司都比较看重两样东西:一是他的上司是否信任他;二是他的下属是否尊重他。对于上司来说,判断下属是否尊重他的一个很重要的因素,就是下属是否经常向他请示汇报工作。心胸宽广的上司对于下属懒于或因忽视而很少向其汇报工作的礼仪也许不太计较,会好心地认为也许是工作太忙,没有时间汇报;也许本身就是他们职责内的事,没必要汇报;或者是自己这段时间心情不好,表现在言谈举止上,他们害怕来汇报,等等。但对于心胸狭窄的上司来说,如果出现这种情况,他就会做出各种猜测:是不是下属看不起我?是不是下属不买我的账?或者是不是下属联合起来架空我?一旦这种猜测成了他的某种认定,他就会利用手中的权力来"捍卫"自己的"尊严",从而做出对下属不利的举动。要解决上述矛盾,通常的情况是下属应适应上司的愿望,凡事多汇报,这对于资深且能力很强的下属来说,就要解决心理上的障碍,即不管你怎样资深,能力怎样强,只要你是下属,就只能在上司的支持和允许下工作。如果没有这种支持和允许,你将无法工作,更不要说作出业绩了。所以说,下属应该学会勤于向上司汇报工作,当然,汇报工作是非常有技巧的。一次好的工作汇报,能让上司肯定你的成绩,对你另眼相看;相反,上司则会无情地否定你的工作成果,甚至你的能力。

6)绵里藏针中谦虚

上司在下属面前一般都有保持自身威严的心理,因此下属与上司谈话时,要尽量照顾到上司的这种心理。尤其是当你的主张跟上司相悖时,即使你的意见很正确,你说话也要注意收敛锋芒,以委婉、谦虚的口气表达意见,让上司采纳。特别是在众人面前,更需要用谦和得体的藏锋式的谈话去维护领导的威信。如果你锋芒毕露,使上司颜面丢尽,上司对你反感,交谈的效果就适得其反了。当然,让谈话谦和得体并不是让你在领导面前一味表现愚钝,而是"愚"中藏智,把尊重送给对方的同时,也表现了自身的睿智与高尚。

7)巧用曲径通幽之法

遇到困难不低头,是我们一直信奉的人生哲理,但是解决问题的方法却是多种多样。我们的生活中有很多人是"直肠子",为人处世"不撞南墙不回头",十头牛也拉不回来。这样的做法往往达不到好的效果。高山挡路、石头绊脚之时,不妨另辟蹊径,运用迂回的办法,采取迂回战术,易于使对方接受。所以,直言达不到的说话目的,委婉却能达到。如《邹忌讽齐王纳谏》,齐国大将邹忌,向齐威王以及与妻、妾、客谈论自己与俊男徐公谁美的故事,启发齐威王纳谏并成功,最终使齐国战胜敌国于朝廷之内。

5.1.2　请示、汇报的程序和基本态度

在公文与事务文书写作时,必须注意发文方向,因为这决定着我们在书面表达中如何选用语体。而在口语沟通与交流中,同样存在这种语体选择,除了表现在词汇选择与态度上之外,还表现在请示汇报的程序上,也就是我们常说的规矩。在企业(组织)管理中,程序失误所造成的危害将远远大于规则的危害,因此,在交流与沟通中应特别注意程序。

1)请示汇报的程序

(1)谦恭聆听上级命令

一项工作在确定了大致的方向和目标之后,上级通常会指定专人来负责该项工作。如果领导明确指示你去完成某项工作,那你一定要用最简洁有效的方式明白领导的意图和工作的重点。此时你不妨利用传统的 5W2H 的方

法来快速记录工作要点,即弄清楚该命令的时间(When),地点(Where),执行者(Who),为了什么目的(Why),需要做什么工作(What),怎样去做(How),需要多少工作量(How Many)。在领导下达完命令之后,立即将自己的记录进行整理,再次简明扼要地向领导复述一遍,看是否还有遗漏或者自己没有领会清楚的地方,并请领导加以确认。

例如,领导要求你完成一项 ABC 公司的团购计划,你应该根据自己的记录向领导复述并获取领导的确认。你可以说:"王总,我对这项工作的认识是这样的,为了增强我们公司在汽车团购市场的竞争力(Why),你希望我们团购部门(Who)不遗余力(How)于本周五之前(When)在 ABC 公司总部(Where)和他们签订关于员工汽车团购合同(What),请您确认一下是否还有遗漏。"如果领导对你关于目标的理解点头认可了,那么你们可以进入下一环节。

技能训练

有时,我们在向领导汇报完工作后,领导会对我们的工作进行一个评价,而评价的语言中常带有感情色彩,加之领导认为如果说重了会打击下属的工作积极性,也就不从正面提醒下属,这就要求我们会听。从下面这 3 种领导评价中,你能听出是什么态度吗?

1. 上司面带微笑,拍着下属的肩膀说:"好,总的说来不错。"

2. 上司点了点头说:"好,总的说来不错。"

3. 上司说:"好,你的工作,总的说来还不错嘛!"

(2)与上级探讨目标的可行性

当上级下达了命令后,往往会关注下级对该问题提出的解决方案,他希望下属能够对解决该问题有一个大致的思路,以便在宏观上把握工作的进展。所以,作为下属,在接受命令之后,应该积极开动脑筋,对即将负责的工作有一个初步的认识,告诉领导你的初步解决方案,尤其是对于可能在工作中出现的困难要有充分的认识,对于在自己能力范围之外的困难应提请领导协调别的部门加以解决。如上例中关于争取 ABC 公司的员工汽车团购合同这个目标,你应该快速地清理出步骤和其中的困难。

(3)拟订详细的工作计划

当明确了工作目标并和领导就该工作的可行性进行讨论后,下级应该尽快拟订一份工作计划,再次交给上级审批。在该工作计划中,下级应该详细阐述行动的方案与步骤,尤其是对工作进度要给出明确的时间表,以便于领导进行监控。

（4）工作过程中随时向上级汇报

当下级已经按照计划开展工作后,下级一定要注意自己工作的进度是否和计划书一致,无论是提前还是延迟了进度,下级都应该及时向上级汇报,让上级知道下级此刻在干什么,取得了什么成效,下级同时也就能听到领导的指导意见和建议。

（5）工作结束后及时总结汇报

经过下级和部门同事的共同努力完成了工作任务,如获得了 ABC 公司的团购合同,在欢庆成功之时,下级不要忘记及时对此次工作进行总结汇报,总结成功的经验和其中的不足之处,以便在下一次工作中改进提高。同时,不要忘记在总结报告中提及领导的正确指导和团队的辛勤工作。至此,一项工作的请示与汇报才算基本结束。

千万不要忽视请示与汇报的作用,因为它是你和领导进行沟通的主要渠道。下级应该把每次请示汇报工作尽可能做得完美,这样,上级对下级的信任和赏识就会日益加深。

技能训练

分组讨论,然后填写以下关于向领导请示与汇报的工作单,思考下级的请示与汇报工作是否做到了尽善尽美?

1. 如何记录命令要点?

2. 如何制订详细的工作计划?

3. 如何确定工作时间表?

4. 如何根据工作时间表把握工作进度?

5. 如何及时向领导反馈信息?

6. 总结汇报时做到要点突出、层次清楚了吗?

2）请示与汇报的基本态度

（1）尊重而不吹捧

尊重上级是天职。下属一定要充分尊重上级,在各方面维护上级的权威,支持上级的工作,这也是下属的本分。首先,对领导工作上要支持、尊重和配合。其次,在生活上要关心。第三,在难堪处为上级解围,有时上级处于矛盾的漩涡中,下属要主动接触矛盾,勇于担责。

（2）请示而不依赖

一般说来,下级要在自己的职权范围内大胆负责、创造性工作,这是值得倡导的,也是为上级所欢迎的。下属不能事事请示,遇事没有主见,大小事不做主,这样上级会觉得你办事不力,顶不了事。该请示汇报的必须请示汇报,但决不依赖、不等待。

（3）主动而不越权

对工作要积极主动,敢于直言,善于提出自己的意见,不能唯唯诺诺。在处理同领导的关系上要克服两种错误认识:一是领导说啥是啥,叫怎么着就怎么着,好坏没有自己的责任;二是自恃高明,对领导的工作思路不研究,不落实,甚至另搞一套,阳奉阴违。当然,下属的积极主动、大胆负责是有条件的,要有利于维护领导的权威,维护团体内部的团结,在某些工作上不能擅自超越自己的职权。"君子以厚德载物",做人、做事首先要有好的品行做基础,不要总想着做这件事会给自己带来什么好处,会得到多少花环、荣光,只要是应该做的,就要无条件地主动完成任务。

5.1.3　说服上级的对策

对于上级的指示,执行时一要态度坚决,二要认真负责,这是下级应尽的职责,是尊重上级、维护上级威信的具体表现。但如果遭遇上级的指示确实存在问题时,就不能盲从而导致工作失误。那么,怎样说服上级,让上级理解自己的主张、同意自己的看法呢?

上下级关系测评

1. 能够自始至终保持自信的笑容,并且音量适中。
2. 善于选择领导心情愉悦、精力充沛时的谈话时机。
3. 已经准备好了详细的资料和数据以佐证你的方案。
4. 对领导将会提出的问题胸有成竹。
5. 语言简明扼要,重点突出。
6. 和领导交谈时亲切友善,能充分尊重领导的权威。

评分标准:

一贯如此,3 分;经常如此,2 分;很少如此,1 分。

14～18 分:能在工作中自觉地运用沟通技巧。你是一个非常受欢迎的人,你的领导很赏识你。7～13 分:你已经掌握了很多沟通的技巧,并已经尝试着在工作中运用。你的领导人认为你是一个有潜力的人,但还需加紧努力。0～6 分:你应该抓紧时间学习一下和领导的沟通技巧了。因为你现在和领导的关系很不融洽,适当地改善沟通技巧,可以帮助你充分发挥自己的能力,争取更为广阔的发展空间。

说服的目的不是要对方完全接受你的想法,而是共同协商出双方都可以接受的答案。要想让上级接受你的进言并且不至于降低对你的看法和评价,获得"言而有功,劳而有获"的最佳效果,就不仅要注重说话的内容,更要讲究技巧的运用。

(1)建立个人的信用

根据研究显示,在说服时,多数人都过度高估了自己的信用。在工作上,个人的信用来自两方面:专业度以及人际关系。专业度信用度是你在某个领域所具备的专业知识和技能,包括你过去所获得的具体成绩,在说服过程中表现出来的对问题的深入了解以及对各种可能出现的问题在事前已做好的完整分析。至于人际关系信用度,指的是个人的合群度。表现在:上级是否相信你是一位愿意接受他人意见、容易沟通的人,而非坚持己见、不容易妥协的人;你不是为了自己利益,而是为了部门或是组织整体利益着想;你是诚实、稳定、可靠的人,不是情绪起伏不定、工作表现大起大落的人。

(2)设想上级可能产生的质疑,有备而去

说服的目的是力求使上级采纳你的建议,但更多的时候上级所需要的是可行的方案和可信的论证。如果你的观点论证不充分,缺乏有力的论据,甚至漏洞百出,经不起上级三言两语的询问,那么你的建议就只能被驳回,需要回去重新做工作,这样会给上级留下不好的印象,得不偿失。因此,事先要设想领导会提什么问题,自己该如何回答。

同时要多准备几个方案,不能让上级感到除了接受你的建议外别无选择。多套方案会显得你做事严谨、周密,考虑问题全面而仔细。更为重要的是,多套方案是给上级提供更多的选择余地,使他能够充分显示自己的高明,增强其成就感。许多上级往往都有自己比下级强的优越心理,有些上级还试图不断向下级证明这一点。多套方案可以使上级不必拘泥于某一特定的方案,他可以换种方式方法提出其实已包含在你的建议中的方案,还可以在你的诸多方案中各取所需进行组合,甚至可以单纯选择某一方案以表现自己的决断力。总之,无论如何你都创造了一个让上级感到自我满足的机会,这个机会不仅有助于你的建议被采纳,而且还会使上级对你产生好感。

技能训练

某上级是个专业上的外行,在一次上级下达任务时,下级从专业角度做了一份完美的方案,却被上级否决,那么该怎么办呢? 有下面5个选择: A.阐述方案的专业优点,说服上级接受;B.完全顺从上级的意思,具体听他安排;C.修改上级的不满意之处,取个折中方案;D.申辩威胁,强调完美,否则就不干了;E.其他:_____。

（3）利用极具说服力的资讯及数据

对改进工作的建议，如果只凭嘴讲，是没有太大说服力的，但如果事先收集整理好有关数据和资料，做成书面材料，借助视觉力量，就会加强说服力。

技能训练

A 主管：关于在通州地区设立灌装分厂的方案，我们已经详细论证了可行性，3 ~ 5 年就可以收回成本，然后就可以盈利了。请董事长一定要考虑我们的方案。

B 主管：关于在通州地区设立灌装分场的方案，我们已经会同财务、销售、后勤部门详细论证了它的可行性。根据财务评价报告显示，该方案在投资后的第 28 个月财务净现金流由负值转为正值，这预示着该项投资将从第三年开始盈利。经测算，该方案的投资回收期是 4 ~ 6 年。从社会经济评价报告上显示，该方案还可以拉动与我们相关的下游产业的发展。这有可能为我们将来的企业前向、后向一体化方案提供有益的借鉴。与该方案有关的可行性分析报告我已经带来了，请董事长审阅。

上述两位主管的报告哪位更有说服力让领导满意。

（4）设想领导质疑，事先准备答案

领导对于你的方案提出疑问，如果你事先毫无准备，吞吞吐吐，前言不搭后语，自相矛盾，当然不能说服领导。因此，应事先设想领导会提什么问题，自己该如何回答。

（5）选择恰当的提议时机

刚上班时，上级会因事情多、繁忙，到快下班时，上级又会疲倦心烦甚至归心似箭，故都不是提议的好时机，换句话说，当上级心不在焉时，无论多么好的建议，他都难以细心静听。

提议的最好时机在上午 10 点左右，此时领导可能刚刚处理完清晨的一堆事务，有一种如释重负的感觉。同时，正在进行本日的工作安排，你适时以委婉的方式提出你的意见，会比较容易引起领导的思考和重视。还有一个比较好的时间段是在午休结束后的半个小时里，此时领导经过短暂的休息，可能会有更好的体力和精力，比较容易听取别人的建议。总之，要选择领导时间充分、心情舒畅的时候提出改进方案。

（6）说话简明扼要，重点突出

在与领导交谈时，一定要简单明了，对于领导最关心的问题要重点突出，言简意赅。例如，对于设立新厂的方案，领导最关心的还是投资的回收问题。

185

项目5 企业内部沟通

他希望了解投资的数额、投资回收期、项目的盈利点、盈利的持续性等问题。因此,你在说服领导时就要重点突出、简明扼要地回答领导最关心的问题,而不要东拉西扯,分散领导的注意力。

(7)面带微笑,充满自信

我们已经知道,在与人交谈的时候,一个人的语言和肢体语言所传达的信息各占50%。一个人如果对自己的计划和建议充满信心,那么他无论面对的是谁,都会表情自然;反之,如果他对自己的提议缺乏必要的信心,也会在言谈举止上有所流露。试想一下,如果你的下属表情紧张、局促不安地对你说:"经理,我们对这个项目有信心。"你会不会相信他? 你肯定会说,我从他的肢体语言上读到了"不自信"这3个字,我不太敢相信他的建议是可信任的。同样的道理,在你面对自己的领导时,要学会用你自信的微笑去感染领导,征服领导。

(8)尊重上级,勿伤上级自尊

最后要注意一点,上级毕竟是上级,因此,无论你的可行性分析和项目计划有多么完美无缺,你也不能强迫领导接受它们。毕竟领导统管全局,他需要考虑和协调的事情你并不完全明白,你应该在阐述完自己的意见之后礼貌地告辞,给领导一段思考和决策的时间。即使上级不愿意采纳你的意见,你也应该感谢上级倾听你的意见和建议,同时让上级感觉到你工作的积极性和主动性即可。

在提出建议之前,先请教一下上级的看法,可以使下级进退自如。一旦发现自己的想法欠妥或考虑不周,便可立即住口,回去将自己的建议完善一下。如果发现自己的建议毫无意义,那么你该庆幸还未将自己的见解说出去,从而使你避免了在上级面前暴露自己的弱点。

向上级请教有利于找出彼此的共同点,这种共同点既包括在方案上的一致性,又包括双方在心理上的相互接受。有经验的说服者常常事先了解一些对方的情况,并以这些情况作为立足点,然后在与对方的接触中首先求同,随着共同点的增多,双方也就会越来越熟悉,越来越能感到心理上的亲近,从而消除对方的疑虑和戒心,使他更容易相信和接受你的观点和建议。下级在提出建议之前先请教一下自己的上级,就是要找出谈话的切入点,以建立彼此互动的心理基础。

请教会增强上级对下级的信任感,当你用诚恳的态度与上级沟通时,他会逐渐排除你在有意"挑刺儿"的想法,并逐渐理解你的动机,恢复对你的信任。

技能训练

钱不够,活要干。上级要求去办一件事,预计需要 10 万元经费,但无论怎样沟通,领导就是不肯全给,领导的观点是花最少的钱,办最大、最好的事,而预算已经很精确,该如何解决呢?

5.2 与下属沟通

5.2.1 上级对下级的沟通要领

对领导或管理者来说,与下属进行沟通是开展工作的重要环节,因为正确的决策离不开基层和下属提供的信息。同时,作出的决策要得到贯彻实施,又需要下属去具体执行。只有上下沟通良好,上下级之间关系和谐,形成一个团结进取的团队,调动起每位员工的积极性和主动性,工作的目标、计划等才能更好地完成。

因为上下级之间的地位差异,做下级的如果不是非和上级沟通不可的时候是很少主动找上级沟通的,这既有传统文化的影响,也有一些不言自明的原因。因此在上下级沟通方面,还是需要上级主动和积极一些的。

为了保证沟通的效果,上级在与下级沟通的时候最好先调整观念,变"上下"为"主伴",认为彼此之间没有什么上下的差别,只是居于办事的需要,有主也有伴。虽然"主"很重要,"伴"也不可少。抱着"看得起下属"的心情,也怀着"红花需要绿叶扶持"的期待,以关怀的口吻、关心的态度和开阔的心胸来善待下属。

1)平等待人,尊重下属

沟通中的一个微笑、一个手势、一句问候,都可以接近彼此间的距离。尽管你与下属存在着年龄、职务、身份等方面的差异,但是你最好忽视它,并且让对方能够体察到。用平等的态度和下属沟通,表明你已经放下架子,知道尊重对方,知道对方对于你来讲是有分量的,这样一来,你就会显得亲切,有人情味,容易唤起对方说话的愿望。

尊重下属不只是说说而已,它包括在语言上不侮辱下属的人格,不有意挫伤下属应有的尊严和权利,不用明显不信任的口吻说话,不处处以领导自居,说话时不总是带着命令的口气,不随便打断下属的话题,更不要封下属的嘴不让下属说话。沟通中,当双方见解不合时,不要急着让对方表态接受自己的观点,哪怕事后证明你的观点是正确的,要给下属一点理解和接受的时间。要尊重下属在一定情形下坚持自我、反抗他人的情绪,这样就可以避免发生争论,避免双方因不愉快而让事情变得更加复杂,除非是原则性的问题。

技能训练

刘某在卷烟厂上班,一天在车间门口吐了痰,被厂长看见了,扣了本月奖金,还通报全厂批评。刘某拒绝接受处罚,觉得自己在众人面前丢了面子,特别是正热恋的女朋友不理他了。刘某趁人不注意,用皮鞋狠狠地踢了已装箱的外运烟。结果,这批好不容易争取来的大宗订货,不久被全部退回。原因是质量不过关,通过样本取样发现,有些是被踢出了烟箱,加长过滤嘴也有不少脱落。厂长气得发火,可是查不出是谁所为,刘某看着厂长沮丧的样子在偷笑。事件中的沟通问题在哪儿?应该怎样避免?

技能训练

公司为了奖励市场部的员工,制订了一项海南旅游计划,名额限定为10人。可是13名员工都想去,部门经理需要再向上级领导申请3个名额,如果你是部门经理,你会如何与上级领导沟通呢?

部门经理向上级领导说:"朱总,我们部门13个人都想去海南,可只有10个名额,剩余的3个人会有意见,能不能再给3个名额?"

朱总说:"筛选一下不就完了吗?公司能拿出10个名额就花费不少了,你们怎么不多为公司考虑?你们呀,就是得寸进尺,不让你们去旅游就好了,谁也没意见。我看这样吧,你们3个做部门经理的,姿态高一点,明年再去,这不就解决了吗?"

朱总与下级的沟通有无问题?会产生什么结果?

2)多说小话,少说大话

大话就是打官腔,小话说是亲切的话、温馨的话。中国人最听不惯官腔,因为中国人的自主性非常强,他自己决定的事会非常用心地去做,别人替他决定的事如果他不愿意,心里绝对不服,只是嘴上不说罢了。因此,在沟通的过程中,领导不能只是站在自己的角度去要求下属应该怎样,必须怎样,却不愿听取他们的不同的声音,甚至埋怨和指责下属不尽心尽力,不顾全大局,把责任和问题都推给下属。缺乏信任感并流露出对下属能力和责任的怀疑,甚至高高在上,盛气凌人,以权势压人,只顾自己指手画脚,下属会觉得领导不够公道,工作的积极性就会受到挫伤。如果做领导的以关怀的口吻多说亲切的话来感动下属,让他觉得不好意思,很多事情就容易处理了。

有人说:领导就是领导,上下级之间的沟通,下属没有必要去要求领导的态度和说话的方式。虽然是沟通,但是毕竟涉及工作,只是形式上的不同,所以下属不应该对领导提出要求。领导和你谈话,你只要跟着领导的思维走就可以了,难道你多和领导进行一次谈话,能力也会被怀疑?说不定是自己多疑了,或者对领导带有某种成见。你认为这种说法有道理吗?

3)不急着说,先听听看

如非紧急情况,上级应该是说最后一句话的人,不是说第一句话便作出决定的人。能够养成让下属主动开口的好习惯,对沟通十分有利。就像老师与学生的关系,老师是提出问题的人,学生是给答案的人,这样学生才能主动学习,学会学习。既然是沟通,就应该给下属说话的机会,让下属把想说的话说出来,领导不要急于抢话,强硬地表明自己的观点,轻易地一锤定音,这样会极大挫伤下属与上级沟通交流的积极性。

在与下属进行沟通的过程中,下属很在意上级的态度,特别是上级的倾听态度。沟通时看着对方的眼睛,认真而专注地倾听,本身就表明了对对方的重视和理解,如果你在对方说话时表现得不够耐心,或漫不经心,一会儿在文件堆里找找材料,一会儿打个电话问个事情,甚至突然问对方:"你刚才讲的是什么?"对方就会觉得你其实并不重视和他的沟通,他的想法或意见对于你来说并不重要,这样他就会感到心里不舒服,觉得你没有给予他应有的尊重。作为下属,他也许不能指责你什么,但他却可以想办法早点结束这样的沟通,那就是少说话,不置可否,甚至是不予配合。因此,领导应该用心倾听,这样你才能知道对方所说的哪些是有用的,哪些是无用的,只有听了以后才能够辨别。

4)广开言路,接纳意见

什么话都听得进去才可能广开言路,这就需要领导者有很高的修养,要沉得住气,不动声色。你如果说"他这个意见很好",那么其他的人即便是有意见也就不会再提了,你就听不到更多的信息。他讲的即使你很喜欢听,也不要有什么喜悦的表情,更不要急着裁决,别人会以为你不喜欢听,就会讲出不同的意见,然后你还是没有什么表情,那么第三种意见甚至各式各样的意见才会提出来。

领导者的眼睛是用来看大家的反应而不是用来透露你的信息的,这样别人才摸不准你是赞成还是反对。即使下属讲错了,你也不要当面批评他,还继续问:"有没有其他的意见?"如果大家都不说,你再说:"那是不是各位都同意他的意见呢?"这时你可以找一个或几个不赞成的人来谈谈他的看法。当领导的更应该学会借力而不是什么事都自己介入。当然,如果下属有错,私下规劝效果会更好一些。

用脸色来沟通是居上位的人的一种特权,越是职位高的人,脸色的影响就越大。我们说领导者在沟通中脸上不应该有喜怒哀乐的表情并不是表现得很严肃,给人高高在上的感觉,而是要脸色和蔼,说话亲切,这样一来,当你偶尔脸色不好看或说话不客气的时候,别人才会警惕,才会自我调整。

5)把握方向,注重效果

有时候,如果应当与某个下属沟通的却与上级或其他人员进行了沟通,就会造成不必要的影响。

技能训练

销售部经理发现最近部门的小王工作不积极,常常请假,他想先向其他同事了解一下。于是中午休息时,他对部门的另一位下属小张抱怨道:"最近这个小王遇到问题了,是不是这样啊?"很快,小张把这件事传给了小王,其他同事也知道了,弄得大家都挺别扭。销售部经理的沟通问题在哪儿?

6)注意细节,及时调整

常言说得好,细节决定成败,行为胜于言辞。在与下属的沟通过程中,如果不注意细节,有时候也会带来不好的后果。例如,你和下属谈话时不断地看时间,对方就会感到不安,心里会认定你还有更重要的事,还是想办法赶紧离开为好。如果你找下属来沟通,就要有充足的时间。如果是下属找你来沟通,你确定有急事要办,最好和下属说明,另约时间来谈。

你的音量和语速显示着你的情感和态度。大声说话在不同的场合具有不同的效果,大庭广众之下大声说话是一种气势、自信、魄力。在小一些的场所,面对有限的听众,则容易被误解为是训斥、告诫和不满,听者会认为你是有意用这种说话的音调提醒他们注意你此时的态度和感情。同样,在小范围的谈话沟通时,用比较缓慢的语速会让大家听起来比较舒服,容易吸引大家的注意力,觉得你是在和他们沟通而不是自顾自地说话。相反,用比较快的语速,则会让大家感到有些紧张,而且会让他们觉得你们之间的谈话你才是主角。当然,语速急缓适度最好,过慢地说话声音让人觉得沉闷抑郁,有一种压抑感,甚至会被理解为犹豫不决、吞吐不快,从而引起对方的猜测,使对方变得担忧和不安。如果你平时一向说话语速就快,记住控制自己说慢点;如果不快,那么最好顺其自然。

注意自己和对方的肢体语言。通常在下属面前站着或坐着最好是挺直腰板,给人以庄重、威严、一丝不苟的印象。但是,如果在办公室里约见下属,你仍然是这么一副身姿,那就有点不合适了。当然,办公室是工作场所,但你现在因为某件事情找下属沟通,所以你首先要想的是如何才能接近和下属之间的距离。你不妨让自己坐得或者站得更舒服一些,作为领导你先放松了,自然会影响下属。在放松的氛围中进行交谈一定会使双方感到愉快。

当然,你也可以通过观察对方的肢体语言来应对一些内在的东西。例如,不住地搔头,说明他感到局促,有些不好意思;用力活动自己身体的某个部位,说明他有些紧张;坐在那里不断地变换姿势,一会儿架起左腿,一会儿又换成右腿,说明他心里左右不是;不停地在脸上抓挠,说明他心里正因为什么事着急。这些我们常见的很表面化的细节,有时候却能透露内心的隐秘。

5.2.2　下达命令的技巧

命令是上级对下属特定行动的要求或禁止,目的是让下属按照上级的意图完成特定的行为或工作。作为上级,向下属下达命令、布置安排工作任务是职责所在。为了确保政令畅通,在贯彻执行中达到预期效果,执行者对命令的理解和接受程度就变得非常重要。如果不能准确理解,甚至在理解中出现失误和偏差,那么命令的执行效力将被大打折扣。同样,如果执行者在接受的过程中产生一些不解甚至抵触情绪,命令的执行也将难以到位,最终影响工作的顺利开展。因此,尽管是向下属下达命令,其中依然存在如何沟通的问题。因为命令下达后是要通过执行才能产生效果的。服从命令客观上会有两种态度。一种是:既然是命令,那么我服从,至于为什么要服从,因为是上级的命令,理解、不理解或理解得怎样都是要执行的,上面怎么说我就怎么做,这种态度显然是被动的;另一种是:上级的命令我当然要执行,不仅要执行,而且要保证效果,所以我必须驾驭命令执行的整个过程,并在执行命令的过程中体现自己的能力和水平,这就是主动的。

领导有向下属下达命令的权力和职责,下属也有执行领导命令的责任与义务。但在实际工作中,领导应该尽量摆脱这种想法,充分考虑命令下达后下属在执行过程中可能出现的具体情况,提醒下属作好各种应对准备,在有准备的情况下去执行命令,尽心尽力地开展工作,而不是被动地应付。

当领导下达命令的时候,每个下属都希望拥有4个权力:知情权、参与权、商量权与决定权。对于下属来讲这些愿望是正常的,因为他要对命令的执行负责。通常上级给下属下达命令都表示一种职权和层级的行政关系,带有不言而喻的强制性和约束力。作为下属而言,会感觉到来自上面的制约甚至是压力,接受命令的同时就是接受承诺和责任,必须付出努力加以实现。如果下属能够意识到这不仅是上级要我做,而且是我要自己做,并且一定把它做好,那么,他就不仅是在执行上级的命令,而且是在完成自己的意愿。一个人意识到这点,其自身能量就会充分发挥出来。相反,由压力而感到压抑,由责任而感到负担,工作中的激情和创新思维就会被遏制。如果让下属在接受命令、执行命令的过程中能够体现知情、参与、商量和决定的过程,由被动状态转为主动状态,就会极大地调动下属的潜能和积极性。由此可见,领导者在下达命令的时候能够注意沟通,能够让下属有机会充分反映在命令执行中可能存在的各种情况,心情舒畅地接受任务是非常重要的。为了能确保下属朝组织制订的方向与计划执行,我们在下达命令的时候要注意如下几个方面:

1)正确地传达命令意图

正确地传达命令意图需要注意"5W2H",即 Who(执行者),What(任务的具体情况和安排),How to do(怎样完成任务及达到的预期目标),When(任务开始和完成的时间),Where(完成任务的场所),How many(工作量),Why(让下属明白为什么要完成这件工作以及做好工作的意义)。

技能训练

请从下面命令中找出"5W2H"所指内容。张小姐,请你将这份调查报告复印2份,于下班前送到总经理室交给总经理。请留意复印的质量,总经理要带给客户参考。

2)提升下属接受命令的意愿

对于"命令"的含义,我们应该打破固有的窠臼,突破"命令——执行"的固有认识,想方设法让下属容易接受并愿意去执行。有执行命令意愿的下属会尽全力把所命令的工作做好,而没有意愿的下属往往只想着能应付过去就行。因此,要提升下属执行命令的意愿,就要注意以下4个传达命令的技巧:

(1)态度友善,用词礼貌

每个人都会在意别人对自己的态度,不仅领导需要下属的尊重,下属也同样希望得到领导的尊重和关心。现在很多领导因为长期处于高位,在与下属沟通的时候往往忘记使用一些礼貌用语,要知道,一个受人尊敬的领导,首先应该是一位懂得尊重别人的领导。

有人认为打着官腔说话,大着嗓门发号施令,摆足做领导的样子,下属就会俯首听命,工作任务就会顺利布置下去,其实这是误解。下属总是希望自己在领导心目中有一定的位置,有良好的印象,总是希望自己和领导之间有一种让他感到放心的和谐关系,而这些又往往是通过领导对自己的态度反映出来的。如果领导的态度让他感到是冷冰冰的,没有人情味的,那么他就会对这个命令产生抵触甚至不满。当然,他也许不敢在领导面前表现出来,但他会把这种情绪带到工作中,或者发泄到其他人身上。所以,看起来是说话的方式和语气,但影响的是下属的心情和工作热情。

作为领导,尽量不要让自己的下属在接受命令的时候感觉到你和平时有什么不一样,像变了一张脸。如果你平时就是率直的工作作风,突然变得婆婆妈妈,会让对方心里不踏实。如果你平时笑脸常在,突然变得十分威严,那样也会让对方感到不放心。总之,不要因为下达命令而刻意去追求"命令"的效果。

(2)让下属明白这件工作的重要性

通常在命令下达之后,最好告诉下属这件工作的重要性,让下属获得信任感,以激发下属的成就感和使命感。例如,"小王,这次项目投标是否能成功,将决定我们公司今年在总公司的业绩排名,对公司来说至关重要。希望你能竭尽全力争取成功。"相信小王听了之后会觉得:"领导这么信任我,把这样重要的工作交给了我,我一定要努力才不负众望。"

(3)给下属更大的自主权

一旦决定让下属负责某一项工作,就应该尽可能地给他更大的自主权,让他可以根据工作的性质和要求更好地发挥个人的创造力。例如,"这次让你带队负责这项工作,完全是出于我们对你的信任,我们相信你有能力完成任务。在外面能拍板的事你就拍板,既然是让你负责你就负起责来,这对你来说既是个锻炼也是个挑战。希望你不辱使命,胜利凯旋。"

(4)征询问题,提供建议

在下达命令的时候,征询下属的意见和建议,听取他们对困难的陈述,和下属共同探讨、分析,以寻找解决困难的办法,同样是勉励下属完成任务的良策。譬如,你询问下属准备如何完成任务,当他的回答让你比较满意的时候,你应当及时给予肯定和赞扬,这样下属就会对自己完成任务充满信心,从而激发斗志。当下属对于接受的任务提出困难或问题时,要让他把话说完,千万不要封嘴,不要说"理解得执行,不理解也得执行"一类的话。下属能提出问题,说明他已经在思考,只不过自己还没太大的把握,怕把工作做不好,这正是他需要你帮助的时候。这时,如果领导能和他一起来讨论,并根据经验提供一些建议,令他对工作决策的权力得到应有的尊重,他就会认为自己正在执行的是领导和自己共同制定的方案,自然会感到自豪和兴奋,干劲和动力自然就来了。

3)保持下属执行命令的热情

在下属独立完成具体工作的过程中,领导一般不应干涉,但了解和关心工作的进展情况是十分必要的,尤其当下属遇到问题和困难时,他们还会希望得到领导的支持和帮助。如果你说:"这件事已经交代给你了,怎么做那是你的事,否则不如我自己做了。"或是:"你自己看吧,我现在正忙,一点时间也抽不出来。"面对这样的领导,下属会觉得灰心。其实有的问题和困难,下属也知道即使找领导也未必就能解决,但是他希望得到支持,希望领导和他一起分担,甚至希望领导能够体察自己为了完成任务所付出的努力。他想感受到自己是有靠山的,不是孤军作战,在下属的心目前中领导总是会有办法的。这时,领导最好和下属坐下来一起去共同面对:"你提的这个问题是有点麻烦,我们一起来研究一下,肯定能够找到解决的办法。"而不是说:"你为什么不想想办法?"

一个人在遇到困难的时候是需要支持和帮助的,包括物质和精神两个方面。当自己的下属在工作中遇到难题,作为领导未必都能解决,但主动关心一下,帮助下属想想办法,就是在精神上支持和鼓励下属。

技能训练

一位已经有3年多工作经历的下级,有不少经验,但大多布置工作时,都不是十分配合,工作也粗心马虎,往往到最后只能自己挤出时间完成工作。与其沟通多次,他每次都承认错误,答应改正,可是没过多久他就又恢复成老样子。上级应该如何处理?

5.2.3 赞扬和批评下属的技巧

1)赞扬下属的技巧

当下属在工作中取得成绩时,及时地给予肯定和赞扬是保持他们旺盛的工作激情、帮助他们快速成长的最好方法之一。每个人都希望自己身上的优点和长处被别人发现,并受到赞赏,这对他们而言是勤奋努力的一个动因。不要小看几句赞扬的话,有时候它能改变一个人。赞扬可以改善上下级之间的人际关系,可以使人心情舒畅,精神愉快,从而变得更通情达理、乐于协作。作为领导应该善于发现下属身上的长处和优点,并加以赞赏。

(1)态度真诚

赞扬下属可以不拘形式,可以拍拍对方的肩膀,向他竖起大拇指,以欣赏的表情点头示意,用夸奖的语言赞赏对方等,但有一点是共同的,那就是你发自内心的真诚的态度。

(2)内容具体

赞扬要依据具体的事实来进行评介,所谓"论功行赏",使受到赞扬的人明白自己身上确有此优点,让听到赞扬的人信服。因此,赞扬时除了使用概念化的用语,如"干得不错""最近你有进步,继续努力""我对你的表现比较满意"等评价以外,最好加上具体的事实评价。例如,"你关于技术人才引进的建议很好,我们不应当求全责备,希望尽善尽美,但有些方面还是要提出要求的,比如人才就应该德才兼备,这个标准不算苛刻。""刚才这件事情你处理得不错。冷处理,没有让事情激化。不管怎么说,孩子的家长到我们学校来,我们首先要把他当作客人,哪有一见面就和客人理论的,那样显得不够礼貌啊。你先请客人坐下,端上茶,然后要理论也不迟。"

(3)注意场合

在众人面前公开赞扬下属,对被赞扬的员工而言当然受到的鼓励是最大的,也是一种比较好的赞扬下属的方式。但是,采用这种方式时要特别慎重,因为被赞扬的人如果表现得不能得到大家客观的认同,其他下属难免会有不满的情绪。如果拿批评和表扬作比较,批评所受影响仅是被批评的人,而表扬所受影响则是被表扬以外的人。试想,一个不该受到表扬,或不该受到如此规格表扬的人被表扬了,那么这个表扬的行为将挫伤很多人的情感和自尊,他们会觉得如此轻率地表扬就像一出闹剧一样,让人在觉得可笑的同时也觉得可悲。因此,需要公开表扬的最好是能被大家认同或得到公正评价的人和事项,如公平竞争下产生的业务竞赛的前三名,获得单位全体员工认同的对单位有重大贡献者以及获得社会大众认同的义举等。否则的话,最好是单独、私下赞扬。

（4）适当地运用间接赞扬

赞扬在更多的时候是以直接的形式表现出来的,有时候也可以采用间接的方式。

一是在当事人不在场的时候赞扬。比如,在领导或同事面前恰如其分地夸奖你的下属,他一旦间接地知道了你的赞扬,就会心存感激,在感情上也会与你更进一步,你们的沟通也就会更加通畅。

二是借第三者的话来赞扬对方。比如,你见到你下属的业务员,对他说:"前两天我和刘总经理谈起你,他很欣赏你接待客户的方法,你对客户的热心与细致值得大家学习。好好努力,别辜负他对你的期望。"无论事实是否真的如此,反正你的业务员是不会去调查是否属实的,但他对你的感激肯定会超乎你的想象。其实在转达第三者的赞扬的同时也就表明你的态度,对方会觉得你是很友好的,是在关心、关注他,从而在人际关系的沟通上把你视为可以信赖的领导,并愿意保持良好的关系。

2）批评下属的方法

俗话说:金无足赤,人无完人。任何人在工作中都难免有过失和错误,因此对下属的工作过失和错误进行批评是领导的另一个职责。批评的目的是为了帮助下属找到问题的症结和解决办法,帮助他们重新树立信心,更好地工作。对下属的不当行为不敢指出,是管理工作上的失职。但是指责下属后不仅没有达到改善下属的目的,反而使下属产生更多的不平和不满,恐怕就是缺乏沟通技巧的缘故了。医药发展至今,许多良药已经包上了糖衣,早已不苦口了。那么,我们为什么不研究一下批评他人的技巧,变成忠言逆耳呢?在对下属进行批评时,下列几点一定要留意。

（1）弄清事实,分清责任

没有调查就没有发言权,不了解情况就会处处被动。弄清事实是正确批评的前提,分清责任是让对方接受批评的基础。在批评之前了解相关事实,弄清过程原委,既有利于达到批评的目的,也是对双方负责的表现。尽管是对自己的下属进行批评,也要本着以理服人,用事实说话的原则,切忌以权势压人,凭主观直觉说话。比如,你要批评下属一项工作没有做好,那么你先了解下属在开展这项工作时面临的问题和解决的条件。当你了解到下属所遇到的问题或困难远远超出他拥有的条件或权限时,你可能就不会再批评他,反而要检讨自己了。了解了情况,你就等于掌握了主动权,你的话才能言之有理,以理服人。否则,你的批评会让下属不服,这样的沟通行为无疑是失败的。

（2）考虑方式，注意效果

批评一个人要比表扬一个人更难，表扬好比是一把万能钥匙，什么样的锁都能开，而批评好比一把普通钥匙，只能一把钥匙开一把锁。

一个平时很优秀的下属，偶然犯了过失，也有了比较深刻的认识，批评时可以点到为止，所谓"响鼓不用重锤敲"，对这样的下属，保护他的自尊比给他一顿批评更有教育意义。对性格内向、敏感寡言、承受力较弱的下属，批评时可以委婉一些，耐心地说服他认识自己的过失；对心直口快、生性率真的下属，则可以大刀阔斧、一针见血地指出他的错误所在；对担任一定职位的下属，原则上不要当着他的下属直接批评他，最好换个合适的场合，以体现你对他的关心和爱护；对事实明确、责任较大、又带有共性特征的人或事，就应该公正、公开地进行批评，其目的是惩前毖后，警示他人。

有些下属所犯的错误令人气愤，或者犯了错误还没有一定的认识，这时领导要控制自己的情绪，不要在批评时大发雷霆。因为人在发脾气的时候往往控制不住自己，说些不中听的刺耳的话，甚至把下属过去所犯的过失也翻出来，这样下属就会觉得你粗暴，缺乏风度，而且还怀疑你对他有成见。在批评下属的时候，要尽量做到对事不对人，就事论事，这样会使下属觉得客观公正，觉得领导对他的个人能力和品德是不加怀疑的，不至于因为批评而挫伤自信心和工作激情。

技能训练

李经理在巡视时发现张小虎拆下安全护罩在进行作业，所以现场加以纠正。张小虎反抗说："如果想要开除我，就干脆明白地讲出来好了。"当天下午李经理请张小虎来办公室，进行交谈。最初采取反抗态度的张小虎后来也说出了因为失恋而有了自暴自弃的想法，并且告知了部分配料有粗糙毛边的问题。李经理应该如何处理？

5.3 怎样与同事沟通

5.3.1 同事间沟通的要领

这里所谈的同事间的沟通主要是区别于前两章下级对上级和上级对下级的沟通，是基于职位相同的平行关系的沟通方式。不管是上级对下级还是下级对上级的沟通,下级常常对上级礼让三分,不能没大没小,因此比较容易寻找合理的平衡点。而平行的同事之间,大家处于同等的位置,很容易产生"谁怕谁"的心态,如果处理不当,沟通起来就非常困难,因此同事间的水平沟通对于双方的沟通能力提出了更高的要求。

有人说,一个人与同事在一起的时间和他与家人在一起的时间是相等的。所以,与同事关系的好坏直接影响到自己的工作、事业的进步与发展。如果同事之间关系融洽、和谐,人们就会感到心情愉快,有利于工作的顺利进行,从而促进事业的发展。反之,同事关系紧张,相互拆台,经常发生摩擦,就会影响正常的工作和生活,阻碍事业的正常发展。

善于处理同事关系,巧妙赢得同事支持的人总能在工作中游刃有余,安然生存。而那些不屑或者根本不会与同事交往的人则免不了时时被动挨打,举步维艰。如果想在事业上获得成功,在工作中得心应手,就不得不深谙同事间相处的学问。

1) 彼此尊重,首先从自己做起

人的致命伤是喜欢占小便宜而怕吃亏,总希望你先对我好然后我才对你好。同事之间地位平等,只有先从自己做起,尊重对方,对方才会同样地回报,彼此尊重才能落实,沟通起来才更容易。职位相同的同事多为工作上的接触,宜采用商谈、讨论以及提出建议的方式找出解决问题、共同完成工作任务的方法,并尽可能照顾到各部门的利益,而不能以"命令"或责怪的口吻把自己的想法强加于沟通对象。

技能训练

汤姆和乔治原来是很好的同事和朋友,可最近关系紧张,大有"割袍断义"之势。不明真相的人以为他们之间肯定是发生了天大的事情,否则形影相随的两个人绝不至于搞成这个样子。可事实上远没有那么严重,他们只是为了一颗纽扣而已,一颗最多价值几分钱的纽扣。乔治新近买了一套非常满意的高档西服,却刚穿不到一周就丢了一颗关键部位的纽扣,惋惜之余偶然发现整日挂在洗手间的那件不知是哪位清洁工的工作服上的扣子,与自己丢失的纽扣简直一模一样,遂乘人不备悄悄地扯下了一粒,打算缝到自己的衣服上滥竽充数,并得意地将此"妙计"告诉了汤姆。不料未出数日,多数同事都知道了乔治的这个笑料——汤姆竟然在大庭广众之下拿这件事跟乔治开玩笑,弄得当时在场的人都笑作一团,而乔治也终因太没面子而恼羞成怒,反唇相讥,大揭汤姆的许多很令其丢面子的"底牌",于是乎后果也就可想而知了。汤姆和乔治沟通出了什么问题?应该如何处理?

2) 易地而处, 站在对方的立场

无论你在什么部门, 从事什么工作, 你会发现我们的自我评价与其他部门对我们的评价都相去甚远。但是作为一个整体而言, 各个部门、同事之间的合作却是唇齿相依、缺一不可的。那么, 为什么会出现这种现象呢? 就是我们常常认为自己有道理, 沟通对象没道理。一心一意为自己打算, 本位主义浓厚, 怎么能有效沟通呢? 其实, 谁都想把自己的工作做好, 如果能设身处地地站在沟通对象的立场上进行沟通, 即使有困难, 大家也能找到很好的解决办法。

技能训练

财务部经理为了保证提前统计出老总指示的月度财务报表, 找到销售部的肖经理, 让他拿出销售收入汇总表。下面肖经理的几种回答会有什么不同的结果?

1. 我现在实在没有空。嗯, 不过, 我可以想想办法, 加个班, 没关系。

2. 什么? 我这里的正经工作还没有忙完呢, 哪里有工夫管什么报表这些杂事。

3. 你们是怎么搞的, 平时我们没事你们不要什么表, 现在我们忙起来了却给我们添乱。什么表? 是表重要, 还是完成销售额重要?

4. 我希望我能够把销售汇总表按时交给你, 但我们以前交报表都没有这么急, 恐怕各个办事处都没有准备, 我们试一下, 再答复你, 可以吗?

5. 没有人事先通知我们部门, 你能否准许我的销售汇总表晚些时候交给你?

3) 平等互惠, 不让对方吃亏

与同事相处, 要采取平等互惠的原则, 只要你能做得到, 就尽力帮同事忙。如果其他部门或同事在工作上给了你帮助, 当你取得成绩或有好处后一定要懂得跟大家分享, 不能工作上我拜托你, 有了好处就躲起来, 从而建立起"和我打交道一定不吃亏"的信用, 增加大家的信任感。

4) 把握尺度, 避免不当伤害

有人把人际交往的距离准则比作"刺猬理论": 两个为取暖的刺猬, 如果靠得太近, 就会被各自身上的刺扎伤, 如果离得太远又不会得到温暖。同事之间相处也这样, 并非越密切越好。过于密切会使彼此受到伤害, 只有双方

保持适当的距离,让别人拥有适当的私人空间,沟通才是对双方有益的。

5)积极乐观,宽容对待他人

微笑的力量是惊人的,有微笑面孔的人,就会有希望。没有人喜欢那些整皱着眉头、笑容满面的人,过于压抑的环境往往会给人带来心理上的不适,如果你能促进这种环境的转变,那么你就会有一种号召力。孤僻的人不但会遭非议,而且会被孤立。融入环境最有效的方法便是主动出击,热情待人。

微笑是一种宽容,一种接纳,它能缩短彼此的距离,成为打开自己人气的钥匙,使人与人之间心心相通。喜欢微笑着面对他人的人,往往更容易走入对方的心底,少了它,纵使你工作上有不俗的表现,也难以打开仕途成功之门。

6)如有误会,诚心化解障碍

在长时间的工作过程中,难免与同事发生意见分歧或一些小矛盾,当发现对方有心结时,必须用心去化解,不能过分争论是非对错。当同事之间谁也不服谁时,过分争论往往容易激化矛盾,不利于整体团结。面对问题,尤其是存在较大分歧时,首先找出关键所在,努力寻找共同点,争取求大同存小异。即使确实不能求得一致时,也不妨冷处理,明确表达"我难以同意你们的观点,我保留我的意见",使争论淡化,同时又保持自己的立场和态度。尽量不要表现出盛气凌人的样子,非要和同事做个了断,分个胜负。退一步讲,就算你有理,要是你得理不饶人的话,同事也会对你敬而远之,觉得你是个不给同事余地,不给他人面子的人,以后也会在心中时刻提防你的,这样你可能会失去一大批同事的支持。此外,被你攻击的同事,将会对你怀恨在心,你的职业生涯又会多上一个"敌人"。所以,处理同事之间的纠纷和矛盾一定要低调,不要过分张扬和尖锐。如果是因为自己的过失,一定要以实际行动来补救,空口道歉并没有多大作用。

7)坚持原则,维护正当权利

过分地争抢不会有更好的结果,而过分地退让又常常被视为软弱。因此,在同事的沟通中,既不能只是防御型的,也不能总是进攻型的,而应该是积极合作型的。沟通过程中积极的人会对自己的权利非常清楚,在坚持原则的前提下能够表明和维护自己的权利。

　　网管部王经理找到人力资源部的任经理,要求对网管部小陈工资调整幅度一事重新加以考虑。王经理拿出小陈一年的工作业绩评价表:"任经理,是否可以重新考虑一下我们部门小陈的加薪问题。她去年工作干得十分出色,可是她的加薪幅度却低于公司的平均加薪幅度。"任经理对王经理解释道:"考虑到她的薪水在同层次的人中已经是高薪了,所以这次年度加薪才没有同意你们网管部提出的要求,低于了公司的平均水平。"王经理说:"小陈的工作大家有目共睹,即使高于公司的平均水平,也理应为她增加。工资的基数,是公司当时同人家讲好的,不能把这个带到加薪幅度的问题中来,不符合公司的薪资制度……"王经理很清楚公司的制度,明白员工的权利,认为人力资源部的决定已经侵犯了自己员工的权利,而自己有责任为员工争取。这个事件对你维护自己的正当权利有什么启发?

8)注意细节,经常反省自己

　　在与同事交往沟通过程中,有些信息是同事无意中传递给你的,其中很大一部分可能就是对于你的一些看法以及那些难以用语言表达的评价。这些信息对于你的人际关系和职场生存有着预警的作用,要善于发现并从这些信息中看出你的处境。平时多加注意,并经常反省自己,你才能在与同事的交往中应对自如。

　　在工作的过程中,你发现过下面这些现象吗? 如果有过,你该怎么办?
　　1.周末同事们约好一起去郊游,却没有告诉你。
　　2.办公室的同事常在一起窃窃私语,你一走近时他们就不说了。
　　3.你的同事都在背后诋毁你,你却没发现自己有什么过错,上级还常常表扬你。
　　4.同事常向你倾诉个人隐私和对上级的不满。

5.3.2　同事间沟通应注意的问题

　　在与同事相处中,有一些行为的危害是比较严重的,如果不注意这些不恰当的行为,往往会破坏你在同事中的形象,或是引起同事对你的负面看法。

1)切勿将责任推给别人

尽可能把责任推给别人,这是人性的弱点。有些人缺乏整体观念,不能从组织利益出发,不愿承担责任,弄得工作没有效率,搞得大家都不愉快。

技能训练

人力资源部要招聘一名产品部经理,任经理找到产品部的平经理,希望平经理写一份职位说明书。平经理想:"让我写一份,以后人招来了不合适,人力资源部又该把责任推到我身上了。"于是他说:"写职位说明书,你们人力资源部是专家,我只能大概说一下我们的要求……"平经理的做法合适吗?

2)切勿背后议论别人

常言道:"哪个背后不说人,哪个人前无人说。"如果我们能把握住说人家的好,当然可以放心大胆地说,但如果是人前背后乱议论人家的不是,离危险也就不远了。

在背后议论别人是同事交往的禁忌,古来就有"祸从口出"的警策之言,我们在与同事沟通时一定要注意说话的内容,哪怕是对比较信得过、合得来的同事也不要信口雌黄。对其他同事谈及自己对于领导的看法或扎堆抱怨公司、领导或其他人,这对问题的解决不但没有帮助,弄不好还会给自己带来很大麻烦。

发现别人在背后议论自己,尤其是说自己的坏话,自己要有"有则改之,无则加勉"的气量,要有"不做亏心事,不怕鬼敲门"的坦然心态,通过自我反省,坚持对的,改正错的,多征求别人的意见,接受批评,不断改善自己。有时候,沉默是最好的方式。

技能训练

乔凯和鲍冰同在一家公司工作。鲍冰在公司人缘极好,他不仅技能精湛,而且总是笑脸迎人,和同事和谐相处,乐于帮助别人,同事对他的评价很高。

一天晚上,乔凯有事找经理,到了经理门口时,听到里面正在说话,并且依稀有鲍冰的声音,他听到鲍冰正在向经理说同事的不是,平时很多不起眼的小事被鲍冰添油加醋地说着,并且还说自己的坏话,借机抬高他本人。乔凯不由一阵厌恶。

从此以后，乔凯对于鲍冰的一举一动，每一个表情，每一句话都充满了厌恶和排斥感，他无论表演得多好，说任何好听的话，乔凯都对他存有戒心。而经理对鲍冰的态度也发生了变化，他对鲍冰很冷淡，因为他也有一双眼睛，他发现有些事并非像鲍冰所说的那样严重，他觉得鲍冰的人品有问题，所以在内心里已生厌恶之感。可见，正直的上级并非都喜欢下属向他打小报告的。这个事件对你有什么启发？

3) 切勿满腹牢骚

不少人无论工作在什么环境中，总是怨气冲天、牢骚满腹，逢人便大倒苦水，尽管偶尔一些推心置腹的诉苦可以构筑出一点点同事友情的假象，不过像祥林嫂般地唠叨不停会让周围的同事苦不堪言。也许你自己把发牢骚、倒苦水看作是与同事们真心交流的一种方式，不过过度的牢骚怨言，会让同事们感到既然你对目前工作如此不满，为何不跳槽去另寻高就呢？有时还会觉得你是得了便宜卖乖，真让人恶心。

有许多爱说话、性子直的人喜欢向同事倾吐苦水，虽然这样的交谈富有人情味，能使彼此变得友善，但是调查研究表明，只有不到1%的人能够严守秘密。所以，当你的个人危机、失恋或婚外情等发生时，最好不要到处诉苦，不要把同事的"友善"和"友谊"混为一谈，以免成为同事的注目焦点，也容易给老板留下问题员工的印象。

4) 切勿趋炎附势

趋炎附势虽然是自古以来的社会流行病，但一直为正直的人们所不齿。趋炎附势者人品卑下，他们没有原则性，没有廉耻心和是非心，只要能获得个人名利，不惜对有钱有势的人阿谀逢迎，溜须拍马，什么事都能做出来。他们见风使舵，但如果形势变化，就树倒猢狲散，去投靠新的主子。他们也没有自尊、自信、自强的观念，而是靠投机钻营，靠有钱有势的人过寄生生活。这样的人以势利眼光处理人际关系，不可能真诚待人，当然也不可能获得真正的友谊。

5) 切勿拉帮结派

同事之间要保持良好的关系，但是不必要好到结成同党，共同进退。私自拉帮结派形成小圈子，很容易引发圈外人的对立情绪。要明白，只要你跟某同事结了党，他的敌人也立即成了你的敌人，他的朋友却未必会跟你是朋友。

6) 切勿过分表现自己

自我表现是人类天性中最主要的因素,人类喜欢表现自己就像画眉喜欢炫耀声音一样正常。在工作中要想出人头地,的确需要适当表现自己的能力,让同事和上司看到你的卓越之处。在现代社会,充分发挥自己的潜能,表现出自己的优势,也是适应挑战的必然选择。但是,表现自己要分场合、分方式,不能使人看上去好像是做样子给别人看似的。特别是在众多同事面前,如果只有你一个人表现得特殊、积极,往往会被认为是做作、虚伪,效果与愿望往往适得其反。

技能训练

张研是一家大公司的高级职员,工作积极主动,待人热情大方。但是有一天,一个小小的动作却使他的形象在同事眼中一落千丈。当时在会议室,许多人都等着开会,其中一位同事发现地板有些脏,便主动拖起地来。而张研一直站在窗台边往楼下看。突然他急步走过来,叫那位同事把手中的拖把给他,同事不肯,可张研却执意要求,那位同事只好把拖把给了他。张研把拖把接到手,刚过一会儿,总经理推门而入。他正拿着拖把勤勤恳恳、一丝不苟地拖着。从此,大家再看张研,顿觉他虚伪了许多。从前的良好形象被这个小动作冲得一干二净。你怎样评价这种做法?

7) 切勿年少轻狂

"小事不愿干,大事干不了。"这是刚参加工作的新人最容易犯的毛病,如果不注意纠正,很可能会使你流为志大才疏式的人物。要注意"大处着眼、小处着手",小事中见大精神,一丝不苟地做好每一件"小事",可为以后做"大事"积累资源。另外,对你做的每一件小事,其实领导都看在眼里,只要对你留下踏实肯干的印象,一旦有机会,会放心地让你做大事。

8) 切勿无视制度

每个单位都有严格的规章制度,特别是作为刚刚走上工作岗位的"新人",必须绝对遵守,不能随便违反制度。不少新人在大学生活中自由散漫惯了,工作后仍不改旧习,对单位内部的规定看得较轻,尽管工作上干劲很足,但就是上班的时候经常迟到、早退,其实这往往是纪律严明的用人单位最不能容忍的。所以,对于刚刚走上社会的大学生来说,一定要严格要求自己,上班时要早到晚走,决不轻易为自己的私事请假离岗,特别不允许不请假就私自不去上班,工作期间不玩电脑游戏,不看电影,不用办公电话打私话等。同时,应抓紧时间多翻阅单位的一些内部规章制度的材料,多注意观察,尽量使自己少犯错误,少出纰漏。

某院校两名毕业生被沿海一家电子公司聘用,上岗前经过一个月培训结束后,第二天就要正式上岗了,两人却不知了去向。公司多方寻找没有结果,只好打电话向学院相关领导询问是否两人回校了,学院回复没有见到他们。学院只好把电话打到学生家里,家长说孩子没有回家。一天后,两人回到了公司,领导问明了情况,原来两人一直生活在平原没有见过海,于是培训一结束两人没请假就去看海了。公司对他们这种无视规章制度的散漫做法无法接受,只好通知他们家长把孩子带回家,并且要家长补偿培训费、工作服装费等费用。你怎么思考这个事件?

9) 切记经济 AA 制

同事之间交往免不了聚会、交游等集体活动,目的是大家图个开心,当然也就免不了花钱,如果采用 AA 制,不仅大家心里都没有负担,经济上也都承受得起。当然,如果是碰上同事有了高兴的事主动提出做东,你就给对方一个面子,不过要多说些祝贺的话。如果特别在意花钱,将自己的钱包捂得紧紧的,大家就容易疏远你,以后有活动的时候也不会再叫你。

10) 切忌沟通错位

应当与同级沟通而错误地与上司或其他人进行了沟通,常常会把事情搞复杂,或是造成当事部门之间、人与人之间关系紧张。

销售部的肖经理对人力资源部招来的一批销售代表感到很不满意。在一次同老总的谈话中谈到了此事:"不知道现在人力资源部的人都在忙什么,最近给我们招来的人根本就不合适。"老总把这件事记在了心上,在一次部门经理会议上点名批评了人力资源部。人力资源部任经理感到非常气愤,认为销售部觉得招的人不合适可以给我说嘛,到老总那里告什么状。从此,和销售部有了芥蒂。你怎么思考这个事件?

团队游戏

无敌风火轮

一、项目类型:团队协作竞技型

二、道具要求:报纸、胶带

三、场地要求:一片空旷的大场地

四、游戏时间:10 分钟左右

五、详细游戏玩法:12~15 人一组利用报纸和胶带制作一个可以容纳全体团队成员的封闭式大圆环,将圆环立起来,全队成员站到圆环上一边走一边滚动大圆环。

六、活动目的:本游戏主要为培养学员团结一致,密切合作,克服困难的团队精神;培养计划、组织、协调能力;培养服从指挥、一丝不苟的工作态度;增强队员之间的相互信任和理解。

单元 3　实战训练

[提示] 学习者将"单元 1"中的真实任务与真实案例进行对比,比较真实案例中管理者(或企业)怎样解决相似的问题(任务),尤其是自己在初次尝试中遇到障碍的方面。另外,学习者还将感受相关理论知识是怎样体现在真实案例中的。

实战案例

走进双胞胎集团,让人感觉最独特的地方就是这里的办公室真的很大,而且是敞开式办公。在集团大楼,不管是行政办公室,还是财务办公室,不管是市场部还是采购部,甚至是总裁办公室,大家都是聚在一起办公,桌子和桌子之间没有隔断,领导和下属也同样平等地坐在一起。一间偌大的办公室,少则十几二十人，多的有几十人，大家都在专心工作。而这几十个人的办公室里却听不到一点嘈杂的声响，大家都认真的埋头工作，能听到的只是电脑键盘的敲打声。

这不禁让我们联想到了美国惠普公司的办公室格局。惠普公司为了鼓励部门负责人深入基层，直接接触广大职工，采用了美国很少见的"敞开式大房间"办公，即全体人员都在一间敞厅中办公，各部门之间只有矮屏分隔，除少量会议室、会客室外，无论哪级领导都不设单独的办公室，据说这样有利于上下左右通气，创造无拘束和合作的气氛。

同样，敞开式办公让大家很透明，没有自己的"独立王国"，并且都在各自的视线范围内工作，原来上班时间聊天、干私活的现象得到了有效地遏制，这在无形中起到了相互监督的作用。在上班期间，大家讨论的不再是家长里短、鸡毛蒜皮的琐事，而主要是商量和讨论工作中遇到的困难问题和解决的方法。在无形中，敞开式办公创造了一种学比赶超，团结协作的氛围。

当今世界瞬息万变，光靠一个人单打独斗、个人英雄主义的闭门造车的工作方式是越来越不可取了，反而团队的分工合作方式正逐渐被各企业所认同。在管理中打破各级各部门之间无形的隔阂，促进相互之间融洽、协作的工作氛围是提高工作效率最好的方法。

美国惠普公司以其对人的重视、尊重与信任的企业文化闻名于世，惠普的创建人比尔·休利特说："惠普的政策和措施都是来自一种信念，就是相信惠普员工想把工作干好，有所创造。只要给他们提供适当的环境，他们就能做得更好。"这就是惠普之道。惠普之道就是关怀和尊重每个人，承认他们每个人的成就，个人的尊严和价值是惠普之道的一个重要因素。不管是有心还是无意，双胞胎集团的办公环境与惠普公司不谋而合，这不禁让人产生一番感慨：成功的企业大抵相同，失败的企业却各有各的不同。

不要在工作中人为地设置屏障分隔，而是敞开办公室的门，制造平等的气氛，同时也敞开了彼此合作与心灵沟通的门。对一个企业而言，最重要的一点是营造一个快乐、进步的环境，在管理的架构和同事之间，可以上下公开、自由自在、诚实地沟通，这样的沟通代表了公司对员工的信赖，也鼓励着员工为了企业的终极目标而共同努力。

敞开式办公的做法鼓励并保证了沟通交流不仅是自上而下的,而且是自下而上的。同时,为了打消企业内部的因为等级差异而产生的沟通障碍,惠普公司还要求对内不称头衔,即使对董事长也直呼其名。这样有利于沟通,创造无拘束和合作的气氛。

资料来源:惠普官网、新浪安迪方方博客

跟学内容

惠普公司中的上下级、同事之间沟通方式的创新对沟通效果有怎样的影响?为什么中国国内的企业很少采取惠普公司的这种沟通形式呢?

跟学指导

应理解企业内部中的上下级之间、同事之间沟通的技巧,认识中国企业上下级、同事之间传统上沟通的利弊,并在此基础上思考:为什么中国国内的企业很少采取诸如惠普公司这类西方企业比较常见的沟通形式?

单元4　继续完成真实任务

[提示]学习者再次尝试完成"单元1"中的真实任务,并利用下表再次进行自我评估(对比"单元1"中的"做学教"目标以及任务要求),之后指导老师进行持续评估,提出持续的指导意见。学习者将自己所属团队完成的任务进行公开、互动展示和讲解(角色情景扮演),其他团队同步进行交叉评价。

完成任务的过程记录与自我评估	导师评估与指导
A1 继续这个任务,我们做了(按工作流程列):	A2 你们还需要做:
B1 我们会做下面这些:	B2 你们已经掌握了这些技能:
C1 通过完成任务,我们得到的经验与教训:	C2 未来可以继续学习下列这些:

续表

完成任务的过程记录与自我评估							导师评估与指导						
D1 任务完成状况的自我评价(在对应等级上画圈)							D2 任务完成状况的导师评价(在对应等级上画圈)						
1	2	3	4	5	6	7	1	2	3	4	5	6	7

说明:1.失败;2.未完成;3.基本未完成;4.勉强完成;5.完成;6.顺利完成;7.成功完成。

单元5　强化与拓展

可选的教学做单元。学习者根据指导老师给出的后续学习指导意见,有差异地选择适合自己的强化练习项目或拓展项目。通常练习项目是在完成真实任务还存在困难的学习者中展开,拓展项目是在完成真实任务后还有余力的学习者中展开。

强化练习

1. 推荐书籍:《管理沟通与领导力开发》,胡巍著,清华大学出版社,2010 年 11 月出版。

2. 仔细观看天津卫视互动网站《非你莫属》官网各期视频资料。

3. 观看天津卫视《非你莫属》节目,仔细分析各个嘉宾与不同企业高管之间的沟通表现。比较节目中成功的嘉宾做了哪些沟通,其中哪些沟通起到了关键性作用;失败的嘉宾沟通不足的地方在哪里;不同性别、不同学历的嘉宾针对不同的企业领导采取了哪些沟通方式及取得了什么效果。

资料来源:天津卫视《非你莫属》官网

拓展训练

领导与沟通

　　如果你是领导,你能"遥控"好你的员工吗?　如果你是员工,你能和领导默契配合吗?　本游戏对此提出了挑战。

　　活动人数:8 人

　　活动时间:30 分钟

　　活动场地:不限

　　活动用具:4 个眼罩,一条 20 米长的绳子

　　活动规则:

　　1.教师选出一位总经理、一位总经理秘书、一位部门经理、一位部门经理秘书、四位操作人员。

　　2.教师把总经理及总经理秘书带到一个看不见的角落,然后给他说明游戏规则。

　　总经理要让秘书给部门经理传达一项任务,该任务就是在操作人员在戴着眼罩的情况下,把一条 20 米长的绳子做成一个正方形,绳子要用尽。

　　(1)全过程不得直接指挥,一定是通过秘书将指令传达给部门经理,由部门经理指挥操作人员完成任务。

　　(2)部门经理有不明白的地方也可以通过自己的秘书请示总经理。

　　(3)部门经理在指挥的过程中要与操作人员保持 5 米以上的距离。

　　3.由教师带领学生讨论下列问题:

　　(1)作为操作人员,你怎样评价你的这位部门经理?　如果是你,你会怎样来分派任务?

　　(2)作为部门经理,你对总经理的看法如何?　对操作人员在执行过程中的看法如何?

　　(3)作为总经理,你对这项任务的感觉如何?　你认为哪些方面是可以改善的?

无敌风火轮

　　项目类型:团队协作竞技型

　　道具要求:报纸、胶带

场地要求：一片空旷的大场地

游戏时间：10 分钟左右

详细游戏玩法：12～15 人一组利用报纸和胶带制作一个可以容纳全体团队成员的封闭式大圆环，将圆环立起来全队成员站到圆环上边走边滚动大圆环。

活动目的：本游戏主要为培养学员团结一致，密切合作，克服困难的团队精神；培养计划、组织、协调能力；培养服从指挥、一丝不苟的工作态度；增强队员间的相互信任和理解。

预备下一次任务

阅读项目"6 企业外部沟通"的"单元 1（True Task）：尝试真实任务"，以3～5 人为工作团队在下次课堂教学之前完成规定的任务。

项目 6
企业外部沟通

单元 1　尝试真实任务

　　[提示] 学习者将自身置于未来工作环境,充分依靠自己过去积累的经验和已经拥有的知识,尝试解决实际问题(任务)。

真实任务

　　对于消费者来说,买了产品,一旦出现问题,都希望得到细致、统一的维修服务,但是偏偏有的汽车企业,产品出现问题,修理起来却是因人而异。对于懂行的车主,就细致、耐心地修理,甚至还可以退换;对于不懂行的车主,修理的质量可能就要大打折扣。

　　顾先生 2013 年在苏州的一家大众 4S 店里购买了一辆迈腾轿车,刚开了几个月,发动机出现渗漏机油的情况,每星期都要对发动机的表面进行清洗,如果不清洗看起来就会非常明显。"最多的时候,下面的油多得可以用勺子舀出来。"顾先生告诉记者。在顾先生提供的照片中可以看到,发动机的凹槽里,都是褐色的液体油,这些油不仅仅出现在发动机的表面,还有一些已经滴在了车底板上。

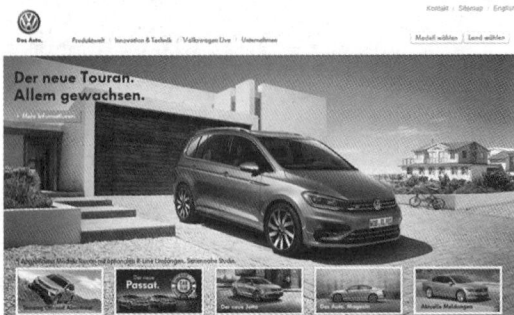

而上海的韦先生,2012 年购买的大众途观,也出现了发动机渗漏机油的问题。韦先生给记者提供的照片中可以看到,发动机里渗漏出的机油,已经把车底的防护壳染湿了一片。同样,苏州吴江的谭先生也在为自己的途观车发动机渗漏机油而烦恼。

在北京、安徽、广东、江苏、浙江、四川、云南、内蒙古、青海,很多车主都遇到了类似情况——发动机"渗漏机油"。

清华大学汽车系助理研究员马骁表示,带涡轮的发动机运行起来里面温度很高,最高的时候会有 800～900 ℃,一旦发动机上有油,或者粘到了其他杂质,起火的隐患很大。国内外一些知名的研究发动机的专家告诉记者,汽车发动机如果出现这样的渗漏机油的现象,肯定不正常,尤其是高速运行的汽车,一旦渗漏机油严重,将会相当危险,这绝对不是专家的危言耸听,就连这些车辆的使用说明书上也明确写着,加机油时要小心,不能让机油滴落在灼热的发动机零部件上,否则,有燃烧的危险。

4S 店解决办法 1:"这是正常现象!"也正是担心自己的车辆出现问题,很多车主第一时间想到的就是求助 4S 店,不过他们得到的答案却是:这是正常现象,不用担心。由于发动机渗漏机油,上海的韦先生和大众 4S 店已经交涉过好几次。上海大众某 4S 店维修部经理表示,上海大众给我们的回复是正常,造了那么多车,又不是一台两台,上海大众、一汽大众、德国大众全部都是用这个发动机。

4S 店解决办法 2:"请你保密!"4S 店从维修经理到维修工都说是"正常现象",这让很多车主就相信了,不再进行维权行为。如果仍有车主坚持要求 4S 店给出解释,并进行修理,4S 店就会拿出更进一步的维修服务,给车主的汽车更换一些零件,进行发动机清洗。不过享受这个服务的前提,是车主要签订所谓的"保密协议"。协议中,4S 店承诺给这些车主们一些优惠服务。

但是前提条件是,关于车辆发动机渗漏机油的问题,车主不可以向 4S 店以及制造商再提出包括质量在内的其他任何要求。

反复交涉之下,顾先生买车的 4S 店主动为他的车更换了连接废气管的"油气分离器"。"当时他们主动给我索赔了油气分离器,他们说肯定这个地方坏了,然后马上给我索赔掉了。"

实际上是不是油气分离器坏了?顾先生多次询问原因,4S 店工作人员始终没有告知。顾先生认为,4S 店对渗漏机油的情况早就心知肚明。另一家 4S 店工作人员的说法则证实了这一点,"漏油太普遍了,我们这么跟你说,上海大众不会这么跟你说的。"即使是更换了配件,顾先生的车也并没有好转的迹象。"我开车第二天我又发现漏油了,一个礼拜后又很多了。"

反复修理,就是没有好转,发动机还是一如既往地渗漏机油,这让很多车主非常着急,可是 4S 能做的就是清洗、换零件。于是,有的车主想到了直接找汽车制造商,毕竟车子是他们生产的,发动机出现这种问题,汽车企业最有发言权。

"我想请问一下,你们已经处理了半年时间了,那怎么还没处理好?"虽然知道打了多次电话,但是对于顾先生的提问,一汽大众的客服并没有给出答案。

电话转到投诉部后,投诉部把问题推给了 4S 店。"车辆都是联保的,任何一家 4S 店都可以检测您车辆的问题,那目前发动机上面还有机油吗?我们可以帮您反馈。"而这一反馈就是半年都没有了消息。

汽车出现问题,车主找到 4S 店。开始说没问题,继续坚持,4S 店就会给换零件,清理发动机,反复修理。不见好转,车主找到汽车生产商,汽车生产商坚持称是正常现象,又把车主推还给 4S 店。这样一来,想维权的消费者就走到了一个循环里面,被 4S 店和汽车企业推来推去。

有的车主也想通过第三方检测机构检验一下发动机到底有没有问题,可是同样也吃了闭门羹。原因是,这些机构只针对企业,不对消费者个体开放。

于是,很多车主放弃了最初的想法,接受了这个事实,不再耗费精力了,可是在苏州,有位车主却偏偏较起了真。在发现刚买的汽车发动机渗漏机油之后,在 3 个月的时间里,他给汽车企业的客服打了 60 多个电话,反复给汽车厂家发电子邮件,要求退车,结果这位车主拿到了大众企业的全额退车款。

苏州车主万春雷的这辆途观轿车,遇上了和众多车主们一样的问题——发动机渗漏机油。更换各种配件,问题都没有解决,最后他坚持退车。在联系上海大众的同时,万春雷在汽车论坛上就以自己的经历发了帖,短短一个多月,超过 30 万人次浏览。随后,上海大众派出了包括售后负责人、引擎技术在内的谈判团队来到苏州,和万春雷进行面对面沟通,最后上海大众汽车专家是明确承认了这个问题的存在,车企同意给万春雷退款。

万春雷还向记者出示了这场长达 300 分钟的谈话录音。在谈判初期,上海大众的发动机技术专家态度很坚决,认为发动机没有问题,售后负责人也不同意给万春雷换车。"我们德国的标准高于国家标准,这个不是设计缺陷。""退车很难。"但是谈话进行了 1 个多小时之后,上海大众的谈判人员态度已经发生了转变,但是依然不同意退车。"除了退车,我们改善好后,还能再给你维修。"在 3 次反复拉锯谈判之后,上海大众终于答应给万春雷退车。但也给出了退车的条件,"涉及的每一分钱都能退给你,但是你自己要删帖或者让这个帖子沉下去,我们不希望你在网上再发声。"

2014 年 2 月,经过几个月的反复拉锯之后,上海大众汽车销售有限企业决定为万春雷办理退车,他拿到了包括购车款和保险等在内的 24 万元全额退款。在退还车款之前,上海大众还让他签了一份和解协议,上面写着:大众为万春雷全额退车。退车后,万春雷不能再发表任何与途观车相关的帖子,不能再处理任何与途观车故障有相关关联的事宜。

"这样的协议,你看看,如果没有问题,为什么他们要我签?"万春雷说:"虽然我签了,但是我觉得这不是一个小事,事关所有的车主,所以我还是想站出来告诉大家。"

资料来源:中央电视台

任 务

进行大众汽车的客户类型分析;探讨大众汽车如何更好处理客户投诉;分析大众汽车如何与客户进行有效的谈判;面对危机事件,大众汽车应该如何处理?

目 标

认识客户的概念;掌握客户的分类方法;能够理解客户投诉处理的基本原则、流程和技巧;熟悉商务谈判的原则要求、方式及有效技巧;能够掌握危机沟通的基本原则、处理流程和技巧。

完成情况评价

[提示]在虚拟尝试完成"单元 1"中的真实任务后,学习者利用下表进行自我评估(对比"单元 1"中的"做学教"目标以及任务要求),之后指导老师进行评估,提出指导意见。

完成任务的过程记录与自我评估	导师评估与指导
A1 为完成这个任务,我们做了(按工作流程列):	A2 你们还需要做:
B1 经过努力后,我们完成了下列部分任务:	B2 你们已经掌握了这些技能:
C1 在完成任务过程中,我们遇到了下面的障碍:	C2 暂停,你们还需要补充下列知识:

单元 2　相关理论知识学习

[提示]　学习者根据自我评估以及指导老师给出的持续学习指导意见,有差异地选择自己需要学习的相关理论知识。如果在没有学习某部分理论知识前,学习者就能够完成对应的任务,则所需的支撑理论知识已经具备,学习者可以在征询指导老师意见后越过这部分理论知识学习。

6.1　客户沟通

6.1.1　客户分析

1)客户

现代市场活动,各行各业正面临越来越激烈的竞争,企业生产的产品满足的人群范围越来越小,而客户的行为更是千差万别。正确了解客户,可以让企业营销策略更具有针对性,减小经营失误。什么是客户呢? 对于大多数中国企业而言,对客户的理解还是模糊的,片面的,我们有必要对"客户"的概念进行重新认识。对企业而言,客户是对本企业产品和服务有特定需求的群体,并把这种特定需求适时转换为购买行为,它是企业生产活动得以维持的根本保证。按韦伯斯特(Webster)和温德(Wind)对"客户"这一概念的定义:所有本着共同的决策目标参与决策制定并共同承担决策风险的个人和团体,包括使用者、影响者、决策者、批准者、购买者、把关者。

使用者:是指那些将要使用产品或者服务的人员,在大多数情况下,由他们首先提出购买建议并协助决定价格。

影响者:是指那些能够影响购买决策制定的人员,由他们提供营销活动所需要的评价信息。

决策者:是指那些有权决定产品需求和供应商的人员,由他们提出采购方案。

批准者:是指那些最终决定是否购买权力的人员。

购买者:是指那些和供应商谈判,具体安排采购事宜的人员。

把关者:是指有权阻止卖方及其信息到达采购中心那里的人员,如代理人、接待人员、电话接线员等。

在市场行为中,如果客户是个体,以上角色都是一个人扮演,所以很简单。如果客户被视为一个企业、家庭、政府单位,以上角色常常会由不同的人承担,确定实际客户的过程就比较复杂。一个组织不能决定购买某种产品,只有个体决策者才是真正的购买者,所以识别决策者显得非常重要。

2)客户类型

客户分类的方法很多,可以是基于客户的属性特征而对目标客户进行的有效性识别与差异化区分,也可以根据管理目标或营销目标的不同,使用多种不同的方法对客户进行分类。

按照购买目的进行划分,企业的客户可以分为消费客户、中间客户、公利客户。消费客户购买企业产品或者服务的目的是消费,故又称为"终端客户"。根据企业产品和服务的用途,可以进一步把消费客户分为"消费者"和"商用客户",对应的市场称为"消费者市场"和"商用市场"。中间客户购买企业的产品或服务是为了获取利益,它并不直接消费,经销商市典型的中间客户。公利客户代表公众利益,向企业提供资源,然后直接或者间接从企业获利中收取一定比例费用的客户,如政府、行业协会或者媒体等。如下表所示:

按购买目的的客户分类

消费客户	消费者	为个人的目的购买或使用商品和接受服务的个人或家庭
	商用客户	购买你的产品(或服务),并在其企业内部将你的产品附加到自己的产品上,再销售给其他客户或企业以赢取利润或获得服务的客户。
中间客户	代理商	代理商是代企业打理生意,厂家给予商家佣金额度的一种经营行为。所代理货物的所有权属于厂家,而不是商家。
	经销商	是指那些专门从事将商品从生产者转移到消费者的活动的机构和人员,分销商与制造商之间的关系是卖者和买者的关系,分销商是完全独立的商人。
公利客户		公利客户代表公众利益,向企业提供资源,然后直接或者间接从企业获利中收取一定比例费用的客户,如政府、行业协会或者媒体等。

　　按照客户的特征细分,也是对其社会和经济背景所关联的要素进行细分。这些要素包括:人口统计特征(如居住地、行政区、区域规模、年龄范围、性别、经济收入、工作行业、职位、受教育程度、宗教信仰、家庭成员数量等);关键事件(如婚姻、出生、死亡、退休、失业、疾病);消费心理(如个性、生活形态等)和行为方式(如使用情况、购买动机类型、品牌忠诚度、产品满意度、行为方式变化等)等要素。

　　"人口统计""行为方式""关键事件"等特征变量是与客户个体属性直接相关的特征变量,是可观测的变量,这些变量比较容易获得。而客户的消费心理属性,如偏好、态度和感知等就是不可观测的变量,获得这样的信息需要应用更为深入的客户研究方法,但是消费心理特征变量能用来区分客户,给企业带来更可观的利益。

　　根据客户价值区间细分。不同客户给企业带来的价值并不相同,有的客户可以连续不断地为企业创造价值和利益,因此,企业需要为不同客户规定不同的价值。企业通常使用 ABC 分类法进行客户价值分析。

　　ABC 分类法,又称帕累托分析法,它是根据客户在技术或经济方面的主要特征(如贡献值、企业发展潜力),进行分类排队,分清重点和一般,从而有区别地确定管理方式的一种分析方法。它把分析的对象分成 A,B,C 3 类,所以又称为 ABC 分析法。其中 A 类占 10% ~ 15%,B 类占 15% ~ 25%,余下为 C 类。其中,A 类为最重要的成熟客户。

　　A 类客户是市场的忠实客户,交易活跃、成交量大,市场 80% 的利润靠他们贡献,是市场的重点保护对象。这类客户量少价值高,他们应备受重视而享有最佳的客户服务管理,包括最完整的服务记录、最充裕的服务时间、最细心周到的服务措施等。

B 类客户规模中等及以上,对企业的产品和服务比较认可,比较满意,但还有一些异议,有需求时会找企业联系我们,但需排除异议,销售贡献一般或有一定潜力。通常要把对这类客户的跟踪工作作为管理的重点,不时地拜访他们,听取他们的意见改进产品或者服务质量。可采用培育的策略。

C 类客户与企业联系很少,交易意愿较低,多处于观望状态,会拿企业的产品和服务与竞争对手比较且一般倾向于竞争对手。这类各户量多但价值低。对这类客户来说,给予必要关注但不宜有过多的管理,因为,如果过多地管理,则所花的时间和费用可能超过这些客户本身的价值。各类客户数量及创造的价值如下表所示。

各类客户数量及创造的价值表

客户类型	客户名称	客户数量	客户为企业贡献的利润比
A	关键客户	5%	50%
B	主要客户	15%	30%
C	普通客户	80%	20%

上表的数据仅为参考值,不同的行业,不同的企业,其数据有较大的差异。如广告业,关键客户的数量可能只占 1%,但为企业创造的利润可能超过 50%;而某星级酒店的关键客户数量远远超过 5%,为企业创造的利润不到 20%。也有一种分法为 A,B,C,D 4 类,其中 D 类为暂时不予关注的市场或客户,其划分及维护关系如下图所示。

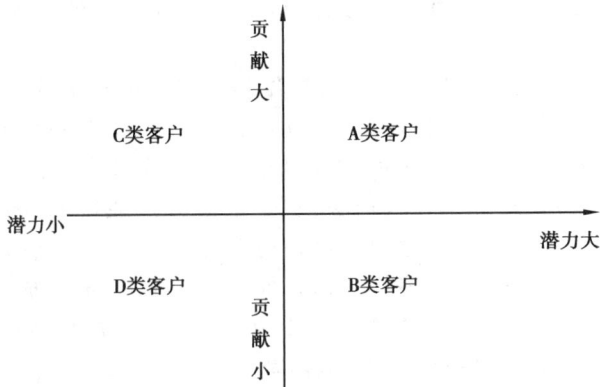

ABCD 分类方法

对于企业,目标市场应该涵盖 ABCD 4 类客户,但关系维护则仅限于 ABC 3 类,AB 类是企业预计成交的客户,对于 A 类客户则可以执行销售流程。

对客户分类后,企业就可以针对不同类型的客户提供相应的维护策略。例如,某品牌 4S 店的客户保持策略是:

D 类客户:低价值低潜力。对企业吸引力最低,该类客户价值低可有两种情况:一是当前价值和潜在增值价值都很低,偶尔有些小额消费,但会提出苛刻服务要求,对此类客户,企业要鼓励其转向竞争对手,任其流失。二是客户当前价值低但有一定潜在价值,如果这类客户当前价值不高是由过高服务成本和营销成本造成,可通过寻求降低成本途径来提高客户价值,从而使此类客户变为有价值客户。

C 类客户:高价值低潜力。此类客户几乎将当前全部业务给了企业,具有很高的忠诚度,并为企业推荐新客户。此类客户修理次数不多,大部分费用集中在材料费上,有很高的当前价值,其保持策略是建立客户数据库,降低交易成本,为客户提供最优服务。该数据库为动态数据库,重点研究和挖掘客户偏好,进而实行一对一关系营销。至于降低交易成本,提高客户保持效率方面,企业可以从提高内部信息化作业水平,优化专业服务体系,开发信息交流渠道等方面下工夫,以收到良好效果。

B 类客户:低价值高潜力。此类客户工时费和材料费相当,对 4S 店的服务和配件质量相当满意,对商家来说,该客户具有巨大利润空间,应在以后服务中,提升客户对产品和服务的认知度。换言之,其保持策略重点是完善服务体系,提高客户忠诚度,可通过增值服务和客户关怀两方面来实现。

A 类客户:高价值高潜力。是企业最有价值的一类客户。此类客户维修次数较多,工时费和材料费大抵相同且金额数量较大,对品牌和服务有较强认同感,是 4S 店的主要利润来源。其保持策略是企业将主要资源投资到此类客户中,建立起核心客户数据库,掌握客户性格、爱好等心理信息,实施一对一的客户保持策略,如利用包括网络在内的各种沟通手段主动与该类客户进行有效的沟通,了解他们的确切需求,定制个性化服务,提供灵活支付条件,安排最好的服务人员,为他们提供能带来最大增益的全套解决方案。

对潜在客户的分类,ABCD 分类方法也适用。下图对 ABCD 类潜在客户的市场策略示意图,所有客户类型中,D 类客户数量最多,其次是 C 类和 B 类客户,最少是 A 类客户,这 4 类客户都是我们的目标。对于 BCD 3 类客户,由于条件欠缺,策略的重心是关系维护。B 类客户的一部分和 A 类客户是预计成交的客户群体,要予以重点关注。对于 A 类客户则可以按企业销售流程进行,促使成交。

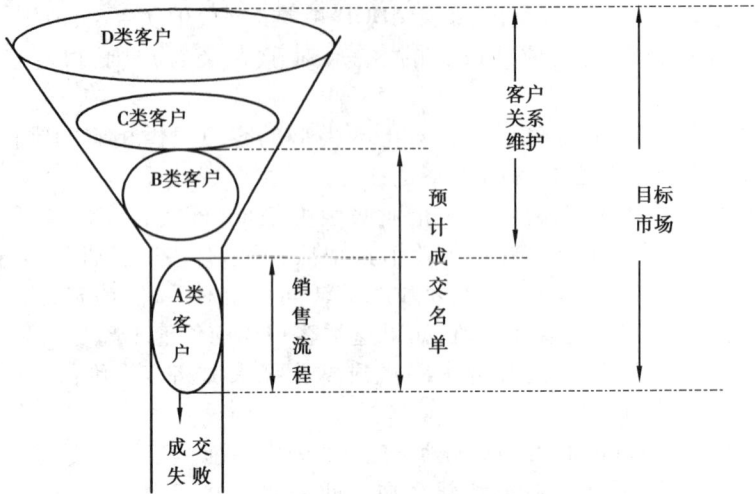

ABCD 类客户市场策略关系图

　　将客户忠诚度和信用结合起来的分类方法,将客户分成 4 个类型。分别是:忠诚度高信用度也高的黄金客户,他们是重要的客户;忠诚度低信用度高的明星客户,他们是企业未来工作的重心,使用必要的市场策略提高客户的忠诚度,使其转变为企业的黄金客户;忠诚度高信用度低的风险客户,对这部分客户,企业需要进行必要的风险控制;对于忠诚度低信用度也低的客户,可以采用放弃策略,以避免不必要的资源浪费。

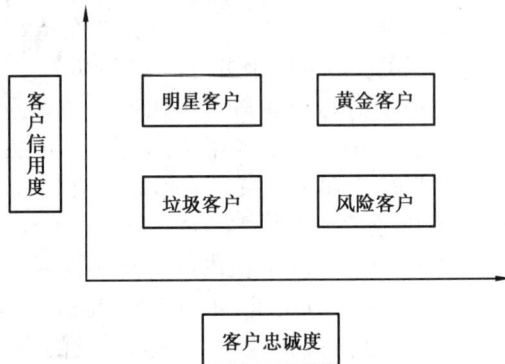

将客户忠诚度和信用结合起来的分类方法

　　将客户忠诚度和规模结合起来的分类方法如下图所示,可以将客户分成 4 个类型。分别是:忠诚度高规模大的金牛客户,他是企业利润的主要来源,是最重要的客户;忠诚度低规模大的明日客户,他们是企业未来营销的重点,要用必要的市场策略提高客户的忠诚度,使其转变为企业的黄牛客户;忠诚度低规模小的加温客户,对这部分客户,企业可以采用等待策略;忠诚度高规模小的鸡肋客户,企业需要引入更多的变量加以判断分析,销售策略尽可能灵活。

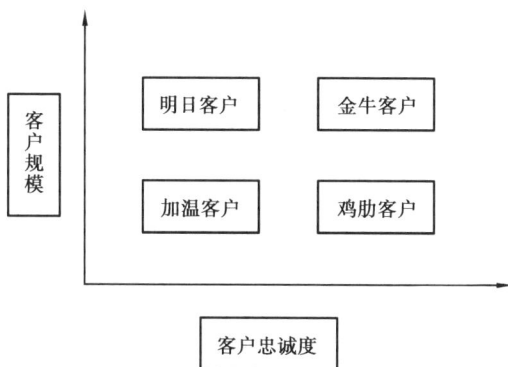

将客户忠诚度和规模结合起来的分类方法

3)客户生命周期

　　作为企业的重要资源,客户具有价值和生命周期。客户生命周期是指当一个客户开始对企业进行了解或企业欲对某一客户进行开发开始,直到客户与企业的业务关系完全终止且与之相关的事宜完全处理完毕的这段时间。它是客户与企业关系随时间变化的发展轨迹,它动态地描述了客户与企业不同阶段所表现出的总体特征。客户的生命周期是企业产品生命周期的演变,但对商业企业来讲,客户的生命周期要比企业某个产品的生命周期重要得多。客户的生命周期性可分为客户开发(发展)期、客户成长(维系)期、客户成熟期、客户衰退期、客户终止期5个阶段,如下图所示。客户处于不同生命周期阶段对企业的价值及其需求均有所不同,也意味着企业对其管理与服务方式的不同,企业的投入与客户对企业收益的贡献是有差异的。

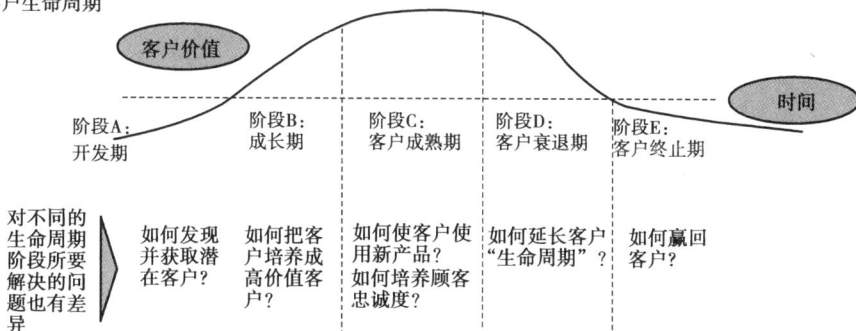

客户生命周期的5个阶段

①开发期。当企业对潜在客户进行了解后,对已选择的目标客户进行开发时,便进入客户开发期。此时企业要进行大量的投入,但客户为企业所做的贡献很小甚至没有,开发期企业投入较大,企业是没有收益的。本阶段面临的问题是如何获取客户。常用的策略是通过调查研究或相关数据库,发现尚未使用本企业产品或正使用竞争对手产品的客户,通过有效渠道提供合适价值定位获取客户。

②成长期。当企业对目标客户开发成功后,客户已经与企业发生业务往来,且业务在逐步扩大,此时已进入客户成长期。企业的投入和开发期相比要小得多,主要是发展投入,其目的是进一步融洽与客户的关系,提高客户的满意度、忠诚度,进一步扩大交易量。此时,客户已经开始为企业做贡献,企业从客户交易获得的收入已经大于投入,开始盈利。本阶段面临的问题是如何把客户培养成高价值客户。常用策略是通过产品组合/服务刺激客户新的需求。

③成熟期。当客户与企业相关联的全部业务或大部分业务均与企业发生交易时,说明此时客户已进入成熟期,成熟的标志主要看客户与企业发生的业务占其总业务的份额。此时企业的投入较少,客户为企业作出较大的贡献,企业与客户交易量处于较高的盈利时期。本阶段企业面临的问题是如何使客户使用企业新产品,如何培养客户忠诚度。常用策略是交叉销售、针对性营销、高价值客户的差异化服务。

④衰退期。当客户与企业的业务交易量逐渐下降或急剧下降,客户自身的总业务量并未下降时,说明客户已进入衰退期。此时,企业有两种选择:一种是加大对客户的投入,重新恢复与客户的关系,确保忠诚度;另一种做法便是不再做过多的投入,逐渐放弃这些客户。企业两种不同做法自然就会有不同的投入产出效益。本阶段企业面临的问题是如何延长客户"生命周期",常用策略是建立高危客户预警机制,并对高危客户实施挽留举措。

⑤终止期。当企业的客户不再与企业发生业务关系,且企业与客户之间的债权债务关系已经理清时,意味着客户生命周期的完全终止,此时企业有少许成本支出而无收益。本阶段企业面临的问题是如何清算欠款、如何赢回客户,常用策略是企业欠款管理和高价值客户赢回方法。

企业要尽可能地延长客户的生命周期,尤其是成熟期。客户成熟期的长度可以充分反映出一个企业的盈利能力。面对激烈的市场竞争,企业要掌握客户生命周期的不同特点,提供相应的个性化服务,进行不同的战略投入,使企业的成本尽可能低,盈利尽可能高,从而增强企业竞争力。

6.1.2　客户投诉处理

1）认识客户投诉

客户投诉是企业面临的挑战,同时也是机遇。研究表明,遇到问题不投诉的客户再次交易的意向很低,只有 9%；而投诉了,即便问题没有得到解决,客户再次交易的意向也会提高到 19%；那些投诉后主要问题获得解决的客户再次交易的概率是 54%,那些投诉后而且主要问题马上得到解决的客户再次购买的概率提高到了 82%。

客户投诉是客户针对企业的产品质量或服务方面的不满意,所提出的书面或口头上的抱怨、抗议、索赔和要求解决问题的行为,是客户对企业管理不满的一种比较正式、明确、强烈的表达方式。客户投诉是客户与企业矛盾的直接表现,是客户对企业市场行为的质疑,任何企业都会面临客户投诉问题。对于企业而言,满意的客户,特别是自己的抱怨或投诉得到圆满解决的客户,不仅他们自己很可能成为企业的忠实客户,而且他们还很可能会将自己令人愉悦的体验和经历传播出去,与自己的朋友和亲人分享。相反,如果问题没有得到解决,他们的不满、失望和愤怒,同样也会广为传播并让人知晓,甚至给企业带来严重的危机,这就要求企业和客户客服人员必须认真对待客户的投诉,积极化解客户的不满。

对于一个企业而言,客户投诉管理具有以下几个主要功能:

明确企业产品质量或服务存在的问题。一般而言,客户向企业有关部门进行投诉,都是因为产品质量,或者有关人员的服务存在问题,这是企业改进产品生产和服务管理的基本依据。

发现客户潜在需求。客户投诉信息除了反应产品质量和服务存在的问题外,还隐藏着客户对现有产品的不满以及对更为理想的产品的期望。这是企业了解市场,了解消费者需求最为直接的途径。

吸引更多的潜在顾客。一个不满意的顾客会将他的不满意传播给身边的人,当这些人产生同样的消费需求时,购买被批评过的企业的产品的可能性很低。然而,投诉给了企业第二次满足顾客需求的机会,企业可以通过妥善处理顾客投诉行为再次赢得消费者的信赖,同时还能够间接赢得与其相关的更多的潜在顾客的信赖。

2）客户投诉处理原则

真诚地帮助客户解决问题。客户投诉,说明我们工作当中有管理漏洞

（如服务人员的服务不到位,管理人员监管不到位,各部门工作配合不到位）,也可能是客户的第一次投诉得不到重视等,接待者应及时了解情况,识别他们真正的需求,主动热情地帮助他们,重视他们。只有这样,才能赢得客户的信任与好感,才能有助于问题的解决。

把"对"让给客户。客户因为不满才会来投诉,往往这时的情绪会失控,而我们不该失控,要从换位思考的角度去理解对方,即使客户言谈中有不对的,也要把"对"让给客户,以免争议而激发矛盾。

不损害企业利益,这是处理问题应遵循的原则。在处理涉及企业利益的问题,多请示,不要轻易承诺。

3）客户投诉的处理程序

客户的投诉或抱怨虽然有损企业形象,但是客服人员必须以积极的心态来看待这一现象,并采取适当的方式正确处理客户投诉,变"不利"为"有利",化"风险"为"机遇",将不满意客户转变为满意客户甚至忠诚客户。对外,化解客户的抱怨,创造客户的满意;对内,利用客户投诉进行检讨与改善,并将其转化为企业发展的一个契机。

明确投诉处理的基本步骤,进行合理优化,可有效缩短服务时间,提高服务效率。客户投诉处理的基本步骤如下图所示。

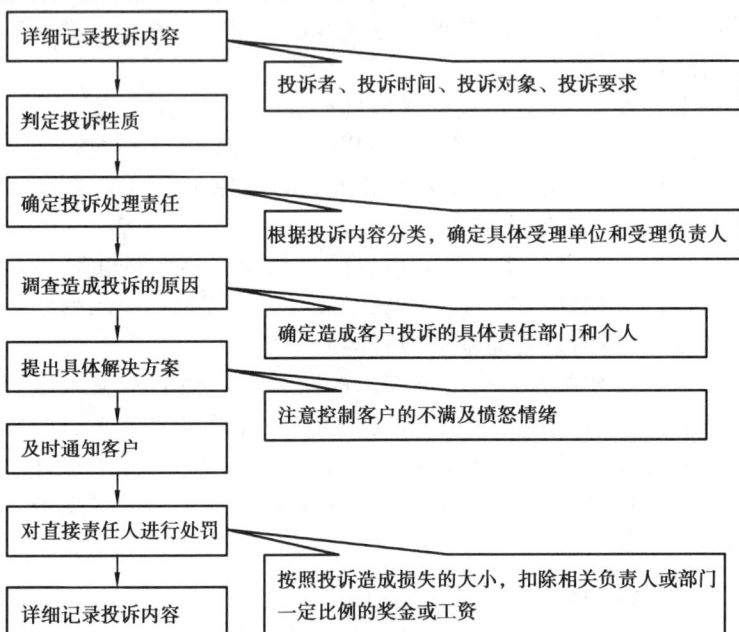

客户投诉处理的基本步骤

在实际操作过程中,客服人员要根据客户投诉的实际情况,针对处理客户投诉的每个环节进行细化。

快速反应,以诚相待。无论多好的企业、多好的产品、多好的服务都有不足之处,如果这种欠缺在客户提出投诉后得不到及时纠正,从客户的角度来看是对错误本身和客户的不尊重,进而会激怒客户,使客户对商家彻底失去信心。在处理客户投诉的问题上,时间拖得越长,客户的积怨越深、越大,客服人员处理起来的难度就越大,处理的成本就越高。打持久战,最终输掉的是商家和市场。例如:

①明确身份,承担责任。接到客户投诉后,如果你不能直接帮他们解决,绝不能用"这不是我的职责,这事不归我管""责任是我们供应商的……"之类的借口搪塞。不能将责任强加给其他部门或找其他方面的借口,而应该帮助客户找到企业的相关负责人,并确保其能够处理。客户服务是每一个人的责任,要让客户确信他是在与一个运作协调的组织接洽,而非是在与各自为政的诸侯打交道。

②询问事实,分析原因。客服人员在接待客户投诉时,要询问清楚事实,准确理解客户所说的话,切忌在掌握所有信息之前妄下结论。任何事情都要寻因问果,客户投诉也不例外。当遇到客户投诉的情况,可以使用客户投诉分析表进行分析,及时查找原因。

客户投诉分析表

客户名称		受理日期	
投诉类型		承诺期限	
投诉原由			
客户要求			
在处理中可能遇到的困难			
应对策略			
客户期望是否达成			
采取的主要措施			
客户投诉主管建议			
客户投诉专员建议			

判断客户类型,寻找解决方案。解决客户投诉是一项集心理学、社交技巧于一体,并体现客服人员道德修养、业务水平、工作能力等综合素养的学问。根据投诉客户个性特点的不同,可将投诉客户分为4种类型,即完美型

客户、力量型客户、活泼型客户和和平型客户,其个性特点和处理方法如下表所示。

客户类型与个性特点及处理方法

客户类型	个性特点	处理方法
完美型客户	逻辑严密,理论充足,咄咄逼人	表现诚意,晓之以理,动之以情
力量型客户	率真,意志坚决,目标性强,喜欢支配与主导,情感感觉迟钝,追求效率,缺乏耐心	处理时反应要快,短时间内拿出解决方案
活泼型客户	感性,率真,性格随和,容易沟通,表现欲强,希望认同与赞美,新鲜新奇	先处理心情,后处理事情
和平型客户	易相处,少冲突,有耐心,易解决	让客户感觉"替他着想",激将法

对于投诉,有的客户只是希望通过投诉发泄一下,有的客户可能希望得到退款,有的客户希望给商家提建议,等等。因此,在解决客户投诉时应分析客户投诉时心里的想法,希望通过投诉获得什么,在此基础上为客户设计解决方案。对于问题的解决,也许应该准备 3~4 套方案。可以将自己认为最佳的一套方案提供给客户,如果客户提出异议,再换另一套方案,待客户确认后再实施。当问题解决后,至少还要征求一两次客户对该问题的处理意见,争取下一次的合作机会。客服人员可利用下表记录对客户投诉的处理情况。

客户投诉处理表

受理编号			投诉类型		日期	
承办人			承办主管		查证人	
投诉者	姓名			电话		
	企业名称			地址		
投诉标的	品名			金额		
	项目			其他		
双方意见	对方意见					
	本方意见					
调查	调查项目及结果					
	调查判定					
最后对策						
产生原因						
情节严重程度						
备注						

提供超值回报,放弃另类客户。三流的投诉处理,不能满足期望;二流的投诉处理,满足期望;一流的投诉处理,超越期望。因此,在处理客户投诉时,不要简单地认为有了处理方案,客户的心理平衡了,就可以草草收场、万事大吉了。优秀的客服人员会好好利用这一机会,将投诉客户转变为企业的忠实客户。当与客户就处理方案达成一致后,还应该追加一些赠品或小礼物等作为惊喜,以超出客户预期的方式真诚地道歉,同时再次感谢客户。

强化过程管理,持续投诉反馈。处理客户投诉不仅要求结果令客户满意,而且要求处理过程令客户满意,因此,在客户提出投诉后,商家一定要对投诉进行持续的反馈、追踪和回应。如果处理过程涉及的部门很多或因其他原因难以迅速拿出最终解决方案,商家也不能等到有方案后才告知客户,而应在方案形成的过程中,向投诉客户持续反馈事情的最新进展,让客户放心,让客户感觉商家把他的事情放在心上了。在等待处理结果时,性急的人超过两天就难以忍受,他们往往认为两三天没有任何反馈就意味着石沉大海。所以,企业在处理复杂的客户投诉时,一定要坚持每天向客户反馈一次。另外,投诉处理完后,企业应在最短的时间内主动给客户打一个电话,或发一个传真或亲自回访,了解客户对该解决方案还有什么不满意的地方,是否需要更改方案。这样做可以使客户的信任成倍增长,从而形成再次购买或正向的人际传播。

4)客户投诉处理技巧

(1)一般投诉的处理技巧

对于一般投诉的处理,通过采用 LSCIA 处理法,可以较好地解决客户的投诉问题。LSCIA 是 Listen(倾听)、Share(分担)、Clarify(澄清)、Illustrate(陈述)、Ask(要求)这 5 个英文单词首字母的缩写。

①倾听。当客户进行抱怨或投诉时,客服人员首先要学会倾听、搜集数据,并做好必要的记录。然后,要弄清问题的本质及事实。

为了能让客户心平气和地诉说,客服人员在倾听时应注意以下 3 点:

A. 让客户先释放情绪。客服人员切记不要打断对方的谈话,一定要让客户把自己想说的话都说出来,把想表达的情绪都充分释放出来。因为客户在尽情释放自己的不满情绪后,会有一种较为放松的感觉,心情就能平静下来,这样有利于问题的解决。

B. 善于运用肢体语言。如果是面对面的交流,客服人员在倾听客户谈话时,要专注地看着对方,并用间歇的点头来表示自己正在仔细倾听对方说话,这会让客户感觉自己被重视了。同时,客服人员还要注意观察客户在说话时的各种情绪和反应,以便采取更好的应对方式。

C.仔细确认问题所在。倾听不仅是一个动作,还必须同时注意了解事情的每一个细节,以便确认问题的症结所在。倾听时,最好用纸笔将重要的信息记录下来。如果对客户所抱怨的内容不是特别清楚,可以在客户说完之后再仔细询问对方。这时要特别注意,应以婉转的方式请对方提供信息,避免让客户产生被质问的感觉。

②分担。如果基本上弄清了问题的实质及事件发生的原因,客服人员可以采用分担的方式安抚客户。例如,对客户说:"您讲得有道理,我们以前也出现过类似的事情。"无论是产品本身的问题,还是由于客户使用不当等原因,都不能责备客户,而是应帮客户分担一份责任和压力。

③澄清。在已经基本了解客户投诉的原因和目的的基础上,客服人员此时可以对问题加以定义,是产品本身的问题还是客户使用不当。如果是产品本身的问题,应立即向客户道歉,并在最短的时间内给客户解决问题;如果是客户使用不当造成的问题,要说明问题的实质。但无论如何,客服人员都要诚心诚意地对客户表示理解和同情。

④陈述。在客户投诉的问题得到澄清之后,客服人员可提出并对客户说明处理方案,同时要用鼓励的话语感谢客户的抱怨和投诉。无论客户的投诉正确与否,必要时可对其予以精神或物质的奖励。

⑤要求。在客户的抱怨和投诉基本解决以后,客服人员还要再次询问客户还有什么要求,以诚恳的态度告诉客户,假如还有其他问题,请随时找自己。

(2)重大投诉的类型与处理技巧

与一般投诉相比,对于重大投诉的处理需要更多的耐心和技巧。对于所出现的投诉,首先要进行是否为重大投诉的识别。一般情况下,可根据投诉人的身份、投诉的激烈程度及投诉要求3个方面,确定是否属于重大投诉。

①重大投诉的类型。重大投诉主要有以下几种类型:

A. VIP客户的投诉。消费量大的客户属于VIP客户,消费量小但影响力大的客户也属于VIP客户,如社会名流、政府官员、传媒记者等。

B. 激烈或要价高的投诉。有时投诉者来势汹汹,其本意只是想提个建议;而有些看似漫天要价的客户,只是要解决当下的问题,这些都不应归入重大投诉之列。正确识别是否为重大投诉的窍门在于回应客户的环节:直截了当地复述客户需要解决的问题,不涉及客户漫无边际提到的其他问题,请客户确认你是否理解他的意思,以试探他的本意。这样是否属于重大投诉就可立见分晓。

C. 一般投诉转为的重大投诉。由于投诉无门或遭遇"踢皮球",或由于不受尊重、不被重视,从而丧失信心等,都可能激化矛盾,将一般投诉升级为重大投诉。

②重大投诉的处理技巧。对于重大投诉,前来投诉的客户心情往往不好,有很大一部分客户情绪激动,甚至失去理智。这时候采用 CLEAR 法——令客户心情晴朗的"CLEAR"法,即客户愤怒清空法,可以较好地解决问题。CLEAR 是 Control(控制情绪)、Listen(倾听)、Establish(建立共鸣)、Apologize(道歉)、Resolve(解决)这 5 个英文单词首字母的缩写。

控制自己的情绪。客户的过激语言或行为往往会让客服人员因感觉受到攻击而被惹火或难过。为了避免客服人员以暴制暴,使客户更加激动,客服人员首先要控制好自己的情绪。要坚持的原则是:客服人员可以不同意客户的投诉内容,但一定要认可客户的投诉方式。不管面对什么样的投诉方式,客服人员都要控制自己的情绪。

倾听客户的诉说。面对情绪激动的客户,客服人员不要急于解决问题,而应先安抚客户的情绪,等客户冷静下来后再解决他们的问题。为处理好客户的抱怨,客服人员需要弄清楚客户为什么抱怨或投诉,应静下心来积极、细心地聆听客户愤怒的言辞,做一个好的听众。这样,才能有助于把握客户所投诉问题的实质和客户的真实意图,真正了解客户想表达的感觉和情绪。

建立与客户的共鸣。共鸣被定义为站在他人立场,理解他们的思想、感情、行为和立场的一种能力。共鸣与同情不同,同情意味着被卷入他人的情绪,并丧失了客观的立场。与客户共鸣的原则是换位真诚地理解客户,而非同情。只有站在客户的角度,想客户之所想,急客户之所急,才能与客户形成共鸣。客服人员所表现的对客户的理解,必须使客户听起来很真诚,而不能给客户造成敷衍应付或老套油滑的感觉。

向客户表示歉意。要通过对客户表示歉意,使双方的情绪得到控制。这就要求客服人员不能推卸责任,要及时向客户道歉。要特别注意的是,客服人员道歉时一定要发自内心而不能心不在焉,不能一边道歉,一边说"但是……",这个"但是"会否定前面的努力,使道歉的效果大打折扣。

提出应急和预见性的方案。对于客户的投诉,要迅速做出应对,客服人员要针对具体问题提出应急方案。同时,还要提出杜绝类似事件再次发生或对类似事件进行处理的预见性方案,而不仅局限于消除眼前的问题。

客服人员在使用 CLEAR 法处理客户投诉时,每个步骤都要注意掌握相关的技巧和分寸,这样才能快速平息客户的不满和赢得客户的理解和信任。

6.1.3 客户沟通技巧

1) 客户流失原因

客户流失是指客户由于种种原因不再忠诚,而转向购买其他企业的产品或服务的现象。客户流失主要由两大因素引起,一是企业的原因,二是客户自身的原因。

(1) 企业原因

①企业人员流动。这是企业客户流失的重要原因之一,特别是企业高级营销管理人员,是企业最大的,也是最不稳定的"流动大军",每年都有离职变动,如果控制不当,在他们流失的背后,往往伴随着客户的大量流失。而制造企业,每年都会有部分业绩优秀的营销人员被竞争对手挖走,或自己创业,就像当年伊利的牛根生、创维的陆强华一样,这些领袖型的人物往往具备超出常人的个性张力,他们的离去往往带走一批营销精英,引发集体政变。任何一个行业的客户毕竟是有限的,优质客户更是珍稀,所以自然成为各大企业争夺的对象。任何一个品牌或者产品都有自己的软肋,竞争对手就是利用你的软肋,一有机会就乘虚而入,对你的大客户动之以情,晓之以理,诱之以利。

②市场波动。企业的波动期往往是客户流失的高频段位,任何企业在发展中都会受震荡,如高层出现矛盾,企业资金暂时紧张,意外灾害等,都会让市场出现波动。这时候,嗅觉灵敏的客户也许就会纷纷倒戈。比如,最近科龙的客户,就伴随着顾雏军的"出事"而纷纷与之划清界限。所以,千万不要忘了,在商战中,绝大多数客户以利为先,就像墙头草。

③言而无信。客户最担心的是和没有诚信的企业合作,而恰恰有些销售经理喜欢向客户随意承诺,结果又不能及时兑现,或者返利、奖励等不能及时兑现给客户。一旦企业有诚信问题发生,客户往往立即选择离开。为了争客户,就随意承诺,结果因为众多原因,一些还没有正式宣布的奖励经销商政策最终流产。自然,原先给经销商的承诺就荡然无存,使几个辛苦培育的经销商掉头转向竞争对手。

(2) 客户自身的原因

①客户需求转移,消费习惯改变(或改行)。

②客户对不同企业提供的好的产品或服务根本不在乎。

③转向其他企业不是因为不满意,是想换"口味"——尝试一下新的企业的服务,或只是想丰富自己的消费经历。

④客户搬迁、成长、衰退、破产。

⑤客户的采购主管、采购人员的离职等引起流失。

2) 客户赢回策略

争取流失客户的回归比争取新客户容易得多。因此,当客户关系出现倒退时,企业不应该轻易放弃流失客户,而应当重视他们,积极对待他们,尽力争取挽回他们,尽快恢复与他们的关系,促使他们重新购买企业的产品和服务,与企业继续建立稳固的合作关系。但在现实中,企业资源是有限的,因此,应根据客户的重要性来分配投入挽回客户的资源,挽回的重点应该是那些最能盈利的流失客户,这样才能达到挽回效益的最大化。

(1)调查原因,缓解不满

首先,企业要积极与流失客户联系,访问流失客户,诚恳地表示歉意,送上鲜花或小礼品缓解他们的不满。其次,要了解流失的原因,弄清楚问题究竟出在哪里,并虚心听取他们的意见、看法和要求,让他们感受企业的关心,给他们反映问题的机会。

(2)"对症下药",争取挽回

"对症下药"就是企业要根据客户流失的原因制定相应的对策,尽力争取及早挽回流失客户。如针对价格敏感型客户的流失,应在定价策略上采取参照竞争对手的定价策略,甚至采取略低于竞争产品的定价,这样流失掉的客户也自然而然会自己跑回来。针对喜新厌旧型的客户的流失,应该在产品、广告、促销上面多一些创新,从而将流失客户吸引回来。

(3)对不同级别客户的流失采取不同的态度

①对"重要客户"要极力挽回,对"主要客户"也要尽力挽回。一般来说,流失前客户能够给企业带来较大价值的,被挽回后也将给企业带来较大价值。因此,给企业带来较大价值的关键客户应是挽回工作的重中之重,如果他们流失,企业就要不遗余力地在第一时间将其挽回,而不能任其流向竞争对手——因为他们是企业的基石,失去他们,轻则会给企业造成重大损失,重则伤及企业元气,这也是企业必须做和不得不做的事情。

②对"普通客户的流失"和"非常难避免的流失",可见机行事。企业可根据自身实力和需要决定投入到对"普通客户的流失"和"非常难避免的流失"的挽回努力。如果不用很吃力,或是举手之劳,则可以试着将其挽回。

③基本放弃对"小客户"的挽回努力。由于"小客户"的价值低,对企业又很苛刻,数量多且零散,挽回他们需要很多成本,甚至高于他们带来的利润,放弃这类客户对企业反而有利。因此,企业对这类客户可以抱基本放弃的态度,采取冷处理,顺其自然,不予理会。

（4）彻底放弃根本不值得挽留的流失客户

以下情形的流失客户不值得企业挽留,企业要彻底放弃:不可能再带来利润的客户;无法履行合同规定的客户;无理取闹、损害了员工士气的客户;需要超过了合理的限度,妨碍企业对其他客户服务的客户;声望太差,与之建立业务关系会损害企业形象和声誉的客户。

技能训练

销售中的异议

商品的推销和售后服务是公司员工会面临最多异议和争端的时候,怎样才能跟顾客进行很好地沟通,让他们对公司的产品感到满意,是每一个营销管理人员应该考虑的问题。游戏规则和程序:

1. 将学员分成2人一组,其中一个是A,扮演销售人员,另一个是B,扮演顾客。

2. 场景1:A现在要将公司的某件商品卖给B,而B则想方设法地挑出本商品的各种毛病,A的任务是一一回答B的这些问题,即便是一些吹毛求疵的问题也要让B满意,不能伤害B的感情。

3. 场景2:假设B已经将本商品买了回去,但是商品现在有了一些小问题,需要进行售后服务,B要讲一大堆对于商品的不满,A的任务仍然是帮他解决这些问题,提高他的满意度。

4. 交换一下角色,然后再做一遍。

相关讨论:1. 对于A来说,B的无礼态度让你有什么感觉? 在现实的工作中你会怎样对待这些顾客?

2. 对于B来说,A怎样才能让你觉得很受重视,很满意? 如果在交谈的过程中,A使用了像"不""你错了"这样的负面词汇,你会有什么感觉? 谈话还会成功吗?

6.2 商务谈判技巧

6.2.1 谈判及谈判方式

企业在运行过程中,与各类公众合作与沟通的时候,必然会发生利益上的矛盾。为了解决这些矛盾,并在解决过程中既维护自身的合法或合理利益,又兼顾到对方的合法或合理的利益,就会通过谈判来解决问题。谈判是企业的代表与它有利益关系的公众为协调利益关系而进行的一种专门性的信息交流行为。谈判是一门艺术,又是一门科学。在我国,各类企业作为法人越来越多地应用谈判手段来促进沟通、达成交易和解决争议。各行各业之间也有越来越多的争议需要斡旋、调停和仲裁。因此,我们有必要了解有关谈判的基本原理和技巧,以更好地开展企业公关活动。

1)何谓谈判

谈判是指社会生活中的个人、组织以及国家之间,为了解决他们共同关心的问题,或者为了改善他们之间的关系而进行磋商、协议和讨论。谈判的实质是利益的交换。谈判是达成双向沟通的基本手段,是企业公共关系工作和其他工作中一项十分重要的内容。企业经常会面临一些问题需要通过谈判来解决,比如,由于企业的原因而给消费者造成了某种程度的损害,如何赔偿,需同消费者协商;企业要引进国外先进设备,按什么条件引进,需同外商洽谈;企业同别的企业联合经营某种产品,需就联合的条件进行讨论;企业同协作单位或用户就供货时间、质量、价格、交货方式等具体问题进行的商谈等等。所有这些,都需要公共关系部门和公共关系人员协助,通过谈判加强解决。

2)谈判阶段

谈判通常可分为开始、洽谈、协议3大阶段。

(1)开始阶段

开始阶段,又被称作概说阶段。在这一阶段中,双方简单阐述各自的谈判目的,自己希望达到的目的和设想。这一阶段中应注意:一要努力建立既认真又和谐的工作气氛;二要努力就谈判中的活动程度取得一致意见;三要简明扼要地交代自己的观点,不能和盘托出;四要注意倾听对方的发言,从对方的反应中识别对方的目的、动机、需要。

(2)洽谈阶段

洽谈阶段,就是当双方的利益发生差距或矛盾时进行协商的过程。双方在交代了自己的目的、观点后,开始进行实质性的洽谈。这时往往会出现双方某种程度的对立,而要达到圆满的结果,各方面应在坚持自己基本权利要求的基础上,找出对方能接受的妥协范围,以消除对立。

(3)协议阶段

双方经过洽谈,基本达到预想的目的,然后选定某种形式达成协议,至此,谈判宣告结束。

3) 谈判方式

虽然谈判天天都在发生,但并非一件能够轻易做好的事情。常见的谈判策略总是存在这样那样的缺陷。常见的谈判方式一般有两种:一种叫软式谈判,一种叫硬式谈判。所谓软式谈判,是指双方为达成某种协议而采取妥协、让步的谈判。这种谈判的特点是:视谈判的对方为朋友,通过妥协、让步来搞好与对方的关系,同意以对方部分损失来达成协议。这种谈判者至少有一方不强调胜利的目标,不以压倒对方为目的,而只强调达成协议,因此,往往是以妥协、让步来避免僵局,很可能造成一个不明智的协议,甚至会被别有用心的谈判者所利用。另一种谈判方式叫硬式谈判。在硬式谈判中,谈判者把一切环境都看成是意志的竞争,以为坚持极端强硬的立场并固执己见一定会得到好处,但结果常常是得到同样强硬的回答。这种谈判的特点是:双方实力比较均衡,主张迥异,双方都不轻易让步,只是为了某种目的而进行周旋。因此,双方把这种谈判看作是一场意志的竞争,不易达成协议。

除了以上两种传统的谈判方式之外,近些年来,专门研究谈判学的一些专家们推崇一种新的谈判方式——原则性谈判。它是从客观标准上看问题,而不是喋喋不休、斤斤计较谈判的程序和挑剔对方的要求。它主张在谈判中尽可能寻求共同利益,当双方利益发生矛盾时,应当坚持独立于双方意志之外的公正标准。原则性谈判教给你如何不失体面地得到你应得到的利益,它使你既能坚持公正的态度对待对方,尊重双方的合理利益,又使你可以防止对方利用你的公正从中渔利。

这种新的谈判方式的出现,基于人们对谈判的作用有了新认识。过去,人们一提起谈判,就会想到在谈判中支配对方,战胜对方,至少也要占点便宜。现在,各种企业之间相互依赖,多向合作,谈判已被赋予了新的内涵。美国一位谈判专家认为,谈判已是"人们为了改变相互关系而交换意见,为了取得一致而相互磋商"的一种行为,是直接"影响各种人际关系,对参与各方产生持久利益"的一种过程。原则性谈判能够使双方利益都得到保证和照顾,有利于双方建立长期合作关系,因此,它是公共关系中最理想的谈判方式。

6.2.2　谈判的原则

商务谈判始终是信息双向沟通过程,在此过程中,双方都站在某种角度

上表明自己的立场观点、意图和要求,为此要使双方的想法和意见趋于一致。要想取得谈判的成功,一般应坚持以下4个基本原则:

1)坚持利益为本

谈判就是为了解决利益矛盾,寻求各方都能接受的利益分配的方案。因此,在谈判中,要紧紧着眼于利益,而不是立场,因为常常在相反的立场背后。存在比现实利益更多的协调利益。例如,某物业企业出租办公用房,希望出租合同一年一签,以便房租随物价上涨可逐年调整。而承租方却希望房租合同一签三年不变。如果双方仅围绕合同是"一年一签"还是"三年一签"这个立场争执不下,结果只能形成僵局而导致谈判破裂。其实变与不变的根本问题是物业企业希望房租随物价同步增长,如果承租方能同意在三年租期内,房租上涨可随物价上涨,确定一个合适的比例,那么承租合同一签三年也是可行的。这样物业企业的利益实现了,承租方急需租房的目的也达到了。

2)坚持互惠互利

互惠互利是商务谈判双方的基本出发点。在谈判中,应根据双方的需要和要求互通有无,使双方都能得到满足。在利益上不仅要考虑己方利益,也要为对方着想。同时,要立足长远,不要计较一时一地的得失,要追求长远利益的最大化。因此,要尽力寻找谈判各方利益相一致的热点,通过各自具体利益的实现来保证谈判的成功。

3)坚持客观标准

在谈判过程中,一定要用客观标准来谈判。这些客观标准,包括等价交换、法律法规等。比如,甲方向乙方购买一台设备,甲方希望低价,乙方希望高价,如何确定一个公平的价格,既要考虑设备制造成本,又要参考同类设备的市场价格。只有坚持客观标准,才会使谈判有更高的效率。

4)坚持求大同存小异

谈判既然是作为谋求一致而进行的协商洽谈,本身意蕴着谈判各方在利益上的"同""异",因此,为了实现成功的谈判,必须认准最终的目标,求大同,同时要发现对方利益要求上的合理成分,并根据对方的合理要求,在具体问题上采取灵活的态度、变通的办法,作出相应的让步举动,这样才能推动对手作出让步,从而促使谈判有一个公正的协议产生。

6.2.3　谈判的技巧

　　谈判代表要有良好的综合素质,谈判前应整理好自己的仪容仪表,穿着要整洁正式、庄重。谈判双方接触的第一印象十分重要,言谈举止要尽可能创造出友好、轻松的良好谈判气氛。谈判之初的重要任务是摸清对方的底细,因此要认真听对方谈话,细心观察对方举止表情,并适当给予回应,这样既可以了解对方意图,又可以表现出尊重与礼貌。

　　商务谈判中,无论是基于赢得尽可能大的利益空间的考虑,还是基于尽量缩小企业损失的目的,都离不开对谈判技巧的运用。

1）确定谈判态度

　　在商业活动中面对的谈判对象多种多样,我们不能拿出同样的态度对待所有谈判。我们需要根据谈判对象与谈判结果的重要程度来决定谈判时所要采取的态度。

　　如果谈判对象对企业很重要,比如长期合作的大客户,而此次谈判的内容与结果对企业并非很重要,那么就可以抱有让步的心态进行谈判,即在企业没有太大损失与影响的情况下满足对方,这样对于以后的合作会更加有利。

　　如果谈判对象对企业很重要,而谈判的结果对企业同样重要,那么就保持一种友好合作的心态,尽可能达到双赢,将双方的矛盾转向第三方。比如,市场区域的划分出现矛盾,那么可以建议双方一起或协助对方去开发新的市场,扩大区域面积,将谈判的对立竞争转化为携手竞争合作。

　　如果谈判对象对企业不重要,谈判结果对企业也是无足轻重,可有可无,那么就可以轻松上阵,不要把太多精力消耗在这样的谈判上,甚至可以取消这样的谈判。

　　如果谈判对象对企业不重要,但谈判结果对企业非常重要,那么就以积极竞争的态度参与谈判,不用考虑谈判对手,完全以最佳谈判结果为导向。

2）充分了解谈判对手

　　正所谓,知己知彼,百战不殆,在商务谈判中这一点尤为重要,对对手的了解越多,越能把握谈判的主动权,就好像我们预先知道了招标的底价一样,自然成本最低,成功的几率最高。

　　了解对手时不仅要了解对方的谈判目的、心里底线等,还要了解对方企业经营情况、行业情况、谈判人员的性格、对方企业的文化、谈判对手的习惯与禁忌等。这样可以避免很多因文化、生活习惯等方面的矛盾,对谈判产生额外的障碍。还有一个非常重要的因素需要了解并掌握,那就是其他竞争对手的情况。比如,一场采购谈判,我们作为供货商,要了解其他可能和我们谈判的采购商进行合作的供货商的情况,还有其他可能和自己合作的采购商的情况,这样就可以适时给出相较其他供货商略微优惠一点的合作方式,那么将很容易达成协议。如果对手提出更加苛刻的要求,我们也就可以把其他采购商的信息拿出来,让对手知道,我们是知道底细的,同时暗示,我们有很多合作的选择。反之,我们作为采购商,也可以采用同样的反向策略。

3）准备多套谈判方案

谈判双方最初各自拿出的方案都是对自己非常有利的,而双方又都希望通过谈判获得更多的利益,因此,谈判结果肯定不会是双方最初拿出的那套方案,而是经过双方协商、妥协、变通后的结果。

在双方你推我拉的过程中常常容易迷失了最初的意愿,或被对方带入误区,此时最好的办法就是多准备几套谈判方案,先拿出最有利的方案,没达成协议就拿出其次的方案,还没有达成协议就拿出再次一等的方案,即使我们不主动拿出这些方案,但是心中可以做到有数,知道向对方的妥协是否偏移了最初自己设定的框架,这样就不会出现谈判结束后,仔细思考才发现,自己的让步已经超过了预计承受的范围。

4）建立融洽的谈判气氛

在谈判之初,最好先找到一些双方观点一致的地方并表述出来,给对方留下一种彼此更像合作伙伴的潜意识。这样接下来的谈判就容易朝着一个达成共识的方向进展,而不是剑拔弩张的对抗。当遇到僵持时也可以拿出双方的共识来增强彼此的信心,化解分歧。

也可以向对方提供一些其感兴趣的商业信息,或对一些不是很重要的问题进行简单的探讨,达成共识后双方的心里就会发生奇妙的改变。

5）设定好谈判的禁区

谈判是一种很敏感的交流,所以,语言要简练,避免出现不该说的话,但是在艰难的长时间谈判过程中也难免出错,最好的方法就是提前设定好哪些是谈判中的禁语,哪些话题是危险的,哪些行为是不能做的,谈判的心里底线等。这样就可以最大限度地避免在谈判中落入对方设下的陷阱或误区中。

6）语言表述简练

在商务谈判中忌讳语言松散或像拉家常一样的语言方式，尽可能让自己的语言变得简练，否则，你的关键词语很可能会被淹没在拖拉繁长、毫无意义的语言中。一颗珍珠放在地上，我们可以轻松地发现它，但是如果倒一袋碎石子在上面，再找珍珠就会很费劲。同样的道理，我们人类接收外来声音或视觉信息的特点是：一开始专注，注意力随着接受信息的增加，会越来越分散；如果是一些无关痛痒的信息，更将被忽略。

因此，谈判时语言要做到简练，针对性强，争取让对方大脑处在最佳接收信息状态时表述清楚自己的信息。如果要表达的是内容很多的信息，比如合同书、计划书等，那么适合在讲述或者诵读时语气进行高、低、轻、重的变化。比如，重要的地方提高声音，放慢速度，也可以穿插一些问句，引起对方的主动思考，增加注意力。在重要的谈判前应进行一下模拟演练，训练语言的表述、突发问题的应对等。在谈判中切忌模糊、啰唆的语言，这样不仅无法有效表达自己的意图，更可能使对方产生疑惑、反感情绪。在这里要明确一点，区分清楚沉稳与拖沓的区别，前者语言表述虽然缓慢，但字字经过推敲，没有废话，而这样的语速也有利于对方理解与消化信息内容，在谈判中笔者非常推崇这样的表达方式。在谈判中想靠伶牙俐齿、咄咄逼人的气势压住对方，往往事与愿违，多数结果不会很理想。

商务谈判虽然不比政治与军事谈判，但是谈判的本质就是一种博弈，一种对抗，充满了火药味。这个时候双方都很敏感，如果语言过于直率或强势，很容易引起对方的本能对抗意识或招致反感，因此，商务谈判时要在双方遇到分歧时面带笑容，语言委婉的与对手针锋相对，这样对方就不会启动头脑中本能的敌意，使接下来的谈判不容易陷入僵局。

商务谈判中并非张牙舞爪，气势夺人就会占据主动，反倒是喜怒不形于色，情绪不被对方所引导，心思不被对方所洞悉的方式更能克制对手。致柔者长存，致刚者易损，想成为商务谈判的高手，就要做一颗柔软的钉子。

7）曲线进攻

孙子曰："以迂为直。"克劳塞维斯将军也说过："到达目标的捷径就是那条最曲折的路。"由此可以看出，想达到目的就要迂回前行，否则直接奔向目标，只会引起对方的警觉与对抗。

应该通过引导对方的思想，把对方的思维引导到自己的包围圈中，比如，通过提问的方式，让对方主动替你说出你想听到的答案。反之，越是急切想达到目的，越是可能暴露了自己的意图，被对方所利用。

8) 谈判是用耳朵取胜,而不是嘴巴

在谈判中,我们往往容易陷入一个误区,那就是一种主动进攻的思维意识,总是在不停地说,总想把对方的话压下去,总想多灌输给对方一些自己的思想,以为这样可以占据谈判主动,其实不然。在这种竞争性环境中,你说的话越多,对方会越排斥,能入耳的很少,能入心的更少。而且,你的话多了就挤占了总的谈话时间,对方也有一肚子话想说,被压抑下的结果则是很难妥协或达成协议。反之,让对方把想说的都说出来,当其把压抑心底的话都说出来后,就会像一个泄了气的皮球一样,锐气会减退,接下来你在反击,对手已经没有后招了。更为关键的是,善于倾听可以从对方的话语中发现对方的真正意图,甚至是破绽。

9) 控制谈判局势

谈判活动表面看来没有主持人,实则有一个隐形的主持人存在着,不是你就是你的对手。因此,要主动争取把握谈判节奏、方向,甚至是趋势。主持人所应该具备的特质是:语言虽然不多,但是招招中的,直击要害,气势虽不凌人,但运筹帷幄,从容不迫,不是用语言把对手逼到悬崖边,而是用语言把对手引领到崖边。并且,想做谈判桌上的主持人就要体现出你的公平,即客观地面对问题,尤其在谈判开始时尤为重要,慢慢对手会本能地被你潜移默化地引导,局势将向对你有利的一边倾斜。

10) "朝三暮四"

春秋时期,宋国有一个饲养猴子的高手,他养了一大群猴子,他能理解猴子表达的思想,猴子也懂得他的心意。这个人家境越来越贫困,已经买不起那么多的食物给猴子吃,于是,打算减少猴子每餐橡子的数量,但又怕猴子不顺从自己,就先欺骗猴子说:"给你们早上三个橡子晚上四个橡子,够吃了吗?"猴子一听,大声地叫嚷,以示反对。过了一会儿,他又说:"唉,没办法,早上给你们四个橡子,晚上三个橡子,这该够吃了吧?"猴子们一听,个个手舞足蹈,非常高兴。

这个小故事大家应该非常熟悉,就是成语"朝三暮四"中的典故。这个故事看似荒唐可笑,其实,在谈判中却真实地存在着"朝三暮四"的现象。通常体现在双方在某个重要问题上僵持的时候,一方退后一步,抛出其他小利,作为补偿,把僵局打破,并用小利换来大利,或把整个方案调换一下顺序,蒙蔽了我们的思维。乍听起来觉得不可思议,但在实际谈判中经常会出现这样的情况。所以,首先要能跳出像脑筋急转弯一样的思维陷阱,而后要善于施

小利,博大利,学会以退为进。在谈判中一个最大的学问就是学会适时的让步,只有这样,才可能使谈判顺利进行,毕竟谈判的结果是以双赢为最终目的。

11)让步式进攻

在谈判中,可以适时提出一两个很高的要求,对方必然无法同意,我们在经历一番讨价还价后可以进行让步,把要求降低或改为其他要求。这些高要求我们本来就没打算会达成协议,即使让步也没损失,但是却可以让对方有一种成就感,觉得自己占得了便宜。这时我们其他的、相较起这种高要求要低的要求就很容易被对方接受,但切忌提出太离谱、过分的要求,否则对方可能觉得我们没有诚意,甚至激怒对方。

先抛出高要求也可以有效降低对手对于谈判利益的预期,挫伤对手的锐气。

其实,谈判的关键就是如何达成谈判双方的心理平衡,达成协议的时候就是双方心理都达到平衡点的时候。也就是说,自己在谈判中取得了满意或基本满意的结果,这种满意包括预期的达到、自己获得的利益、谈判对手的让步、自己获得了主动权、谈判时融洽的气氛等,有时谈判中的这种平衡和利益关系并不大,所以,笔者主张,在谈判中可以输掉谈判,只要赢得利益。也就是表面上作出让步,失掉一些利益,给对手一种攻城略地的快感,实则是撒了遍地的芝麻让对手乐颠颠地去捡,自己偷偷抱走对手的西瓜。

技能训练

商务谈判模拟

训练要求:根据以下的谈判剧本进行情景模拟,总结思考情景中运用了哪些商务谈判的知识和技巧。

1. 人物背景介绍

甲方(大田汽车公司):市场总监(主谈手)、广告主管(副谈手)、财务经理。

乙方(乐天广告公司):总经理(主谈手)、客户总监(副谈手)、技术总监。

2. 剧本对白

大田汽车公司与乐天广告公司谈判人员双方面带微笑问候,相互介绍后握手就座。

项目6　企业外部沟通

总经理:今天的天气格外的好,希望我们的谈判也像天气一样"顺风顺水"!

市场总监:就是,这样当然好啊!

客户总监:我和我们总经理观摩了你们的新轿车,豪华的内饰加上雅致的外观,我们巴不得马上去买,相信产品上市以后一定会得到消费者的青睐。

市场总监:非常感谢你们的厚爱! 我也相信这款产品上市后一定会得到消费者的认同。

总经理:下面我把产品推广方案介绍一下……

广告部主管:我们还是言归正传吧,谈谈你们的广告方案吧。

总经理:这份提案是我们之前为了竞标做的,现在有更具体的想法,特别适合贵公司这次产品推广。

市场总监:你大概说一下吧。

技术总监:还是由我来给大家具体解说一下吧! 贵公司的务实、低调、典雅的形象已经深入人心,但在目前的市场竞争非常激烈,所以我们决定聘请明星刘德华为贵公司代言,必然会引起目标消费者的强烈关注。

广告主管:刘德华的形象确实符合我们产品定位,但是这样会提高我们的产品费用啊!

总经理:您说得很对,但我相信贵公司应该懂得"没有投入,没有回报"的道理,采用明星代言,不仅可以提升贵公司的形象,从长期的角度看,利润也是相当可观的。

市场总监:这个我们需要另外商量一下,其实据我了解,贵公司刚成立不久,我更担心你们的广告作品质量。

客户总监:的确,我们公司才成立不久,但这并不说明我们没有实力,我们公司的策划师和设计师大部分有 4A 公司的工作经历。我们今天来的技术总监就是拥有多年的工作经历的,而且还拿到国家级的证书。(此时,技术总监起立,向大家微笑示意)。

广告主管:我知道,但是据我所知,你们公司还没有接过什么大公司的业务,你们真的能做好吗?

客户总监:这个你们完全可以放心,如果我们能为贵公司服务,我们将在公司内成立一个工作小组,专门为贵公司这个品牌长期服务,保证创作水平。

技术总监:是的,这个我们已经考虑到了,而且公司决定把这个项目交给我负责,一定会遵循贵公司的最大利益进行的,具体方案我们可以在签订合同后共同商议。

乙方中客户总监扮白脸,故意显得很气愤,总理红脸缓和气愤,获得对方认同。

市场总监:关于贵公司在方案中提出服务价格,我不能接受,15%的比例实在太高了。

总经理:广告总费用的15%用于支付广告公司的服务价格一直是广告行业的惯例,我们只是按照行业规定收费,不敢多收一分一毫。

财务经理:的确,15%是惯例,但按照你们这次的推广方案,我们至少得出2 000多万的广告总费用,而你们至少会收取300多万的服务费,这可不是一个小数目啊。你们得降低到10%才行。

客户总监:10%?怎么可能啊,我们要制作影视广告,成本是很高的。

总经理:请贵公司再斟酌一下,10%的价格确实是太低了,我们没法正常运作,这样肯定也会影响到贵公司的作品质量的,我想你们也不想看到那样的结果吧。

财务经理:但是我们也要考虑自身利益,至于作品质量我想也不是全权由价格决定的。市场总监:那我们让一步,11%,但是你们必须在30天之内交稿!

客户总监:11%还是太低了吧,何况30天之内根本不可能完成啊,我觉得你们也太不懂广告了,我没话说了,我宁愿辞职也不愿意做。

总经理:主管,你也是做广告出身的,你应该理解我们的难处,30天是不可能完成的,你也不希望我们交出的是一个非常平庸的作品吧,这不符合贵公司的专业水平吧。

广告主管:我们公司确实一直非常重视广告作品质量,绝不会为刊播平庸乏味的广告。

总经理:既然这样,你看这样行不,我们折中,13%的服务费,第40天交稿。

市场总监:我们知道总经理的诚意,第40天交稿我们同意,但13%的服务费我们很难理解。

总经理:坦白地说,我们希望与贵公司建立长期的合作关系,我想贵公司也不希望经常换广告公司吧,因为新的公司要花很多时间来熟悉产品,是不利于贵公司长期发展的。

市场总监:确实是,那就这样吧,希望我们合作愉快!

总经理:那好,我方根据今天的谈判内容,拟订合同,稍后进行签约仪式,合作愉快!

6.3 危机沟通

6.3.1 危机沟通的原则

企业在运营中会遇到各种各样的危机,比如,有来自外部的自然灾害、政治风波、法律、媒体、市场等方面的危机,也有来自供应链、生产、销售以及人力资源、财务等各个环节的危机。但是无论哪种起源的危机,一旦发生,使企业内部和企业外部都产生恐惧和怀疑,在企业关系上导致危机。目前在国内,被业界奉为经典的"关键点危机公关5S原则"是危机处理的主流理念。"关键点危机公关5S原则"是由被誉为"危机公关第一人"、知名危机公关专家、关键点公关董事长游昌乔先生倡导提出的。

(1)承担责任原则(Shoulder the Matter)

危机发生后,公众会关心两方面的问题:一方面是利益的问题,利益是公众关注的焦点,因此无论谁是谁非,企业应该承担责任。即使受害者在事故发生中有一定责任,企业也不应首先追究其责任,否则会各执己见,加深矛盾,引起公众的反感,不利于问题的解决。另一方面是感情问题,公众很在意企业是否在意自己的感受,因此企业应该站在受害者的立场上表示同情和安慰,并通过新闻媒介向公众致歉,解决深层次的心理、情感关系问题,从而赢得公众的理解和信任。

实际上,公众和媒体往往在心目中已经有了一杆秤,对企业有了心理上的预期,即企业应该怎样处理,我才会感到满意。因此,企业绝对不能选择对抗,态度至关重要。

(2)真诚沟通原则(Sincerity)

企业处于危机旋涡中时,是公众和媒介的焦点。你的一举一动都将接受质疑,因此千万不要有侥幸心理,企图蒙混过关,而应该主动与新闻媒介联系,尽快与公众沟通,说明事实真相,促使双方互相理解,消除疑虑与不安。

真诚沟通是处理危机的基本原则之一。这里的真诚指"三诚",即诚意、诚恳、诚实。如果做到了这"三诚",一切问题都可以迎刃而解。

①诚意。在事件发生后的第一时间,企业的高层应向公众说明情况,并致以歉意,从而体现企业勇于承担责任、对消费者负责的企业文化,赢得消费者的同情和理解。

②诚恳。一切以消费者的利益为重,不回避问题和错误,及时与媒体和

公众沟通,向消费者说明消费者的进展情况,重拾消费者的信任和尊重。

③诚实。诚实是危机处理最关键的,也最有效的解决办法。我们会原谅一个人的错误,但不会原谅一个人说谎。

(3)速度第一原则(Speed)

好事不出门,坏事传千里。在危机出现的最初12～24小时内,消息会像病毒一样,以裂变方式高速传播。而这时候,可靠的消息往往不多,社会上充斥着谣言和猜测。企业的一举一动将是外界评判企业如何处理这次危机的主要根据。媒体、公众及政府都密切关注企业发出的第一份声明。对于企业在处理危机方面的做法和立场,舆论赞成与否往往会立刻见于传媒报道。

因此,企业必须当机立断,快速反应,果决行动,与媒体和公众进行沟通。从而迅速控制事态,否则会扩大突发危机的范围,甚至可能失去对全局的控制。危机发生后,能否首先控制住事态,使其不扩大,不升级,不蔓延,是处理危机的关键。

(4)系统运行原则(System)

在逃避一种危险时,不要忽视另一种危险。在进行危机管理时必须系统运作,绝不可顾此失彼。只有这样,才能透过表面现象看本质,创造性地解决问题,化害为利。它包括:以冷对热、以静制动;统一观点,稳住阵脚;组建班子,专项负责;合纵连横,借助外力等等。

(5)权威证实原则(Standard)

自己称赞自己是没用的,没有权威的认可只会徒留笑柄,在危机发生后,企业不要自己整天拿着高音喇叭叫冤,而要曲线救国,请重量级的第三者在前台说话,使消费者解除对自己的警戒心理,重获他们的信任。

6.3.2 危机沟通步骤

在商业活动中,危机就像普通的感冒病毒一样,种类繁多,防不胜防。每一次危机既包含了导致失败的根源,又蕴藏着成功的种子。发现、培育,进而收获潜在的成功机会,是危机管理的精髓。而错误地估计形势,并令事态进一步恶化,则是不良危机管理的典型特征。

在亲眼目睹了强生企业的"泰诺事件"、百事可乐的"注射器事件"、英特尔的"奔腾芯片事件"等危机之后,我将危机管理总结为6个阶段。

1)第一阶段:危机的避免

将危机预防作为危机管理的第一阶段并不奇怪,令人奇怪的是,许多人往往忽视了这一既简便又经济的办法。

要预防危机,首先要将所有可能会对商业活动造成麻烦的事件一一列举出来,考虑其可能的后果,并且估计预防所需的花费。这样做可能很费事,因为企业内数以千计的雇员中的任何一人,都可能因为失误或疏忽将整个企业拖入危机,但却很管用。

其次,谨慎和保密对于防范某些商业危机至关重要,比如,由于在敏感的谈判中泄密而引起的危机。1993年马丁—玛丽埃塔企业与通用电气宇航企业(General Electric Aerospace)通过多轮磋商终于达成了30亿美元的收购案,这一秘密消息在高度紧张的日子里被保持了27天,结果却在预定宣布前两小时泄露给了媒体,给企业带来了不必要的麻烦。

要想保守秘密,就必须尽量使接触到它的人减到最少,并且只限于那些完全可以信赖且行事谨慎的人,应当要求每一位参与者都签署一份保密协议,要尽可能快地完成谈判。最后,在谈判过程中尽可能多地加入一些不确定因素(工程师们称为"噪音"),使窃密者真假难辨。即使做了这些,也应当有所准备,因为任何秘密都可能会泄露。

2)第二阶段:危机管理的准备

大多数管理者满脑子考虑的都是当前的市场压力,很少有精力考虑将来可能发生的危机。这就引出了危机管理的第二阶段:未雨绸缪。

危机是管理工作中不可避免的,所以必须为危机作好准备,比如行动计划、通信计划、消防演练及建立重要关系等。大多数航空企业都有准备就绪的危机处理队伍,还有专用的无线电通信设备以及详细的应急方案。今天,几乎所有的企业都有备用的计算机系统,以防自然或其他灾害打乱他们的首要系统。

另外,在为危机作准备时,留心那些细微的地方,即所谓的第二层的问题,将是非常有益的。危机的影响是多方面的,忽略它们任一方面的代价都将是高昂的。例如,在1992年安德鲁飓风过后,电话企业发现,它们在南加利福尼亚州短缺的不是电线杆、电线或开关,而是日间托儿中心。许多电话企业的野外工作人员都有孩子,需要日间托儿服务。当飓风将托儿中心摧毁之后,必须有人在家照看孩子,这就导致在最需要的时候工作人员反而减少了。这一问题的最终解决,是通过招募一些退休人员开办临时托儿中心,从而将父母们解脱出来,投入到电话网络的恢复工作中去。

3)第三阶段:危机的确认

这个阶段,危机管理的问题,是感觉真的会变成现实,公众的感觉往往是引起危机的根源。以发生在1994年年底的英特尔企业奔腾芯片的痛苦事件为例,引发这场危机的根本原因,是英特尔将一个公共关系问题当成一个技术问题来处理了,随之而来的媒体报道简直是毁灭性的。不久之后,英特尔在其收益中损失了4.75亿美元。更可笑的是,当企业愿意更换芯片时,很少有用户肯接受。估计仅有1%～3%的个人用户更换了芯片。可见,人们并不是真的要更换芯片,他们只要知道他们有权利换就行了。

这个阶段的危机管理通常是最富有挑战性的。经验告诉我们,在寻找危机发生的信息时,管理人员最好听听企业中各种人的看法,并与自己的看法相互印证。

4)第四阶段:危机的控制

这个阶段的危机管理,需要根据不同情况确定工作的优先次序。

首先,让一群职员专职从事危机的控制工作,让其他人继续企业的正常经营工作,是一种非常明智的做法。也就是说,在首席执行官领导的危机管理小组与一位胜任的高级经营人员领导的经营管理小组之间,应当建立一座"防火墙"。

其次,应当指定一人作为企业的发言人,所有面向公众的发言都由他主讲。这个教训源自另一个法则:如果有足够多的管理层相互重叠,那就肯定会发生灾难。

再次,及时向企业自己的组织成员,包括客户、拥有者、雇员、供应商以及所在的社区通报信息,而不要让他们从公众媒体上得到有关企业的消息。管理层即使在面临着必须对新闻记者做出反应的巨大压力时,也不能忽视这些对企业消息特别关心的人群。事实上,人们感兴趣的往往并不是事情本身,而是管理层对事情的态度。

最后,危机管理小组中应当有一位唱反调的人,这个人必须是一个在任何情况下都敢于明确地表达自己意见的人。

总之,要想取得长远利益,企业在控制危机时就应更多地关注消费者的利益而不仅仅是企业的短期 利益。

5)第五阶段:危机的解决

在这个阶段,速度是关键。危机不等人。3年前,连锁超市雄狮食品(Food Lion)突然间受到公众瞩目,原因是美国某电视台的直播节目指控它出售变质肉制品,结果企业股价暴跌。但是,雄狮食品企业迅速采取行动,他们邀请公众参观店堂,在肉制品制作区竖起玻璃墙供公众监督,改善照明条件,给工人换新制服,增加员工的培训,并大幅打折,通过这些措施将客户重新吸引回来。最终,食品与药品管理局对它的检测结果是"优秀"。此后,销售额很快恢复到正常水平。

与这一案例相似,当手机产生的电磁辐射会引起脑瘤的指控出现时,手机制造商们迅速请独立专家直接向公众解释实际情况,公众的担心很快就消除了。当百事可乐的软饮料罐中发现了注射器时,企业采取了类似的策略,迅速向公众演示,这些异物只可能是由购买者放进去的,结果,公众的喧闹很快便平息了。

6)第六阶段:从危机中获利

危机管理的最后一个阶段其实就是总结经验教训。如果一个企业在危机管理的前5个阶段处理得完美无缺(也就是说,没有莫名其妙地将危机搞得更糟)的话,第六个阶段就可以提供至少一个能弥补部分损失和纠正混乱的机会。

将群情激愤的危机成功地化解的经典案例,是强生企业对"泰诺"事件的处理。当被氰化物污染的"泰诺"胶囊引发一系列死亡事件后,当时的首席执行官认为必须采取强有力的措施,来保证公众的安全和恢复企业最畅销产品的信誉。通过整页的广告和电视宣传,企业将3 100万个胶囊从全国各商店的货架上和家庭药柜中全部收回,然后重新设计了包装,并在3个月内将市场占有率恢复到危机前的95%。这个奇迹的取得当然不是没有代价的,但与如果不这样做而引起名誉受损,再去恢复名誉所要付出的代价相比,就显得微不足道了。从商业角度来看,"泰诺"危机的结果是强生企业再一次证明了它对其客户的关心以及它对道德标准的坚持。虽然这是一场悲剧,但悲剧过后,企业的声誉明显得到了提高。

其实,公众对商业企业的预期并不高,以至于企业在做一件本应当做的事时却会受到热情洋溢的称赞。

总之,要尽一切努力避免使你的企业陷入危机。但一旦遇到危机,就要接受它、管理它,并努力将你的视野放长远一些。个人对危机管理的最基本的经验,可以用6个字概括:说真话,赶紧说。

6.3.3　危机中的沟通技巧

企业面临的大量危机往往是和产品质量有关的危机,这些问题由顾客揭发出来或者由媒体所披露,然后迅速在社会中产生巨大影响,给企业的利益和声誉带来严重危害。因此,企业危机的消除根本上是应做好媒体的危机沟通和客户的危机沟通。

1) 与媒体的沟通技巧

如果企业不充分重视媒体对于危机及其影响,就可能使自己陷于孤立和受威胁的境地,他们也易于形成封闭意识。企业的这些态度源于媒体对他们的负面报道。而成功的媒体沟通和管理可以弱化公众及媒体对危机管理中暴露的失误所形成的消极印象,从而消除社会公益组织的压力。美国危机管理大师罗伯特·希斯认为应坚持以下原则:

①控制媒体活动范围,企业需要尽可能地明确禁止媒体涉及的范围。大规模且可预测的危机情景一般会引起当地和区域外界媒体的关注,如果没有媒体控制的准备,就会引发混乱。如果现场太乱而无法控制或媒体并未得知自己的活动领域,那么另外一条经验就是把相关人员与媒体隔离。隔离危机事件当事人可以保护其隐私权,也给他们留出稳定情绪的时间。该方法也将信息流纳入危机管理,成功的危机管理意味着危机管理者找到了合适的被采访对象。

②拟订好维护被采访人活企业利益的答案,被采访人应知道自己的谈话内容,要把采访引向自己圈定的话题上。

③在接受采访时,要表现得坦率、诚实,要谈论具体事实而非想当然的看法。

④在接受口头采访时,要在 10~30 秒简短明了地阐明重要的立场。

⑤对问题保持冷静。

在与企业和危机管理目标不相违背的情况下,需要心平气和,开诚布公,避免情绪化和离题万里。

⑥采访中,应采取乐于助人,实事求是,不予谴责,避免与新闻记者冲突。不要说“无可奉告”;不做失实报道——要报告目前所知的事实,即危机管理者明确的事实;不要夸大或缩小危机情形——被采访人表现诚实,可以承认当前信息和以前信息报道的不一致,只要这种变化有利于改善情景,不要臆测;当被问及对可能情况的看法和下一步做法时,不作主观臆断、不要责备其他单位和个人、不要同媒体发生冲突。

2) 客户的沟通技巧

(1) 首先要确定顾客关注的问题

企业要发现顾客关心的问题,并把顾客关心的核心内容告诉他们。如企业已经发生的问题是什么,危害性有多大,对顾客的影响如何? 问题是如何发生的,到底发生什么,事情有多严重?危机的产生对企业的影响有多大,是否会影响到企业对于顾客的服务承诺,是否能够采取措施避免问题的恶化?企业是否愿意坦诚地告诉顾客危机真相,是否愿意接受顾客的质疑,并提供可能的帮助,顾客如何与企业的有关人士沟通?

（2）建立与顾客沟通的渠道

在危机中,可以有效利用的渠道包括:个别座谈会——适合于对危机受害者和重要客户(顾客);电话与信件;(问题与回答)文件——在企业开始陷入危机之前,推测顾客可能提出的问题,做出标准答案,作为顾客危机沟通的指南;记者采访;企业声明、公告与新闻稿;消费者热线。其中,消费者热线是接受顾客投诉、沟通信息和对外树立企业形象的重要环节,是顾客危机沟通的第一道门户,如果处理得当,往往会把由投诉引起的危机消灭在萌芽状态。在危机发生初期,公众会对企业产生种种猜疑和批评,投诉与咨询的电话骤然增加,使得企业消费热线成为协助危机管理者答复问询的一个渠道。

（3）对待顾客与受害者的策略

危机管理者要以同情的态度,谨慎地处理好与顾客、受害者的关系,这是关系到危机能否顺利化解的大问题。对顾客及其团体可以采取如下策略:

①疏通销售渠道。通过销售渠道向顾客发布说明事件梗概的书面材料或者口头解释,利用企业自身的能量化解顾客疑虑。

②疏通新闻媒体渠道。通过记者采访,把信息发布出去,如有必要,还应通过报刊登载企业声明、公告或者广告的形式来公布事件经过及企业对策。热情接待消费者团体及其代表——他们是消费者的领袖。

③安抚顾客。如果消费者对于企业的产品或服务存在异议,企业可以在力所能及的范围内予以解决,不能的话要给予说明,争取谅解。

对受害者可采取如下对策:

①首先了解情况,并承担其责任,直接与受害者接触,认真了解受害者的情况,冷静地倾听受害者的意见,并表示歉意和承担相应责任。

②其次要赔偿损失,了解和确认受害者的有关赔偿要求,向受害者及家属公布企业的赔偿办法与标准,并尽快落实。如果受害者家属提出过分要求,要提供善后服务,要大度、忍让,尽量避免在事故现场与受害者发生口角,努力做好解释工作。

③提供善后服务,给受害者以安慰同情,安排企业领导人慰问看望,并尽可能提供其所需要的服务和帮助,尽最大努力做好善后工作。

危机处理训练

将学生分为几组,每个人都假设自己是某个企业的CEO。从下列话题中任选一个,进行5分钟的准备,先在小组中作3~5分钟的陈述,然后回答由其他几位学生提出的问题。这几位学生扮演记者或某个社会团体代表的角色。当每个人都轮做一遍之后,小组成员一起就刚才每位学生的表现进行简短的总结,相互指出哪些是做得对的,哪些是有待改进的。

1. 公司的股价大幅下跌。
2. 主要车间遭破坏致使工厂停产。
3. 管理层成员集体辞职。
4. 严重工伤事故。
5. 有毒气体泄漏。
6. 管理层丑闻。
7. 产品伤害。

单元3 实战训练

[提示]学习者将"单元1"中的真实任务与真实案例进行对比,比较真实案例中管理者(或企业)怎样解决相似的问题(任务),尤其是自己在初次尝试中遇到困难的时候。另外,学习者还将感受相关理论知识是怎样体现在真实案例中的。

实战案例

2012年8月10日 一则因敷屈臣氏面膜致顾客死亡的消息引起了消费者的广泛关注。记者走访新区多家屈臣氏门店发现,该款面膜已下架,购买过该款面膜的消费者可到门店退货。

消息称,福州一位40来岁的金女士,使用屈臣氏"珍珠臻致美白面膜"后全身发红,嘴唇发紫,后来死亡。虽然目前该事件结果尚未定论,但屈臣氏方面称,涉事面膜上架前也通过了欧洲第三方机构毒理评估测试和国家第三方机

项目 6　企业外部沟通

watsons 屈臣氏

构皮肤斑贴测试。目前已将相关样品送往质量检测部门进行进一步检测。

　　昨日记者来到塘沽解放路附近的一家屈臣氏门店,在货架上看到了屈臣氏的各类面膜,以及珍珠臻致美白系列的爽肤水、眼霜等仍在销售,但唯独未看到涉事的该款面膜。"没货了,现在货还没进来。"销售人员说。

　　屈臣氏客服人员告诉记者,全国范围内这款屈臣氏珍珠臻致美白面膜已经下架。"虽然目前没有任何证据证明这位消费者的死亡与使用这款屈臣氏面膜有关,但出于对消费者负责的考虑,我们已经在全国范围内对这款面膜进行下架。"

　　在另一家屈臣氏门店,销售人员告诉记者,已经购买了这款面膜的消费者,只要面膜的最后一层包装没有开封或破损,就可以去门店办理退货。"有购物小票的话,就按照小票上的价格退货。没有小票的话,就只能按照系统内的价格退货。"

资料来源:滨海时报

跟学内容

　　1. 屈臣氏面对危机事件应该掌握怎样的基本原则?

　　2. 屈臣氏是如何处理此次危机事件的?

跟学指导

　　1. 屈臣氏面对危机事件必须把握基本的原则,否则难以客观有效的解决危机事件。

　　2. 屈臣氏处理此次危机事件首要考虑到处理危机事件的程序步骤是什么,应在科学的危机管理程序基础上结合企业自身的实际情况来有效处理,同时在处理过程中应当合理地运用相关危机沟通技巧。

单元4　继续完成真实任务

[提示]　学习者再次尝试完成"单元1"中的真实任务,并利用下表再次进行自我评估(对比"单元1"中的"做学教"目标以及任务要求),指导老师进行持续评估和提出持续的指导意见。之后,学习者将自己所属团队完成的任务进行公开、互动展示和讲解(角色情景扮演),其他团队同步进行交叉评价。

完成任务的过程记录与自我评估	导师评估与指导
A1 继续这个任务,我们做了(按工作流程列):	A2 你们还需要做:
B1 我们会做下面这些:	B2 你们已经掌握了这些技能:
C1 通过完成任务,我们得到的经验与教训:	C2 未来可以继续学习:
D1 任务完成状况的自我评价(在对应等级上画圈)	D2 任务完成状况的导师评价(在对应等级上画圈)
1　　2　　3　　4　　5　　6　　7	1　　2　　3　　4　　5　　6　　7

说明:1.失败,2.未完成,3.基本未完成,4.勉强完成,5.完成,6.顺利完成,7.成功完成。

单元5　强化与拓展

可选的教学做单元。学习者根据指导老师给出的后续学习指导意见,有差异地选择适合自己的强化练习项目或拓展项目。通常练习项目是在完成真实任务还存在困难的学习者中展开,拓展项目是在完成真实任务后还有余力的学习者中展开。

📑强化练习

1. 推荐书籍：《管理沟通》（英文版第 4 版），（美）詹姆斯·S. 奥罗克（James S. O'Rourke IV）著，中国人民大学出版社，2010 年出版。

2. 在经历 10 年的酝酿后，2014 年 11 月，中韩自由贸易区完成实质性谈判，这标志着东亚一体化取得了突破性进展。中韩自由贸易区经历了漫长的过程：2004 年 11 月至 2006 年 11 月的民间研究，2006 年 11 月至 2010 年 6 月的 5 轮官产学联合研究。2012 年 1 月韩国总统李明博访华后，双方于 2012 年 5 月启动双边自由贸易协定（FTA）谈判，经过 14 轮谈判，于 2014 年 11 月完成实质性谈判。这标志着我国迄今涉及国别贸易额最大、领域最全面的自贸协定完成全部谈判。

3. 观摩凤凰网《凤凰财经日报》中韩自贸区新闻节目报道，通过网络搜索仔细查找相关资料，了解中韩双方商务谈判的过程，分析学习中韩双方采取的商务谈判方式、谈判原则及技巧。

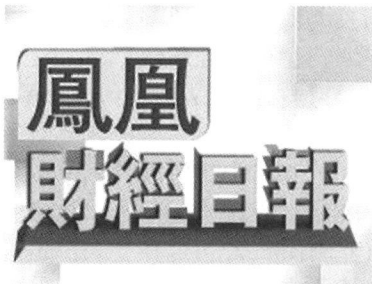

资料来源：凤凰网

🔐拓展训练

仔细阅读下列商务谈判的相关资料，编写商务谈判剧本并进行情景模拟。

1. 谈判背景：近日来，韩国出现泡菜危机。乙方即韩国有铭商贸有限公司（以下简称"有铭"），欲从蔬菜生产大国中国进口白菜等蔬菜 100 吨，以解决韩国国内临时泡菜危机。现在他们已经联系了甲方即山东齐鲁商贸进出口有限公司、山东寿光以及山东平度等地合计 4 家蔬菜加工厂。韩商要求中方在 15 日内（时间越短越好）将 100 吨白菜运抵烟台港。其他各竞争者由于地理优势，可以缩短运费和时间，因而能够及时交货。除山东齐鲁商贸进出口有限公司外，其他三家厂商给出的最优惠条件是 14～15 天运抵烟台港，价格在 4.4 元/千克。白菜在国内市场价格，4.6～5 元/千克。

2.企业介绍:山东齐鲁商贸进出口有限公司是一家从事蔬菜等农副产品种植、加工、销售的专业企业,它成立于2005年,仅用短短5年时间就发展为山东省最大的农副产品种植、生产、销售企业。企业依托沂蒙山区优良环境优势,现有蒙阴县、费县、沂水县等3大生产基地,总面积在5 000亩(1亩=666.7米^2)。并建有高科技大棚20幢,可整年供应新鲜蔬菜,年生产供应能力在5 000吨以上。在中国的主要客户有上海亚太、广州、北京可诺奈、上海莱迪士。在国外的销售市场,目前主要是新加坡、马来西亚和日本等。韩国有铭商贸有限公司,于2000年在韩国首尔成立,主要经营农副食品的加工和进出口。有铭秉承"诚信为本,诚信走天下"的理念,在经营中得到了合作商的充分肯定与支持,目前已与日本、俄罗斯、美国等国家企业建立了合作关系,是一家资金雄厚,实力超强的韩国进出口加工企业。

3.谈判团队。谈判首席:公司谈判全权代表;决策人:负责重大问题决策;财务顾问:负责财务问题;技术顾问:负责生产技术问题;翻译人员:负责交流问题。

4.谈判双方优劣势分析。甲方优势:第一,沂蒙山区环境好,蔬菜无污染,质量有保证。第二,价格低于其他竞争者。甲方劣势:第一,地理位置偏远,交通不方便。第二,与韩国商贸公司合作少,在韩商当中知名度不高。第三,时间要求较紧。乙方:韩国内泡菜危机严重,急需白菜。然而,他们可以有4家出口商进行选择。此外,有铭内部出现临时的资金短缺,想急于签下订单,在韩国大赚一笔。

5.谈判目标。甲方:争取将100吨白菜以4.4元/千克签下。另外在将100吨订单拿下的同时,山东齐鲁商贸进出口有限公司想再卖给他们胡萝卜泡菜,以及沂蒙六姐妹煎饼。目的是打出山东齐鲁商贸进出口有限公司的品牌,以提高沂蒙企业在韩商以及韩国民众心目中的良好口碑。乙方:白菜市场价格为4.6元/千克(每吨价格为4 600元人民币),韩方可接受价格4.0～4.6元人民币/千克(每吨价格为4 000～4 600元人民币)。韩方争取将100吨白菜以4元/千克价格收购。

6.双方争论焦点。大方面:蔬菜价格、蔬菜运抵时间能否在有铭的规定时间内。小方面:齐鲁商贸进出口有限公司能否卖出上五庄胡萝卜和沂蒙六姐妹煎饼、齐鲁商贸进出口有限公司的企业实力问题等。

参考文献

［1］丁宁.管理沟通［M］.北京:北京交通大学出版社,2011.

［2］卡耐基.沟通的艺术与处世智慧［M］.王红星,译.北京:中国华侨出版社,2012.

［3］张晓彤.职场沟通零缺陷［M］.厦门:厦门大学出版社,2011.

［4］程艳霞.管理沟通［M］.武汉:武汉理工大学出版社,2003.

［5］南志珍,吕书梅.管理沟通实务［M］.大连:大连出版社,2010.

［6］武洪明,许湘岳.职业沟通教程［M］.北京:人民出版社,2011.

［7］陈浩.幽默沟通学:零距离制胜的口才秘籍［M］.北京:中国华侨出版社,2013.

［8］吕书梅.管理沟通技能［M］.2 版.大连:东北财经大学出版社,2012.

［9］薛明.NLP 实用职场沟通技巧［M］.北京:北京理工大学出版社,2014.

［10］于保泉,魏克芹.沟通技巧［M］.北京:北京邮电大学出版社,2014.